소상공인을 위한
영업 비법은 따로 있다!

소상공인 생존수업

조현우 지음

인북
it BOOK

"아니, 사업 한 번 해본 적도 없는 사람이 무슨 소상공인을 위한
책을 써?"

처음 소상공인을 위한 영업 전략에 대한 책을 쓴다고 했을 때 주변
사람들은 마치 미리 짜 맞추기라도 한 듯이 한결같은 반응을 보였다.
그리고 나는 그들의 반응을 충분히 이해할 수 있었다. 사실 나조차
처음 이 책을 쓰기로 했을 때 가장 우려되는 부분이었기 때문이다.
차례를 정하고 첫 소제목의 글을 써내려가기 전까지만 해도 '내가 과
연 이 책을 쓸 수 있을까?'라는 생각이 머릿속을 떠나지 않았다.

하지만 책을 쓰면 쓸수록 반드시 책을 출간해야겠다는 확신이 서
기 시작했다. 책을 쓸 때는 시중에 나와 있는 경쟁 도서들을 분석하
고 본문의 재료가 될 만한 자료들을 수집해야 한다. 나는 이 단계부
터 난항을 겪었다. 이렇다 할 경쟁 도서가 없었고, 책의 방향을 잡기

위해 참고할 만한 자료도 거의 전무하다시피 했기 때문이다.

시중에는 소상공인 전체를 아우를만한 내용의 책이 없었다. 기껏 나와 있는 것이라곤 SNS 마케팅 관련 책, 요식업 영업 전략, 카페 창업의 성공 사례 등 실제로 현업에 종사하고 있는 소상공인이 주관적인 시각으로 한 분야의 성공 사례를 풀어낸 책들뿐이었다.

그래서였을까? 책을 즐겨 읽는 친한 소상공인들은 이런 말을 자주 하곤 했다.

"괜찮은 내용이긴 한데, 나랑은 너무 다른 상황이라 적용하기가 어려워."

과거의 성공 사례들을 분석한 책들은 어느 시대에나 필요하다. 하지만 분명히 한계점에 봉착한다. 상황과 시대에 맞는 솔루션은 그때 당시는 유효하나 반드시 유행을 타기 마련이기 때문이다.

변화에 민감한 소상공인들은 시대의 트렌드를 읽으려는 노력과 함께 유행을 타지 않는 기본적인 원리를 같이 이해해야 한다. 기본적인 원리를 모르고 트렌드만 따라가서는 안 된다. 그런 방법으로는 단기간의 성과를 볼 수는 있겠지만, 장기적으로 시장에서 살아남기가 어렵기 때문이다.

이에 반해 기본적인 원리를 안다면 트렌드에 조금 덜 민감하더라도 자신만의 철학을 지키는 사업을 할 수 있다. 또한 트렌드에 맞춰 응용할 수 있는 힘이 생긴다.

비즈니스의 성공 여부는 운이 절대적으로 많이 차지하는 복잡계의 영역이다. '이렇게 하면 반드시 성공한다.'라는 공식이 없다. 소위 성공에는 왕도가 없다는 말이다.

시중에는 성공한 소상공인들의 성공 사례와 원인을 분석한 수많은 책들이 있지만, 그러한 책들을 백퍼센트 믿어서는 곤란하다. 성공의 사후 해석 오류에 빠져서는 안 된다는 말이다. 성공한 사람이 "나는 매일 새벽에 일어나는 부지런함 때문에 성공했다."고 하면 '일찍 일어나야만 성공할 수 있다.'는 공식이 성립되는가? 말도 안 되는 이야기다. 새벽에 자고 늦게 일어나는 사람이 성공할 수도 있다.

그렇다면 복잡계의 영역에서 성공을 이뤄내기 위해서는 어떻게 해야 할까? 최대한 다양한 시도를 해봐야 한다.

출판사에서는 소수의 베스트셀러로 수많은 실패작들을 만회하고 수익을 낸다. 대기업 또한 소수의 대박 프로젝트로 수많은 실패 프로젝트들을 만회할만한 수익을 낸다. 그렇다면 이들은 리스크를 감안하지 않은 채 무작정 책을 내고, 프로젝트를 진행할까? 절대 그렇지 않다. 철저한 검증을 거친다. 비슷한 사례와 연구 결과들을 분석하고, 그로 인해 시행착오를 최소화하기 위해 노력한다. 그리고 나서야 하나하나의 상품(프로젝트)을 내놓는다.

"그것도 시간이랑 돈이 있을 때 가능한 이야기죠. 당장 생계가 걸려 있는 소상공인들은 그렇게 하나하나 검증하고, 사례들을 분석할 여유가 없어요."

7

그렇다면 소상공인과 같이 한정된 시간과 돈으로 다양한 시도를 해야 하는 사람들에게 당장 필요한 것은 무엇일까? '반드시 지켜야 할 기본과 해서는 안 되는 것'을 아는 것이다. 이것은 매우 중요하다. 우리가 알만한 업적을 남긴 연구자들은 자신만의 통찰력으로 새로운 이론을 발견했지만, 그들조차 선행 연구들을 토대로 시행착오를 최소화하기 위해 노력했다는 사실을 이해해야 한다. 다시 말해서 '최대한 다양한 시도를 하라'는 말을 보다 정확하게 표현하면 '기본적인 원칙을 지키며 최대한 다양한 시도를 하라'는 말이다. 이것은 비즈니스에 있어 가장 훌륭한 리스크 관리 방법이다.

이 책은 수많은 성공 사례들과 실패 사례, 인터뷰, 실험·연구, 설문조사의 결과물이다. 철저하게 기본적인 원칙들을 담기 위해 노력했다. 나는 이 책을 쓰면서 소상공인의 영업과 마케팅에 대한 이해도가 높아졌다. 그리고 이 책을 쓰면 쓸수록 사업 경험과 성공 사례가 없는 나이기에 더 잘할 수 있는 일임을 깨달았다. 주관적이고 편향적인 경험적 오류에 빠지지 않았고, 최대한 객관적으로 접근할 수 있었기 때문이다.

이 책이 반드시 정답이라고 생각하지는 않는다. 당신에게는 이 책을 다양한 방법으로 응용하고, 발전시킬 수 있는 능력이 있다. 당신이 하는 사업에서는 누구보다 당신이 전문가이기 때문이다.

다만 내가 제안하고 싶은 것은 가능한 한 시행착오를 줄이자는 것뿐이다. 제대로 된 시도도 해보기 전에 수많은 시행착오들로 인해 기운이 빠져서 포기하게 된다면 그보다 슬픈 일은 없다.

"기본적인 원칙을 지켜라. 그리고 최대한 다양한 시도를 하라."

이 말을 가슴속에 품은 채 책을 읽어나가길 바란다. 책의 내용을 마음껏 응용하고 발전시켜보자. 나는 당신이 또 하나의 성공 사례가 될 수 있음을 믿어 의심치 않는다.

조현우

Chapter 2

하나를 팔아도 전략이 필요하다

Chapter 3

사업을 성장시키는 소상공인의 영업 비법

철저하게 준비하고
치밀하게 계획하라

잘 지은 이름 하나가
사업의 성패를 가른다

편의점 네 개 지점으로 연매출 40억 원을 올리고 있는 전지현 대표는 과거 호프집을 운영하며 힘들었던 시절이 있었다. 그녀는 당시 주변에 있는 치킨집마다 사람들이 엄청나게 몰리는 모습을 보면서 '대체 왜 우리 매장만 장사가 안 될까?' 하고 고민했다고 한다.

그녀는 문제를 해결하기 위해 서울의 유명 호프집과 맛집 들을 찾아다녔다. 확실히 장사가 잘되는 곳은 뭔가 달랐는데, 그중에서도 가장 큰 차이점은 푸짐하고 맛있는 안주였다. 이렇게 많이 주면 남는 게 있을까? 싶을 정도로 양을 많이 주는 곳도 있었다. 하지만 손님이 그만큼 많이 오니 충분히 남는 장사임에는 틀림없었다.

그녀는 자신의 가게로 돌아와 다시 고민하기 시작했다. 단순히 양을 많이 주고 맛있는 것도 좋지만 확실한 차별화를 두려면 더 특별한 것이 필요했다. 그러다가 문득 메뉴의 이름으로 '아무거나'라는 단어가 떠올랐다. 손님들이 술을 마시러 와서 딱히 끌리는 메뉴가 없을 때 "그냥 아무거나 주세요!"라고 하는 데서 힌트를 얻은 그녀는 '아무거나'라는 이름의 메뉴를 개발하기로 결심하고, 손님들이 가장 좋아하는 메뉴들을 조합해서 하나의 세트로 만들었다.

그렇게 탄생한 '아무거나' 세트는 성인 남성 네 명이 먹어도 충분한 양이었다. 훈제치킨 한 마리와 과일 다섯 종류, 거기에 각종 튀김까지. 가격도 푸짐한 양에 비해 1만 6,000원으로 비교적 저렴하게 책정했다. 그리고 메뉴판에는 '아무거나'라는 이름을 가장 크고 눈에 확 띄게 만들어서 가게의 메인 메뉴로 보이게 했다.

이 전략은 대성공이었다. 손님들은 처음 보는 메뉴의 이름이 재미있었는지 그 메뉴를 자꾸 주문하기 시작했다. 이름이 재밌어서 시키고, 가성비에 만족해서 미소를 지었다. 더구나 매일 시장에서 재료를 사다 그날그날 만들었으니 신선한 것은 말할 필요도 없다.

이 메뉴는 "그 호프집에 가면 무조건 아무거나 시켜. 양도 엄청 많이 주고 맛있어."라는 손님들의 입소문을 타며 대박을 쳤다. 하루 매출 100만 원도 안 되던 호프집이 '아무거나' 메뉴 하나로 200만 원을 넘어 300만 원까지 올리는 날도 있었다.

전지현 대표가 만약 서울의 유명한 호프집과 맛집 들을 돌아다니며 배워온 결과를 '아무거나'라는 메뉴로 재탄생시키지 않고 그대로 적용했다면 이만큼의 매출 상승 효과를 낼 수 있었을까?

물론 기존에 있던 메뉴들의 양과 맛을 향상시켰다고 하더라도 소정의 성과는 달성했을지 모른다. 하지만 결정적으로 사람들의 이목을 끈 것은 '아무거나'라는 메뉴에서 비롯되었다고 볼 수 있다. 메뉴판의 이름 자체부터 사람들의 호기심을 자극했을뿐더러, 다른 사람들에게 입소문을 퍼뜨릴 때도 '아무거나'라는 이름은 하나의 재미 요소가 되었기 때문이다. 하루 300만 원의 매출을 올릴 수 있었던 것은 누가 봐도 '아무거나'라는 이름이 효자 노릇을 톡톡히 한 덕분이다.

세일즈 전문가 장문정 씨의 말에 의하면 똑같은 상품도 어떻게 콘셉트를 잡아 이름을 붙이느냐에 따라 매출에 큰 차이가 난다고 한다. 그는 언젠가 홈쇼핑에서 꽃게를 판매한 적이 있었는데 '서해 바다 꽃게'라고 이름을 붙였을 때는 고객들의 반응이 시큰둥하다가 '연평도 꽃게'라고 이름만 바꾸었더니 매출이 30%나 상승하는 장면을 목격하기도 했다.

이처럼 상품에 대한 적절한 네이밍은 즉각적인 매출 상승 효과를 낼 수 있다. 또 상품의 품질까지 받쳐준다면 입소문을 타게 되어 더 큰 효과를 기대할 수 있다. 세계적인 마케팅의 거장인 잭 트라우트조차 "가장 중요한 마케팅 결정은 브랜드 네이밍이다."라고 말했을 정도로 네이밍의 힘은 마케팅에서 꽤 큰 폭을 차지한다.

그는 사람들이 상품을 가장 빨리 접하고 이해하며, 판단까지 하는 절차가 모두 네이밍에 달려 있다고 말한다. 또 성공적인 네이밍은 고객들의 입에 오르내리면서 마케팅 예산을 획기적으로 절감해줄 뿐

만 아니라 경쟁사와 확고한 차별점을 둘 수 있다며 네이밍의 중요성
을 끊임없이 강조하고 있다.

그렇다면 이렇게 중요한 네이밍을 어떻게 해야 잘할 수 있을까?

갑자기 찬물을 끼얹는 말일지도 모르겠지만, 일반인들의 머리에서
멋진 네이밍이 나오기란 여간 어려운 일이 아니다. 그래서인지 상품
개발자가 직접 이름을 짓거나 사내 직원들끼리 공모전을 통해 결정
하기도 했던 예전에 비해 요즘은 훨씬 더 체계적으로 네이밍을 하는
기업들이 늘어나고 있다. 대기업의 경우는 상품 이름 하나에 수천만
원에서 수억 원까지 써가며 브랜드 네이밍 전문 인력이나 회사를 고
용하기도 한다.

LG전자의 에어컨 브랜드 '휘센'은 기업이 전문가를 고용해서 네이
밍한 대표적인 사례다. 휘센의 이전 이름은 'LG 바이오 에어컨'이었
다. 해외시장 진출을 앞두고 네이밍을 고민하던 LG전자의 담당자는
전문가에게 이 일을 맡기기로 결심했다. 그렇게 해서 만들어진 '휘센'
이라는 이름은 '회오리'라는 뜻의 휠윈드Whirlwind와 '보내다'라는 의미
의 센드Send의 앞 글자를 따서 만들어졌는데, 이름만 들어도 시원하
고 강력한 바람을 내보내는 에어컨의 이미지가 느껴진다. 휘센은 '휘
몰아치는 센바람'의 이중적인 뜻도 된다.

그렇다면 LG전자는 이처럼 큰 비용을 치르며 네이밍을 의뢰한 만큼
의 효과를 거두었을까? LG전자 관계자는 한 매체와의 인터뷰에서 "휘

센을 출시한 2000년의 내수 시장 점유율이 전년보다 7% 상승했고, 일본의 마쓰시타를 제치고 세계 1위도 차지했다."고 말했다.

물론 'LG 바이오 에어컨'이라는 이름을 갖고 있던 1990년대 후반에도 내수시장 점유율은 꽤 높은 편이었지만, 브랜드의 이미지는 약한 편에 속했다. 그러나 휘센은 네이밍의 변화만으로 '대한민국 대표 에어컨'의 자리를 꿰차고 세계 1위까지 도약할 수 있었다. 그들이 얻은 이익에 비하면 네이밍을 의뢰한 비용은 아무것도 아니었다.

하지만 안타깝게도 소상공인들은 대기업처럼 큰 비용을 투자해서 네이밍을 의뢰할 만한 여건이 되지 않는다. 투자할 여건이 된다 해도 대기업처럼 거대한 유통망을 가지고 있는 것이 아니기 때문에 그만한 효과를 볼 수 있을지 확실치 않아 쉽게 실행하지 못한다.

따라서 소상공인이 할 수 있는 방법은 대기업들의 네이밍 성공 사례를 벤치마킹하는 것이다. 그대로 베껴 쓰면 법에 저촉되지만, 만드는 방식을 배우는 것은 문제가 되지 않는다. 전문가들은 어떻게 네이밍을 하는지 살펴보도록 하자.

'휘센', 'SK 이노베이션', '지크', '쁘띠첼' 등 누구나 들어봤을 법한 이름들을 작명한 한국브랜드마케팅연구소의 박재현 대표는 인터뷰에서 네이밍에 대한 핵심을 간략히 말해주었다.

"이름을 잘 짓기 위해서는 이름을 짓는 대상에서 벗어나야 합니다. 예를 들어 '아이스커피'의 이름을 짓는다고 가정해보죠. 무엇으로 만들었는지는 중요하지 않습니다. 아이스커피가 지닌 매력, 하고 싶은 이야기를 파고들어야 합니다. 이름이 튀기만 해서도 안 됩니다. 낯설면서도 공감대를 형성해야 합니다. 비율로 보면 낯선 것이 3, 공감이 7입니다. '공감한다'는 '상상한다'와 같은 말입니다. 이름으로 시각·촉각·청각을 모두 건드려야 합니다. 시대상에도 부합해야 하고요. CJ의 '주부 초밥왕'을 작업할 때 '미스터 초밥왕'이라는 만화가 유행했습니다. 이름을 봤을 때 주부들은 초밥을 손쉽게 만드는 자신을 상상합니다. '나도 할 수 있다.'는 자신감을 주는 것이죠."

네이밍은 사람들에게 직관적으로 느껴지면서도 어느 정도는 낯설어야 한다. 또 상품이 가진 매력과 이야기를 일관성 있게 끄집어낼 수 있어야 한다. 그래야 다른 경쟁 제품들과 확실한 차별성이 생기기 때문이다.

혹시 상품의 이름을 어떻게 지어야 할지 아직도 막막하다면 다음의 사례를 보자. 당신이 지금 심각하게 고민하는 것이 어쩌면 비효율적일지도 모른다는 사실을 깨닫도록 도와줄 것이다.

마케팅 전문가인 빌 비숍은 어떤 여성 사업가와 일을 한 적이 있었다. 그러나 그녀는 빌이 제시한 상품의 이름을 마음에 들어 하지 않았다. 뭔가 확실하고 더 멋진 이름을 기대했던 그녀는 결국 자신이 직접 이름을 만들어보겠다며 떠났다.

빌은 그녀를 한동안 잊고 지내다가 1년 후 어느 세미나장에서 우연히 그녀를 만나게 되었다. 그녀는 여전히 적절한 이름을 찾지 못해 사업을 시작조차 하지 못한 상태였다. 빌은 그녀에게 어떤 이름을 쓰든 일단 실행에 옮기기만 했다면 돈을 벌 수 있었을 것이라고 조언했다. 아무것도 해보지 못하고 허무하게 1년을 허비했기 때문이다.

그녀의 고민은 충분한 가치가 있었을까? 물론 네이밍이 중요한 것은 맞다. 하지만 만약 그녀가 아무 이름으로라도 사업을 시작했더라면, 그 1년 동안의 과정에서 더 좋은 이름을 찾을 수 있었을지 모른다.

이처럼 처음부터 완벽한 이름을 추구하지 않아도 되는 이유는 또 있다. 이름을 짓는 입장에서는 완벽하게 지었다고 생각해도 고객의 반응은 다를 수 있기 때문이다.

수년 전, 빌은 대학에서 인터넷 마케팅 강의를 한 적이 있었다. 학생들에게 충분히 도움이 될 만한 교육이었음에도 불구하고, 수강생은 열 명에서 열다섯 명밖에 되지 않았다.

왜 그런지 이유를 생각해보니 아무래도 '더 디지털 마케팅 워크숍'이라는 강의 제목이 문제인 듯했다. 인터넷과 디지털 세계의 모든 측면을 아우르는 훌륭한 제목이었지만, 학생들에게는 그다지 임팩트가 없는 것 같았다.

결국 빌은 교육 프로그램의 제목을 진부하고 단순한 '디 E—마케팅 워크숍'으로 바꿨다. 마음에 들지 않았지만 그는 이 제목을 계속 사용할 수밖에 없었다. 다음 워크숍에 50명이나 등록했기 때문이다.

이처럼 전문가조차 네이밍의 효과에 대해 확신하지 못하는 경우가 많다. 하물며 아마추어인 소상공인들이야 오죽하겠는가. 처음부터 완벽하게 이름을 짓기도 쉽지 않을뿐더러, 사람들의 반응이 생각과는 전혀 다를 확률이 높다. 따라서 하루라도 빨리 시장에 상품을 내놓고 고객들의 반응을 봐야 한다.

상품의 이름은 분명히 매출에 영향을 미치게 된다. 아직 이름을 짓지 않았거나, 기존에 있던 이름을 좀 더 차별화하고 싶다면 전문가들의 방법을 따라 해보자.

하지만 네이밍에 너무 시간을 쏟아서는 안 된다. 가장 중요한 것은 **판매자의** 기준에서 완벽한 이름이 아니라, 고객이 반응을 보이는 이름이다.

고객의 호기심을
자극하는 순간
매출은 급상승한다

고객이 당신의 상품에 호기심을 갖게 된다면 어떨까? 직접적으로는 매출 향상으로 이어지거나 간접적으로는 홍보 효과를 볼 수 있을 것이다.

2014년, 캘리포니아 대학의 마티아스 그루버 박사는 호기심이 우리의 뇌에 미치는 영향에 대해 연구를 실시했다.

피험자들은 다양한 주제의 질문들에 대답하는 것과 동시에 호기심이 가장 많이 생기는 질문을 선택했다. 연구팀은 MRI를 활용하여 실험을 하는 동안 피험자들의 뇌를 스캔했다.

그루버 박사는 이들의 MRI 결과를 통해 몇 가지 사실을 알아낼 수 있었다. 그중에서도 가장 중요한 사실은 사람들이 호기심이 생길 때 해마(뇌에서 기억을 담당)의 작용이 활발해진다는 것이다. 그루버는 연구 결과에 대해 "호기심은 정보를 학습하고 유지할 수 있는 상태에 뇌가 놓이게 한다."고 말했다.

이 사실은 **호기심**을 통해 당신의 상품이나 브랜드를 고객들에게 확실히 인지시킬 수 있다는 것을 말해준다. 판매하는 상품이나 서비스에 대해 호기심을 불러일으킨다면 잠재고객들의 이목을 집중시킬 수 있을뿐더러 오랜 시간 동안 그들의 기억에 남아 있을 수 있다. 호기심이 고객들에게 주는 영향은 여기에 그치지 않는다.

2016년, 미국 위스콘신 매디슨 대학의 에반 폴만 박사는 '사람들의 호기심을 자극하여 더 나은 행동을 하도록 도울 수 없을까?'라는 문제를 해결하기 위해 한 가지 실험을 진행했다.

그는 대학 건물의 1층 계단부에 호기심을 유발할 만한 질문들을 붙여놓고는 그 질문에 대한 대답을 다음 층의 계단에서 보여주었다. 사람들이 엘리베이터 대신 계단을 적극적으로 활용하길 바라는 마음에서였다. 이 방법은 성공했을까? 실험 결과 호기심을 통해 계단을 오르는 사람들이 10% 더 많아졌다.

또 폴만 박사는 사람들이 건강한 식품을 더 많이 사가도록 유도하기 위해 건강한 식품에만 재미있는 이야기의 앞부분을 붙여놓았다. 이야기의 뒷부분은 그 식품을 구매해야만 볼 수 있었다. 결과는 어떻게 되었을까? 계단과 마찬가지로 건강한 식품을 고르는 사람들이 더 많아졌다.

호기심은 이처럼 고객으로 하여금 행동하게 만들고, 무의식적으로 상품을 기억하게 만든다. 판매자의 입장에서 보면 참으로 고마운 존재가 아닐 수 없다.

그렇다면 고객들이 당신의 상품과 브랜드에 호기심을 갖도록 만들려면 어떤 방법을 취해야 할까? 1994년, 카네기 멜론 대학의 교수이자 미국의 저명한 행동경제학자인 조지 로웬스타인은 호기심에 대해 이렇게 정의했다.

"호기심은 지식의 공백을 느낄 때 발생한다."

그는 연구를 통해 사람들이 '완벽하게는 모르지만 어느 정도 알 때' 호기심이 가장 왕성해진다는 사실을 밝혀냈다.

세계적인 경영사상가이자 마케팅의 아버지라 불리는 노스웨스턴 대학의 석좌교수 필립 코틀러는 로웬스타인의 호기심 정의에 대해 동의하며 4차 산업혁명에 대비한 마케팅 방법을 제시했다. 다음은 필립 코틀러의 저서 《마켓 4.0》에 나온 내용이다.

"마케팅에서 호기심은 고객에게 매력적인 지식을 과하지 않게 제공할 때 생긴다. 따라서 고객의 호기심을 유발하려면 콘텐츠 마케팅이라는 전략이 필요하다. 이는 고객의 일상생활과 관련되어 있고 브랜드와도 강력하게 관련되어 있는 콘텐츠를 창조하고 유통시키는 일련의 활동을 말한다."

사업을 하는 사람이라면 콘텐츠 마케팅에 대해 들어봤을 것이다. 우리는 페이스북, 인스타그램, 유튜브 등의 수많은 무료 채널들을 통해 콘텐츠를 생산하고 노출시킬 수 있다. 필립 교수는 자신의 저서에서 콘텐츠 마케팅의 영향력과 필요성에 대해 재차 강조하고 있다.

"콘텐츠가 진짜 믿을 만하다면 입소문과 소셜 미디어 공유를 통해 바이러스처럼 저절로 확산될 것이다. 이렇게 광고 외의 방법으로 공짜 홍보 활동을 하게 되는 것을 언드 미디어, 즉 공짜 미디어라고 한다. 브랜드는 이러한 효과를 내기 위해 소셜 미디어 마케팅과 커뮤니티 마케팅을 모두 적극적으로 수행해야 한다."

콘텐츠 마케팅은 스마트폰이 상용화되지 않았던 과거에는 주로 대기업의 전유물이었다. 지하철, 버스, 택시 등의 대중교통 광고판이나 TV, 라디오, 포털사이트의 광고가 콘텐츠 마케팅의 주요 채널이었기 때문이다.

하지만 스마트폰과 SNS의 활성화로 인해 현재의 광고시장은 완전히 달라졌다. 막대한 마케팅 예산을 투입해서 광고를 하지 않아도 누구나 자신만의 콘텐츠를 고객들에게 퍼뜨릴 수 있게 된 것이다.

광고 홍보 종합대행사인 메조미디어가 조사한 '2017년 상반기 광고비 분석' 보고서를 보면 현재의 콘텐츠 마케팅 시장이 어떻게 돌아가고 있는지 알 수 있다.

보고서에 따르면 2017년 상반기 전체 디지털 광고 시장의 규모는 6,086억 원을 기록하며 2016년(5,125억 원) 대비 19% 증가했다. 그중에서도 특히 동영상 광고 시장의 성장이 눈에 띈다. 2016년(1,435억 원) 대비 40% 성장한 2,008억 원으로 증가하는 추세를 보였다.

예전처럼 대기업들의 TV 광고가 늘어난 것이 아니냐고? 2,008억 원 규모의 총 동영상 광고비에서 유튜브의 광고비가 742억 원, 페이스북의 광고비는 623억 원을 차지했다. 그다음으로는 네이버와 카카오가 각각 239억 원, 169억 원을 차지했다.

이 결과는 동영상 광고 시장이 과거와 완전히 달라졌다는 사실을 보여준다. 스마트폰의 활성화로 인해 TV 광고보다 SNS의 위력이 더 강해진 시대가 온 것이다.

SNS와 동영상 콘텐츠 마케팅의 위력을 알았으니 이것을 이제 어떻게 활용하느냐가 관건이다. 그렇다면 동영상 콘텐츠는 어떻게 만들어야 할까?

흔히 호기심을 유발시키는 동영상 콘텐츠를 만든다고 하면 대기업에서 주로 하는 '티저 영상'을 떠올리기 쉽다. 티저 마케팅이란 제품이나 서비스의 정체를 밝히지 않음으로써 소비자의 호기심을 유발하는 마케팅 방법인데, 결론부터 이야기하면 소상공인들이 적용하기에는 부담이 가는 전략이다. 티저 마케팅의 핵심이 상품이나 브랜드에 대한 정보를 알려주지 않고 영상을 최대한 '자주' 노출시키는 것이므로 마케팅 비용을 많이 쏟아 부을 수밖에 없기 때문이다.

따라서 소상공인들은 다른 방법을 택해야 한다. 로웬스타인이 밝혀낸 바에 따르면 기본적으로 사람들은 전체 내용에서 75%를 안다고 느낄 때 나머지 25%에 대해서 엄청난 궁금증을 갖게 된다. 무작정 숨길 것이 아니라 거의 대부분을 드러내야 오히려 소비자들의 호기심을 자극할 수 있다는 것이다. 이 사실을 토대로 소상공인들은 어떤 영상을 만들 수 있을까?

소상공인들이 마케팅 효과를 낼 수 있는 콘텐츠는 크게 세 가지로 나누어볼 수 있다.

Tip 1 스토리텔링

자신의 이야기를 통해 진정성을 보여주는 방법이다. 다큐멘터리 방식이라고 생각하면 이해하기 쉽다. 예를 들어 순대국밥을 파는 집이라면 왜 순대국밥을 팔게 되었는지, 순대국밥에 대해서 어떤 연구를 했는지 등을 이야기로 풀어나가는 것이다. 소비자들은 대표가 직접 나와 설명하는 영상을 보며 기업에 대한 신뢰와 전문성을 느낄 수 있다.

Tip 2 있는 그대로 보여주기(상품·음식의 제조 과정, 사용 방법, 후기 등)

일반적으로 가장 많이 사용되는 콘텐츠 제작 방식이다. 영상에서는 기업에서 파는 상품이 어떻게 개발되는지, 어떤 원료와 공정을 거쳐 만들어지는지를 알려준다. 사용 방법을 시연해 보이는 것도 효과적이다. 대표가 직접 영상을 찍기도 하고 직원이나 지인, 고객 들을 활용해서 상품을 사용하는 모습을 적나라하게 보여주는 방법이다.

최근에는 허위·과장 광고가 많아서 소비자들이 광고를 쉽게 믿지 않는다. 그러나 소비자들의 솔직한 사용 후기는 입소문의 근원지가 되어 그 파급 효과가 여전히 크다. 판매자에게 유리한 상품 후기를 SNS에 올리거나 블로그, 카페, 밴드 등에 퍼 나르며 적극 활용하면 저렴한 비용으로 최고의 광고 효과를 올릴 수 있다.

Tip 3 질문과 답변 인터뷰

소비자들이 가장 많이 질문하는 것에 대해 솔루션을 제공해주는 인터뷰 방식이다. 소비자들의 불신과 의구심을 해결해줄뿐더러, 솔직하게 대답해주는 모습은 기업의 신뢰도를 향상시킬 수 있다. 또 자주 묻는 질문을 일일이 대답해주지 않아도 되므로 상담 시간을 줄이는 일석이조의 효과도 있다.

많은 소상공인들이 마케팅에 관심을 가지면서 새로운 영상 콘텐츠들이 쏟아져 나오고 있다. 하지만 그중 소비자들의 뜨거운 관심을 얻고, 마케팅 효과를 제대로 보는 곳은 극히 드물다. 왜 이런 현상이 일어나는 것일까?

베스트셀러 《완벽한 공부법》, 《일취월장》의 저자이자 체인지 그라운드(동기부여·자기계발 기업)의 의장 신영준 박사는 웹사이트 '브런치'의 칼럼 '어떻게 짧은 시간에 성공할 수 있었나?'에서 이 문제에 대해 해결책을 제시해주고 있다.

"최근 체인지 그라운드 유튜브의 성장세가 놀랍다. 열흘 동안 만 명도 넘는 새로운 구독자가 생겼다. 유튜브에서 자기계발 콘텐츠는 사실 매력도가 그렇게 높은 주제는 아니다. 그럼에도 불구하고 우리의 성장세는 현재 매우 가파르다. 사실 엄밀히 말하면 우리도 정확히 이런 폭발 시점은 몰랐다. 하지만 우리는 체계적으로 꾸준히 준비했다. 비즈니스를 하는 모든 사람은 모두 운에 대한 전략을 세워야 한다. 하지만 대부분 생각조차 안 하고 무엇인가 실패로 돌아가면 그때서야 불운함을 욕한다. 운 자체는 통제 불가능의 영역이다. 하지만 운과 만나기 위한 그리고 운이 발생한 다음에 대한 전략은 철저하게 실력이다. … (중략) … 운과 실력의 비중을 파악하는 가장 좋은 방법은 비전문가가 전문가를 어느 정도까지 이길 수 있는지 따져보는 것이다. 그런 관점에서 SNS 콘텐츠 비즈니스는 당연히 운이 압도적인 영역이다. 그렇다면 전략은 무엇이 되어야 하는가? 당연히 콘텐츠 하나를 만들 때 목숨을 거는 것이 아니라 기본 퀄리티를 유지하면서 최대한 많이 시도하는 것이 최상의 전략이다."

아무것도 알려주지 않으면 아무도 관심을 갖지 않는다. 로웬스타인이 한 말을 기억하자.

"호기심은 지식의 공백을 느낄 때 발생한다."

사람들은 아무것도 모를 때 호기심을 가지는 것이 아니라, 어느 정도 알게 되었을 때 가장 많은 호기심을 느낀다.

고객들의 호기심을 유발하기 위한 가장 효율적인 마케팅 방법은 영상 콘텐츠를 이용하는 것이다. 콘텐츠를 만들 때는 기본 퀄리티를 유지하되 꾸준히 많은 시도를 해야 한다. 그리고 마지막으로 신영준 박사의 말을 꼭 명심하자.

"엄밀히 말하면 우리도 정확히 이런 폭발 시점은 몰랐다. 하지만 우리는 체계적으로 꾸준히 준비했다."

저비용 고효율 광고의 대표주자,
입소문 마케팅

　한 시간에 125억 원의 매출을 올리며 홈쇼핑 창립 이래 최대 판매 기록을 세운 장문정 씨는 굉장히 난감한 일을 겪었다고 한다.

　그는 한 홈쇼핑 채널에서 전열히터를 소개하며 "하루에 여덟 시간씩 사용해도 한 달 전기료가 4,000원대입니다."라고 강조했다. 저렴한 전기료에 매력을 느낀 소비자들이 많아서였을까, 제품은 불티나게 팔려나갔다. 하지만 얼마 지나지 않아 문제가 생겼다. 홈쇼핑에서 장점으로 강조했던 4,000원대 전기료는 누진세를 적용하지 않았을 때의 기준이었기 때문이다.

　각 가정에서는 당연히 다른 가전제품과 함께 히터를 사용했으니 누진세가 적용된 고지서를 받았던 것이다. 방송에서 누진세를 언급하지 않은 것은 아니지만 고객들이 간과할 소지는 충분했고, 고지서를 받아 든 고객들로부터는 항의 전화가 빗발쳤다. 심지어 한 고객은 쇼핑호스트(쇼호스트)의 말만 믿고 전열히터를 마음껏 사용했다가 월 60만 원 이상의 전기료를 물기도 했다.

또 그는 홈쇼핑에서 3대 이동통신사(SK, KT, LG)가 아닌 통신사망을 빌려 쓰는 별정통신사의 휴대전화를 판매한 적이 있었다. 이번에도 역시 요금이 3대 통신사의 절반에 불과하다는 점을 강조하며 소비자들에게 어필했다. 그 결과 한 시간 만에 무려 100억 원 이상의 매출을 올릴 정도로 대박이 터졌다.

하지만 이번에도 얼마 지나지 않아 문제가 생겼다. 별정통신사의 휴대전화는 3대 통신사와 달리 모든 와이파이망에서 데이터 요금이 무료가 아니었던 것이다. 고객들은 이 사실을 전혀 몰랐고, 한 달 전화요금이 90만 원 넘게 나온 고객도 있었다.

허위·과장 광고가 판을 치는 요즘에는 이런 일들이 비일비재하게 일어난다. 수많은 경쟁사들 가운데 소비자의 선택을 받아야만 살아남을 수 있으니 기업의 입장에서도 어쩔 수 없는 선택이다.

그러다 보니 소비자들은 기업에서 내보내는 광고를 쉽게 믿으려고 하지 않는다. 분명히 경쟁사들에 비해 저렴하면서 품질까지 뛰어난 상품인데도 아무리 광고를 해도 소비자들로부터는 외면을 받는다.

기업들의 허위·과장 광고에 이미 속을 만큼 속은 소비자들은 '네가 파는 상품이니까 당연히 좋은 말만 하겠지. 난 안 믿어. 내가 한두 번 속은 줄 알아?'라는 반응을 보이며 시큰둥하다. 진심으로 좋은 상품을 개발하기 위해 노력하는 기업들을 생각해보면 안타까운 현상이 아닐 수 없다.

그렇다면 어떻게 해야 소비자들의 신뢰를 사며 효과적으로 자사의 제품을 소비자들에게 알릴 수 있을까?

영화진흥위원회에서 발표한 2016년 극장 영화 소비자 조사 결과 보고서에 따르면, 관람객들이 영화를 선택할 때 참고하는 주요 정보원은 인터넷 후기(67.1%)와 주변인의 의견(61%)이 가장 높은 비율을 보였다. 영화 광고는 그보다 낮은 54.7%에 그쳤다.

생각해보자. 당신은 영화를 어떤 기준으로 선택하는가? 대부분의 영화들은 개봉 이전에 막대한 광고비를 투자하여 티저 영상을 만들고, 전단지와 포스터를 배포한다. 대중들에게 최대한 많이 노출시키기 위해서다. 소비자들은 이런 광고들을 통해 처음으로 영화를 '접하게' 된다.

하지만 그렇게 접한 영화를 보기로 '결정'하기 위해서는 거쳐야 하는 단계가 있다. 우리는 관심이 가는 영화의 제목을 인터넷 포털 사이트에 검색해서 '영화 평점'과 '영화 후기'를 보거나 지인들 중 그 영화를 본 사람들을 찾는다. 그러고는 너무나 자연스럽게 "너 그거 봤어? 재밌을 거 같던데 어때?"라는 질문을 던진다. 그렇게 긍정적인 영화 평점과 후기들을 확인하고, 주변 사람의 "나 어제 봤는데 엄청 재미있었어. 꼭 봐."라는 대답을 듣고 나서야 영화를 봐야겠다는 확신을 갖는다.

결론적으로 이야기하면 우리는 광고를 통해 처음 '접하게' 된 영화를 인터넷으로 검색해보고, 사람들의 평가를 들은 뒤에 '결정'한다는 것이다.

이와 관련하여 시장조사 전문기업인 엠브레인 트렌드모니터가 조사한 결과도 있다. 전국의 만 19세 이상 59세 이하의 성인 남녀 1,000여 명을 대상으로 '영화 관람'과 관련한 전반적인 인상 평가를 실시한 결과 "나는 남들이 재미있다고 한 영화를 보는 경향이 있다."고 대답한 사람들이 71.3%에 달했다. 영화를 선택할 때 영향을 주는 요인도 조사했는데, 역시 주변 지인의 권유(입소문)가 32.7%로 예고편 및 티저 광고(25.2%)보다 확연히 높은 수치를 나타냈다. 이 같은 사례를 볼 때 마케팅 효과의 순위에 대해 유추해볼 수 있다.

Ranking 1 주변 사람들(지인)의 입소문.
Ranking 2 인터넷 상품 후기(제삼자).
Ranking 3 기업 광고.

1순위인 '입소문'에 대한 효과는 상품의 품질과 깊은 연관이 있다. 당신의 상품이 고객들에게 감동을 줄 정도로 품질이 좋다면 고객 자신이 반복구매를 할 뿐만 아니라, 자진해서 지인들한테까지 소개할 것이다. 여기에 대해 기업이 추가적으로 마케팅을 할 필요는 없다. 자사의 상품에 만족한 기존의 고객들에게 더 좋은 서비스를 제공하며 좋은 관계를 지속해나가면 될 뿐이다.

대신 기업의 입장에서 초점을 맞춰야 할 마케팅은 2순위인 '인터넷 상품 후기'다. '요즘 사람들은 후기도 잘 안 믿어.'라고 막연히 추측하지 말라. 그렇게 생각하는 당신이 반드시 참고해야 할 객관적인 조사 결과가 있다.

트렌드모니터는 전국의 만 19세 이상 49세 이하의 남녀 1,200명을 대상으로 '소비자 리뷰'에 대한 설문을 실시했다. 소비자들은 제품 구매를 결정할 때 소비자 리뷰를 얼마나 많이 참고할까? 무려 78.6%가 제품 구매 시 '항상!' 소비자 리뷰를 확인한다고 응답했다. 심지어 지인이 추천한 제품이라도 소비자 리뷰를 확인하고 나서 구매하는 경우도 58.4%에 달했다. 반면 소비자 리뷰를 신뢰하지 못한다는 소비자는 4.3%에 불과했다.

이처럼 상품 후기에 대한 힘은 여전히 건재하다. 게다가 인터넷이 활성화된 이유로 소비자 리뷰를 확인하는 사람들의 비율이 나날이 늘어가고 있다.

그렇다면 기업의 입장에서 소비자 리뷰는 항상 득이 되는 마케팅 방법일까? 꼭 그렇지만은 않다. 품질이 보장되지 않은 상태에서 무작정 인터넷, SNS 마케팅을 한다면 오히려 역효과가 나올 수도 있다.

2011년, '신라면 블랙'의 사례가 대표적이다. 기존 신라면에 비해 두세 배나 되는 가격으로 '프리미엄 전략'을 사용했던 신라면 블랙은 '라면 시장 점유율 1위'를 차지하고 있는 회사의 제품답게 출시 한 달 만에 90억 원의 매출을 찍었다. '우골 보양 식사'를 전면에 내세운 광고 전략 덕분이었다.

하지만 이 성과는 지속되지 못했다. 라면을 먹어본 소비자들이 "제품 자체는 별 차이가 없다. 소비자를 우롱하나?"라는 반응을 인터넷과 SNS상에 쏟아냈기 때문이다. 결국 신라면 블랙은 공정거래위원회에 의해 허위 및 과장 광고 제품이란 사실이 밝혀지며 매출이 급락했다.

최근 소비자들은 나날이 현명해지고, 기업의 횡포에 대해 적극적으로 맞설 줄 안다. 기업은 정말 좋은 제품을 개발하여 소비자들에게 홍보해야 한다. 그렇지 않으면 아무리 좋은 홍보 방법이라도 역으로 소비자들의 공격을 받게 될 것이다.

그렇다면 소비자 리뷰를 기업에서 자체적으로 작성하면 어떨까? 물론 그 방법 또한 나쁜 생각은 아니다. 실제로 많은 기업들과 광고대행업체들이 그 방법으로 꽤 좋은 성과를 내고 있기 때문이다. 하지만 주의할 점이 있다.

《2018 대한민국 트렌드》에 따르면 소비자들은 소비자 후기를 보면 업체 측에서 작성한 것인지 진짜 소비자가 작성한 것인지를 어느 정도 구분할 수 있기 때문이다. 게다가 인터넷 사용에 익숙한 젊은 세대들이 늘어날수록 이런 소비자들은 꾸준히 증가하고 있다(2014년 36.3% → 2017년 44.2%).

이런 일련의 흐름으로 볼 때 마케팅으로서 가장 좋은 방법은 역시 고객들이 감동할 만한 고품질의 제품을 만들어서 고객들이 긍정적인 후기를 스스로 인터넷에 올리도록 만드는 것이다. 그다음 방법으로는 인터넷·SNS에 영향력이 있는 사람들을 불러 공짜 체험단을 구성할 수 있다. 체험단을 이용하면 상품에 대한 고객들의 날카로운 평가도 들을 수 있으며, 고객 후기를 통한 마케팅 효과까지 볼 수 있다.

최근에는 체험단의 글에 대한 인터넷상의 제약이 강화되어서 '이 글은 업체의 후원을 받아 작성한 글입니다.'라는 문구를 삽입하게 되어 있지만 이 방법은 여전히 효과가 좋다. 이런 사실을 알고 소비자 리뷰로 마케팅을 하는 기업들은 나날이 늘어나고 있다.

하지만 고품질의 제품을 개발해서 진심에서 우러난 소비자의 후기로 승부하는 기업들은 생각보다 많지 않다. 앞으로는 거짓 후기에 속지 않는 현명한 소비자들이 더욱 늘어날 것이다. 그러나 이것은 오히려 소상공인의 입장에서 보면 좋은 기회라 할 수 있다.

소비자들이 만족할 만한 훌륭한 상품을 개발하여 그 상품에 만족한 소비자의 후기를 마케팅에 활용할 수 있다면, 마케팅 비용을 거의 들이지 않고도 고액의 대기업 마케팅보다 훨씬 큰 효과를 올릴 수 있다.

사람들은 기업의 말보다 이미 사용해본 다른 고객들의 말을 더 신뢰한다.

돈을 쓰고도 뿌듯해 하는
소비자의 심리

2006년 11월, 탐스의 창립자인 블레이코는 로스앤젤레스로 돌아가기 위해 뉴욕 JFK 공항에서 탑승 수속을 밟고 있었다. 그때 옆에 있던 여자의 신발이 눈에 띄었다. 그녀가 신은 신발은 그가 미국으로 들여온 빨간색 탐스였다. 블레이코는 반가운 마음을 애써 감추며 물었다.

"그 빨간 신발 정말 예쁘군요. 어디 건가요?"

탐스를 신은 여성은 당황한 기색 하나 없이 큰 소리로 말했다.

"탐스요!"

심지어 그녀는 블레이코의 가는 길을 막고 이런 이야기를 들려주었다.

"당신은 모를 거예요. 내가 이 신발을 한 켤레 살 때마다 아르헨티나에 있는 아이들에게 신발 한 켤레가 간답니다. 로스앤젤레스에 사는 한 남자가 아르헨티나로 휴가를 갔다가 그 아이디어를 얻었대요.

아마 보트에서 사는 남자일 거예요. 예전에 〈어메이징 레이스〉에도 출연했다던데, 어쨌든 좋은 회사예요. 벌써 아이들에게 몇 천 켤레나 줬더라고요!"

이 말을 들은 블레이코는 얼마나 짜릿했을까? 생각해보라. 당신이 파는 상품을 구매한 사람을 매장이 아닌 다른 곳에서 우연히 만났는데, 그 사람이 당신이 파는 상품에 대한 이야기를 신나게 들려준다면 기분이 어떻겠는지 말이다. 아마 온몸에 소름이 끼칠 정도로 짜릿한 일이 될 것이다.

블레이코는 자신의 신분을 밝히고 그녀에게 감사를 표한 다음, 비행기의 자리에 앉아 다시 그 사건을 되뇌었다.

'그 여자는 일면식도 없는 나에게 탐스 이야기를 열심히 말해주었어. 그렇다면 지금까지 얼마나 많은 사람들에게 이 이야기를 해주었을까? 아마 가족과 친구들한테는 당연히 이야기했을 테고, 어쩌면 자신의 페이스북에 신발 사진을 올렸을지도 몰라.'

그리고 이어서 생각했다.

'탐스를 신은 사람들이 각각 서너 명의 지인에게 우리 이야기를 하고, 그 이야기를 들은 사람들이 다시 서너 명의 다른 사람들에게 우리 이야기를 한다면?'

블레이코는 자신의 저서 《탐스 스토리》에서 이렇게 말했다.

"우리가 깨달은 사실은, 탐스의 이야기를 퍼뜨리고 다니는 사람은 단지 고객이 아니라 후원자라는 것이다. 탐스의 구매자들은 자신이 단지 어떤 브랜드의 멋진 신발을 샀다는 것보다는 우리의 소명을 후원하고 있다는 이야기를 하고 싶어 한다. 그들은 상품뿐 아니라 이야기도 후원하는 것이고, 이는 일반 구매자들과 확연히 다른 점이다. **후원자와** 구매자는 차원이 다르다. 소비자들에게는 당신의 상품을 사야 할 이유가 필요하다. 성능이 좋다든가, 패셔너블하다든가, 가격이 싸다든가, 혁신적인 제품이라든가 등등. 하지만 후원자들에게는 그런 이유 외에도 당신이 하는 일에 대한 믿음이 있어야 한다. 당신의 이야기가 현실적인 무언가를 대변하기 때문에 그 이야기를 믿고, 그 이야기의 일부가 되고 싶어 해야 한다."

사람이라면 누구나 마음속 깊은 곳에는 남을 돕고 싶어 하는 욕구가 있다. 심지어 자신이 손해를 보는 한이 있더라도 말이다.

탐스의 경우 신발 한 켤레를 샀을 때 빈곤 계층의 아이들에게 신발 한 켤레를 선물한다. 고객이 바보가 아닌 이상, 자신이 신발의 제조가격에 비해 꽤나 비싼 돈을 주고 신발을 구입한다는 사실쯤은 알고 있을 것이다.

그런데도 고객은 착한 소비를 하고 싶어 한다. 심지어 자신이 착한 소비를 했다는 사실을 주변에 이야기하고 싶어 한다. 여기서 우리는 중요한 사실을 알 수 있다. 바로 입소문보다 더 좋은 홍보 수단은 없다는 것이다.

시장조사 전문기업인 엠브레인 트렌드모니터의 설문조사 결과를 보면 이 사실을 좀 더 구체적으로 확인할 수 있다.

트랜드모니터가 성인 2,000명을 대상으로 조사한 결과 열 명 중 일곱 명가량은 누군가에게 도움을 줄 수 있거나, 착한 기업의 상품이라면 조금 비싸더라도 구입할 의향이 있는 것으로 밝혀졌다. 이 말은 소비자들이 단순히 자신에게 도움이 되는 상품을 구입하는 데 그치지 않고 소비 과정에서 '의미'를 찾는다는 것이다.

청바지를 좋아하는 사람이라면 리바이스를 모르는 사람이 없을 것이다. 한국에서는 예전에 비해 인기가 주춤하긴 하지만, 전 세계인의 꾸준한 사랑을 받고 있는 리바이스는 우리에게 착한 기업의 표본을 보여준다.

리바이스를 만든 리바이 스트라우스는 창업 이듬해인 1854년부터 지역 내 고아원에 기부하기 시작했으며, 자기 재산을 자선단체에 기부한 뒤 세상을 떠났다. 그 후 지난 150여 년 동안 전 세계 곳곳의 리바이스 직원들은 설립자인 리바이 스트라우스의 철학에 따라 끊임없이 자원봉사와 재난 발생 지역에 대한 기금 마련 등 선행을 지속해오고 있으며, 의류 산업 근로자들의 권리와 삶의 질을 향상시키기 위해 새로운 계약 조건을 도입했다.

그 뿐만이 아니다. 리바이스처럼 친환경적인 기업도 드물다. 리바이스는 최근 헌옷을 가져다 주면 새옷을 할인해주는 프로모션을 시행하는 등 해마다 문제가 되는 막대한 양의 쓰레기 처리와 환경 개선을 위해 꾸준히 힘을 쏟고 있다.

게다가 이 프로모션은 소비자들에게 꽤나 뜨거운 반응을 얻었다. 입지 않는 옷을 갖다 주는 것만으로도 할인 혜택을 받을 수 있었으니 어쩌면 당연한 일이다. 리바이스코리아는 약 한 달 만에 2,300여 벌의 청바지를 받았다. (팔기도 했다.) 이렇게 받은 청바지들을 전 세계 소외계층에 기부할 수 있었으니 소비자들에게 '착한 기업'이라는 브랜드 이미지를 심어줌과 동시에 매출까지 상승시킨 일석이조의 효과를 거둔 셈이다.

이처럼 고객들로부터 착한 소비를 이끌어내는 방법은 다양하다.

1984년, 미국 아메리칸 익스프레스사는 기존 고객들이 자사 카드를 사용할 때마다 1센트씩, 신규 고객이 가입할 때마다 1달러씩 자유의 여신상 복원을 위해 기부되도록 했다. 이 방법은 큰 효과를 보았다. 이를 통해 회원들의 카드 사용률은 그해에 28%가 증가하고, 신규 회원은 45%가 늘어났으니 말이다.

당신은 탐스처럼 1+1(한 개를 사면 한 개가 자동으로 기부되는 것) 시스템을 선택할 수도 있고, 리바이스처럼 헌옷을 받고 할인을 해줄 수도 있다. 하지만 이런 기부 사례들이 부담스럽거나 자신의 사업과는 조금 동떨어져 있는 느낌이라면 다음의 사례를 보자.

건강한 수제피자 프랜차이즈로 사랑받고 있는 알볼로 피자는 독특한 메뉴 이름과 연계된 착한 마케팅을 펼치고 있다. 피자 한 판이 팔릴 때마다 그와 연계된 사람들에게 100원씩 기부되는 식이다. 예를 들어 '어깨피자!' 한 판을 구매할 때는 배달업에 종사하는 사람들에게 기부하게 되고, '대한민국만세피자'는 독립운동가 및 순국선열의 후손과 국가유공자들에게 기부하게 된다. 피자 한 판에 100원 정도라면 기업에게도 고객에게도 크게 부담될 것이 없는 수준이다.

고작 100원으로 무슨 착한 소비냐고? 100원을 직접 기부할 경우 그 금액은 굉장히 적게 느껴질 수도 있다. 기부할 가치도 없을 정도로 말이다. 하지만 기업의 입장에서는 모든 고객들에게 100원씩만 거둬도 꽤 큰돈이 된다.

소비자들은 무의식중에 이 사실을 알고 있으며, 특별한 차이가 없는 상품이라면 큰 부담이 없는 선에서 남을 돕는 기분을 느낄 수 있는 합리적인 소비를 선택한다.

이처럼 착한 소비 심리를 이용한 영업 방법은 소비자들의 합리적인 구매를 이끌어내면서도 공익을 추구하기 때문에 소비자와 기업이 함께 상생할 수 있는 건강한 전략이다.

다만 착한 기업이 되려다 보면 가끔 목적을 잊는 경우가 있다. 소비자들의 마음을 움직이기 위해서는 철저한 분석이 필요하다는 사실을 간과하고, 단순히 기업의 이미지를 좋게 만드는 것에만 집중하는 경우다.

2010년, KFC는 미국에서 유방암을 예방하는 사회적 캠페인을 진행했다. 핑크색 용기에 치킨을 담아 한 버킷마다 50센트씩 기부하는 형식이었다.

하지만 소비자들은 치킨과 유방암의 어떠한 연관성도 찾지 못했으며, 오히려 KFC의 캠페인을 비난하기에 이르렀다. KFC 측은 치킨의 트랜스 지방이 유방암을 일으키는 하나의 원인이라는 사실을 고객들에게 어필하지 못한 것이다.

구매와 기부를 연계한다고 해서 매출이 비약적으로 상승하는 일은 드물다. **실질적인** 효과를 내기 위해서는 기업 이미지와 판매하는 제품이 연계되는 기부가 되어야 하며 소비자의 공감을 이끌어내야 한다. 마케팅의 목적은 매출 향상이지 사회적 기업이 되는 것은 아닐 것이다.

소비자들에게 착한 소비라는 동기를 유발시킴으로써 기업의 매출을 향상시키는 것이 마케팅의 최종 목표라는 사실을 항상 염두에 두어야 할 것이다.

기꺼이 사게 만드는
세 가지 가격 전략

어느 날 아침, 빌은 보체 공 세트를 사기로 마음먹었다. 그는 한 세트가 30달러쯤 하지 않을까 예상했다. 야구공보다 조금 큰 공이 몇 개 들어 있는 세트일 뿐인데 비싸봤자 얼마나 하겠냐는 생각이었다.

그렇게 가격에 대한 큰 고민 없이 매장을 찾아간 그는 전혀 예상치 못한 선택 앞에 놓이게 되었다. 보체 공이 있긴 한데 무려 세 종류나 되었던 것이다. 30달러짜리 아동용과 60달러짜리 성인용 패키지, 그리고 120달러짜리 토너먼트 세트가 있었다.

그 순간 빌은 마치 자신이 권한을 부여받은 듯한 느낌이 들었다. 잠시 살펴본 후 그는 60달러짜리 성인용 패키지를 구매했다. 아내는 "30달러를 쓰러 나갔다가 60달러를 써놓고 뭐가 잘 샀다는 거야!"라고 핀잔을 주었지만, 빌은 "어쨌든 120달러는 쓰지 않았잖아."라며 대수롭지 않게 대답했다. 아내는 여전히 그런 빌이 이해되지 않았다.

하지만 그는 자신의 선택이 옳다고 생각했다.

세계적인 브랜드 전문가이자 비숍 커뮤니케이션즈의 CEO인 빌 비숍의 이야기다. 그는 자신의 저서 《핑크펭귄》에서 이 사례를 예로 들며 '세 가지 박스 기법'을 제시했다.

"전형적인 펭귄은 오직 한 가지 선택안만 제시한다. 이는 순전히 살 것이냐 말 것이냐의 결정만 하라는 요구나 다름이 없다. 이 경우 대부분의 사람들은 사지 않는 쪽으로 결정을 내린다. 그게 더 안전하다고 느끼기 때문이다. 그러나 세 가지 선택안을 제시하면 사람들은 대개 두 가지는 거부하더라도 한 가지, 즉 남들이 가장 많이 선택하는 것으로 여겨지는 '중·보통·표준' 중에 하나를 받아들일 마음을 가질 수 있다."

잠재고객들에게 세 가지 선택권을 주면 대부분 중간 것을 고르는 경향을 보인다는 것이다. 빌은 이를 활용하면 잠재고객에게 선택권이 있다는 느낌을 주는 것과 동시에 더 비싼 패키지를 구매하도록 유도할 수 있다고 말한다.

이런 '중간가격 책정 전략'은 세계적인 기업인 애플이 애용하는 방법이기도 하다.

"애플은 부자도, 가난한 사람도 마실 수 있는 코카콜라를 만들길 바라는 동시에 특정 계층만 즐길 수 있는 샴페인도 팔기를 원한다."

오죽하면 영국의 일간지 〈가디언〉에서 애플의 가격 전략에 대해 이렇게 표현했을까.

출시될 때마다 소비자들로부터 뜨거운 반응을 얻고 있는 애플의 아이폰은 출시되는 각 시리즈마다 16, 64, 128GB의 세 가지 용량을 제공했다(아이폰 6S 시리즈까지). 그리고 그 용량들 사이마다 100달러의 가격 차이를 두었다. 조금만 깊게 생각해보면 이해가 되지 않는 부분이다. 현재의 메모리칩 기술을 생각해보면 16GB 메모리칩과 64GB의 메모리칩 사이에 제조비용이 100달러씩이나 차이가 날 리 없기 때문이다.

하지만 애플에게 중요한 것은 제조비용의 차이가 아니다. 애플은 소비자들의 심리를 꿰뚫고 있었다. 애플은 소비자들이 제조비용에 대한 합리적인 사고를 하기보다 '제일 싼 16GB는 용량이 너무 부족하지 않을까?'라는 불안감을 먼저 갖게 된다는 사실을 알고 있었다.

일반적인 사람들은 64GB보다 100달러 비싼 128GB 제품에 대해서는 가격의 부담을 느끼지만, 세 가지 옵션 중 가장 저렴한 16GB에 대해서는 품질을 의심하게 된다는 사실을 마케팅에 활용했다. 그 결과, 애플은 아이폰이 출시될 때마다 이 '중간가격 책정 전략'을 통해 64GB의 핸드폰을 가장 많이 팔았으며, 16GB의 저비용을 원하는 소비자들과 128GB의 대용량을 원하는 일부 고객들까지 사로잡을 수 있었다.

사람들은 자신이 구매하려는 상품에 대해 특별히 참고할 만한 정보가 없을 때, 전문가의 조언을 듣기 어려운 상황에서는 방어적인 태도를 취하게 된다.

이 방어적인 태도는 한 개의 상품만을 판매하는 곳에서는 구매 거부 반응을 일으킨다. 또 두 개의 상품을 판매하는 곳에서는 상대적으로 저렴한 가격의 상품을 우선적으로 선택하게 만든다. 그렇기 때문에 **기업의** 가장 이상적인 가격 전략은 주력으로 판매하고 싶은 상품을 중간가격으로 놓고, 저렴한 제품과 프리미엄 제품을 구비하여 총 세 가지의 가격으로 어필하는 것이다.

행동경제학의 창시자인 대니얼 카너먼과 심리학자 아모스 트버스키는 실험을 통해 이러한 사람들의 심리를 밝혀냈다.

연구팀은 실험 참가자들에게 먼저 1부터 100까지 쓰인 행운의 바퀴를 돌리게 하고, 행운의 바퀴와는 전혀 상관없는 질문을 던졌다.

"유엔에 가입한 나라 중 아프리카 국가의 비율이 방금 나온 숫자보다 많을까요? 적을까요?"

만약 숫자 30이 나왔다면 아프리카 국가의 비율이 30보다 많은지 적은지 추측하라는 의미였다.

그다음 단계에서는 좀 더 정확하게 질문을 던졌다.

"유엔에 가입한 아프리카 국가의 비율이 몇 퍼센트나 될지 추측해 보세요."

뜬금없는 질문을 받은 참가자들은 어떤 대답을 했을까? 놀랍게도 그들 중 대부분은 행운의 바퀴를 돌려 나왔던 숫자와 비슷한 숫자를 말했다. 행운의 바퀴가 30을 가리켰던 사람은 평균 20~40 사이의 숫자로 답한 반면, 80을 가리켰던 사람은 70~90 사이의 숫자로 대답했다. 아프리카 국가의 비율과는 전혀 상관없이 우연히 나온 숫자가 실험 참가자들의 대답에 영향을 미친 것이다.

사람들은 자신이 확실히 모르는 분야에 대해서는 무언가를 판단하는 데 어려움을 느낀다. 그런데 우연이라도 누군가가 하나의 기준점을 던져주면 판단을 내리는 데 훨씬 더 편안함을 느끼고 그 기준에 따라 선택하는 경향이 있다.

따라서 기업들은 소비자들이 가격을 편하게 선택할 수 있도록 자연스러우면서도 강요적이지 않은 가격 기준을 정해줄 필요가 있다.

가격 기준을 정할 때는 현재 있는 상품들보다 더 비싼 프리미엄 상품을 만드는 것이 가장 좋은 방법이다. 프리미엄 상품을 먼저 본 사람들은 그 가격을 통상적인 기준으로 잡고, 중간가격의 주력 상품을 저렴하게 느낄 확률이 높기 때문이다.

영국의 가격정책 전문가이자 행동경제학의 명망 높은 연구자인 리 칼드웰은 프리미엄 상품의 필요성에 대해 이렇게까지 말했다. (그는 프리미엄 상품을 좀 더 직접적으로 표현하기 위해 '미끼 상품'이라는 용어를 사용했다.)

"새로운 변형 상품을 마련할 수 없다면, 그냥 같은 상품을 이름만 새로 바꿔 더 비싼 가격에 내놓아라. 이것은 완벽하게 미끼 상품으로서의 역할을 해낼 것이다. 그것은 전적으로 약간 더 값싼 진짜 제품

(주력 상품)의 지배를 받을 것이기 때문이다."

주력 상품을 판매하기 위해 가짜로라도 가격이 비싼 미끼 상품을 만들라는 이야기다. 그러다가 고객이 진짜로 미끼 상품을 구매하겠다고 하면 어떻게 하냐고? 걱정할 필요 없다. 칼드웰은 거기에 대한 대답까지 준비해두었다.

"어쨌든 미끼 상품을 주문하는 고객은 거의 없고, 이론상으로는 아무도 그것을 원하지 않을 것이다. 그러므로 누군가가 실제로 그것을 요구하면, 그들과 접촉하여 미끼가 아닌 진짜 제품을 사도록 권할 수 있다. 이때 당신은 그들에게 은혜를 베푸는 셈이다."

더 비싼 제품을 사겠다는 고객에게 "당신의 합리적인 소비를 위해 좀 더 저렴한 제품을 추천해드리고 싶습니다. 이 정도만 사셔도 충분히 만족하실 겁니다."라고 말해준다면 그 고객이 얼마나 당신을 신뢰하고 고마워하겠는지 생각해보라. 만약 미끼 상품을 찾는 고객들이 많아진다면 그 가격에 적정한 상품을 개발해서 팔고 매출을 올릴 수도 있다. 그리고 더 비싼 가격의 미끼 상품을 새로 만들어놓으면 된다.

당신이 하는 사업이 컨설팅이나 전문적인 서비스를 판매하는 일일 수도 있다. 컨설팅은 무형의 상품이므로 다른 컨설팅과 직접적으로 비교하기에는 어려움이 있다. 게다가 컨설턴트는 보통 각 고객의 상황에 따라 다른 가격을 받는 경우가 많다.

당신은 고객에게서 견적서를 요청받았을 때 최소한 세 가지 이상의 선택권을 제시할 수 있다. 이 방법은 고객의 신뢰를 얻는 데에도 도움이 된다. 예를 들어 프리미엄 서비스까지 포함한 고가의 A 견적서와 보통 수준의 서비스인 중간가격의 B 견적서, 최소한의 서비스를 제공하는 저렴한 가격의 C 견적서를 제시하는 식이다.

이때 A, B, C의 서비스와 그에 따른 비용이 확연히 차이가 나야 한다는 점을 반드시 기억해두기 바란다. 특히 A 견적서는 B 견적서에 비해 훨씬 높은 가격을 책정해야 한다. 그래야만 칼드웰이 말했던 미끼 상품의 역할을 제대로 해낼 수 있기 때문이다. 통상적인 가격 비율은 15:5:3(A:B:C) 정도가 이상적이다.

대부분의 사람들은 상품의 가격을 올리는 것에 두려움을 가지고 있다. 혹시나 매출이 떨어지거나 사람들의 비난을 사면 어쩌나 하는 걱정 때문이다. 만약 한 개의 제품만 파는 곳에서 그 제품의 가격을 올린다면 그 우려대로 될지도 모르겠다.

하지만 당신이 하려는 것은 기존의 제품과 가격은 유지하고, 다양한 가격대의 상품을 추가로 개발함으로써 고객들에게 다양한 선택권을 주자는 것이다. 대부분의 고객들은 중간가격의 주력 상품을 구매할 것이다. 일부 고객들은 가장 고가의 프리미엄 제품을 구매할 것이다. 어떤 고객들은 가장 저렴한 상품을 선택할지도 모른다.

고객이 어떤 금액의 제품을 구매하든, 세 가지의 가격 선택권을 제공하는 것은 고객 개개인의 최대치 비용을 지불하게 만드는 최고의 전략이다.

마지막으로 세계적인 브랜드 전문가 빌 비숍의 말을 빌려본다.

"**세 가지** 박스 전략은 두 가지 면에서 특히 훌륭하다. 우선 당신에게 돈을 더 많이 벌게 해준다. 하지만 그보다 더 중요한 것은 더 많은 돈을 내는 고객을 당신이 더 많이 돕게 해준다는 것이다. 당신은 그런 고객에게 시간을 더 많이 쓰거나 그런 고객을 위해 보다 나은 자원을 많이 도입할 수 있다."

소상공인이 살아남기 위한
프리미엄화 전략

인터넷이 상용화되면서 소비자들은 손쉽게 상품에 대한 가격 비교를 할 수 있게 되었다. 똑같은 제품이라면 조금이라도 더 싸게 살 수 있는 방법을 찾고, 꼼꼼한 소비자들은 할인 혜택까지 죄다 긁어모아 최저가에 구매한다.

이런 상황에서 소상공인들이 대기업이나 대형 유통업체들과 똑같은 상품을 판다고 했을 때 과연 경쟁력을 가질 수 있을까? 현실적으로는 불가능하다. 확실한 것은 소상공인이 파는 상품과 대기업의 상품이 차별화되지 않으면 소상공인들은 손해를 면하기 어렵다는 것이다.

전문가들은 "소상공인들이 대기업, 프랜차이즈를 이기기 위해서 선택할 수 있는 방법은 무엇인가?"라는 질문에 '프리미엄화 전략'밖에 없다고 입을 모은다.

사실 프리미엄이라는 용어는 우리에게 굉장히 익숙하지만, 실질적으로 자기 사업에 적용하기는 어렵고 막막하다. 그러니 지금처럼 유지해서는 답이 없다는 사실을 알면서도 변화를 꾀하지 못하는 것이다. 심지어는 자꾸 이런 생각까지 든다.

'내가 속해 있는 사업군에는 적용하기 힘들어. 다들 저렴한 것만 찾는다고.'

그러나 그런 고정관념부터 깨부수어야 한다. 프리미엄화 전략은 어떤 사업에든 적용할 수 있다. 다음의 사례를 보자.

아버지가 운영하는 산와토유 식품의 영업부에서 근무하는 이토 신고는 고민이 많았다. 아무리 두부만 파는 회사라고 해도 상품 개발에 너무 소홀했기 때문이다.

신상품이라고 해봤자 유통업체의 구매 담당자가 요청하는 대로 포장만 바꿔치기 하는 정도였다. 웬일로 내용물을 개선하는가 싶어 기대를 해보면 대두와 간수를 바꾸는 게 고작이었다. 제조법 자체를 바꿔 소비자의 입맛을 이끌어가는 두부를 만들겠다는 생각은 아버지를 비롯해서 누구도 하지 않았다.

지금처럼 한 모에 수십 엔짜리 두부는 만들어봤자 회사의 이익이 얼마 되지 않는다는 사실을 그는 너무 잘 알고 있었다. 이익률이 떨어지는 저렴한 두부만 만들어서는 잘해야 현상 유지이고, 잘못하면 파산이다.

제조사는 소비자에게 직접 판매를 하지 않는 이상 유통업체와 계약을 맺어야 한다. 그런데 동종의 다른 회사 상품을 압도할 만한 특징이 없다면 유통업체와 계약을 맺을 때 내세울 수 있는 것은 다른 회사보다 저렴한 가격밖에 없다. 그렇다 보니 당연히 거래처인 유통업체에는 저자세로 나갈 수밖에 없고, 유통업체에서도 이런 회사의 약점을 악용하여 자신들에게만 유리하게 계약을 맺으려 한다. 자기들이 공급받는 단가를 한 푼이라도 더 깎으려는 것이다. 안 그래도 마진이 얼마 안 되는데 공급가를 더 낮췄다가는 손해를 보는 장사나 다름없다.

이러한 사실을 알면서도 기존의 방식을 바꿀 용기가 생긴 것은 그가 입사하고 나서도 한참이 더 지난 후였다. 상품 개발 담당자가 회사를 그만두는 바람에 그가 영업부와 상품 개발을 겸하게 된 것이 계기였다.

그는 상품 개발을 맡고 나서 여러 가지 실험을 시작했다. 여러 가지 실험의 결과는 '역시 내용물에 변화를 줘야 한다.'는 것이었다. 하지만 문제가 있었다. 내용물에 변화를 주기 위해서는 단가가 높아질 수밖에 없는데, 당시 일본에서 두부는 저렴한 식품이라는 인식이 널리 퍼져 있었기 때문이다.

대부분의 두부 회사들은 저렴한 가격에 맞추느라 혈안이 되어 있었다. 하지만 그는 저렴한 두부가 경쟁력이 없다고 확신했다. 자신의 생각대로 밀어붙이기로 결심한 것이다. 까다롭게 원료를 고르고, 간간한 제조법으로 두부를 만들었다. 뿐만 아니라 대량생산 제품이라는 이미지를 지우기 위해 포장에 엄청난 공을 들였다.

결국 업계 최초로 200엔이라는 가격표를 단 '오타마 두부'를 개발했다. 하지만 또 다른 문제가 있었다. 마케팅이었다. 맛에는 자신이 있었지만, 100엔짜리 두부들 사이에 섞여 있는 200엔짜리 두부가 소비자의 선택을 받으려면 또 다른 차별점이 있어야 했다. 고민 끝에 그는 크기로 소비자들의 시선을 사로잡기로 했다.

그 결과, 비싸긴 해도 양이 많아서 괜찮다는 소비자들이 점점 늘어났다. 맛을 본 사람들은 진한 두부 맛에 감격하며 충성스러운 팬이 됐다. 오타마 두부는 출시와 동시에 구매담당자는 물론이고 제조사도 예상치 못한 대박 행진을 이어가기 시작했다.

그는 오타마 두부의 흥행 이후 '두부는 저렴한 식품이다.'라는 고정관념을 깨기 위해 연이어 '도카타마', '돈도코 두부'를 개발해 200엔의 벽을 완전히 무너뜨렸고, '오토코마에 두부'와 '바람에 나부끼는 두부 장수 조니'로는 300엔의 벽까지 깼다.

사람들의 반응은 어땠을까? 두부의 경우 신상품을 출시하면 하루에 500모를 팔아야 수지타산이 맞고 3,500모 정도 되면 대박이라고 본다.

오타마 두부는 하루 최대 8,000모를 팔았으며, 도카타마는 하루에 6,000~8,000모를 팔았다. 돈도코 두부는 하루 4,000~5,000모를 팔았으며 '오토코마에 두부'는 하루 5,000~7,000모를 팔았다.

거기에 더해 방송에 나간 이후로는 1만 5,000~2만 모 정도가 팔려 나갔다. '두부장수 조니'는 제조 과정에서 우여곡절이 많았지만, 결국 이슈가 되며 1일 출하량이 4만 모를 넘어서기도 했다. 그야말로 완벽한 성공이었다.

이와 같은 이토 신고의 성공 전략은 무엇이었을까? 그는 단순히 두부의 가격만 올릴 생각을 하지 않았다. 사람들이 정말 만족할 만한 품질과 맛의 두부를 만들기 위해 좋은 재료들을 쓰고, 제조 과정에서 다양한 실험과 많은 시행착오를 겪으며 최상의 맛을 끌어내기 위해 노력했다. 또한 사람들의 시선을 끌기 위해 포장에도 세심한 주의를 기울였기 때문에 '고가 전략'이 비로소 대박을 낼 수 있었던 것이다.

프리미엄화 전략의 요점은 가격이 올라간 만큼 상품의 품질은 물론 크기, 포장, 디자인 등 여러 요소에서 다른 경쟁 상품들을 압도할 수 있는 확실한 특징이 있어야 한다는 것이다. 가격만 올리고 그 외의 요소가 올라간 가격만큼의 가치로 올라가지 못한다면 소비자들로부터 외면을 받아 프리미엄화 전략은 실패하고 만다.

세계적인 브랜드 전문가 빌 비숍은 월마트가 최저가 전략을 구사하는 바람에 작은 기업들이 종종 경쟁력을 잃고 도태된다고 이야기한다. 그리고 이것은 굳이 그가 말하지 않아도 우리 모두가 체감하고 있는 내용이다.

소상공인은 절대 대기업을 상대로 가격 낮추기 전략을 쓰면 안 된다. 빌은 월마트 효과가 현재 모든 산업과 업종에서 벌어지고 있고, 수도 없이 많은 회사들이 인터넷을 이용해 최저가로 상품이나 서비스를 제공하기 위해 노력하고 있다고 말한다.

그는 이런 회사들을 '패스트푸드형' 사업체라고 부르며 이들이 생각하는 유일한 방법이 가격을 낮추는 것뿐이라는 사실을 지적한다. 가격을 낮추면 이익이 남지 않을 뿐만 아니라 결국에는 대기업과의 경쟁에서도 이길 수 없다는 것을 뻔히 알면서도 마땅한 해결책이 없으니 안 될 수밖에 없는 선택을 울며 겨자 먹기로 하고 있다는 것이다. 그러나 그는 지적에만 그치지 않고 이에 대한 해결책도 같이 내놓았다.

"구르메Gourmet형 사업체가 되라."

구르메란 프랑스어로 '미식가', '고급'이라는 의미가 있다. 그는 저서 《핑크펭귄》에서 이렇게 조언한다.

"예를 들어 당신이 보험대리점을 운영한다고 해보자. 나는 패스트푸드형 경쟁에 몰두하는 대신 180도 선회해서 구르메형 사업체로 거듭날 것을 제안한다. 예컨대 '안전 든든 솔루션'과 같은 특별한 프로그램을 개발하는 것이다. 그 프로그램에 1,200달러 정도의 가격을 매겨 넘버원 고객들에게 제시하면 된다. 그 정도 수수료면 당신이 고객에게 충분한 시간을 투자하여 그들의 모든 리스크를 파악하도록 돕고 대비 차원의 전반적인 계획을 세워줄 수 있다. 또한 고객의 모든 소유물에 대한 가치를 평가하고, 보험금을 청구하게 될 경우에 대비해 사진을 찍어 보관하는 서비스도 함께 제공하는 것이 좋다. 이런 식으로 경쟁자들이 공짜로 제공하는 그 어떤 것보다 훨씬 큰 가치를 전달하는 프로그램을 구성하면 누구나 구르메형 사업자가 될 수 있다."

그는 수없이 많은 경쟁자들 속에서 살아남기 위해서는 당신이 파는 상품을 프리미엄화시켜야 한다고 강조하고 있다. 프리미엄화 전략이야말로 소상공인들을 위한 핵심 전략이다. 혹시 프리미엄 상품을 개발하더라도 높은 가격에 파는 것이 마음에 걸려 망설이고 있다면 걱정할 것 없다.

한국소비자원의 조사 결과에 따르면 우리나라의 월 소득 299만 원 이하 소비자의 평균 명품 보유 개수는 5.2개에 이른다. 연간 새로 사는 개수도 1.5개, 구매액은 186만 원 수준이다. 이 데이터는 최근 사람들의 소비 인식이 선진국화되면서 본인이 가치를 부여하고 만족도가 높은 분야에는 과감한 소비를 지향한다는 사실을 보여준다.

특히 요즘에는 '가치 소비' 트렌드가 확산되면서 소비 양극화 현상이 나타나고 있다. 소비 양극화란 가치가 있다고 생각하는 상품에는 고가여도 과감히 비용을 지불하는 반면, 그 외의 소비에는 최대한 저렴한 제품을 선호하는 현상이다. 또 유통업계 전문가들은 우리나라가 선진국화될수록 이런 소비 양상이 더 가속화될 것이라고 말한다. 이 말은 소상공인이 어떤 방향으로 나아가야 할지를 명확히 알려준다.

일반화된 상품은 최저가를 유지하지 않으면 경쟁력이 없어진다. 그렇다고 최저가를 계속 유지하고 있다간 갈수록 이익률이 떨어져서 살아남기가 힘들다. 반면에 프리미엄화된 상품에는 소비자들도 과감히 지갑을 연다. 뿐만 아니라 소비자들 사이에 그 가치만 증명되면 경쟁력은 자연스럽게 올라갈 것이다.

이제 당신은 당신의 고객들에게 보편적이지 않으면서 더 전문적이고 고급화된 상품을 가치에 부합하는 가격으로 제공해야 한다. 그것이야말로 고객과 당신을 위한 최선의 선택임을 확신해야 한다. 빌의 말을 참고하며 마지막 남은 의구심을 떨쳐버리기 바란다.

"당신은 시장에 나온 가장 싼 자동차를 구입해서 몰고 다니는가? 가장 싸게 파는 식당에 가서 외식을 즐기는가? 싸구려 중고 의류만 사 입는가? 분명 아닐 것이다. 그런데 왜 당신의 고객 모두가 최저가를 원할 것으로 생각하는가?"

공짜 마케팅은
왜, 언제, 어떻게?

1966년, 사회심리학자 조너선 프리드먼과 스코트 프레이저는 어느 부자 동네에서 한 가지 실험을 했다. 그들이 방문한 지역은 누구나 부러워할 만한 그림 같은 집들이 줄지어 있는 곳이었다. 실험을 위해 도로교통 안전위원으로 둔갑한 연구원들은 부자들의 집을 방문하며 물었다.

"안전운전 캠페인에 동참하실 의향이 있으십니까?"

캠페인에 참여하는 사람은 자신의 아름다운 앞마당에 '안전운전'이라는 가로 2미터 세로 1미터짜리 표지판을 세워야 했다. 누가 자신의 멋진 앞마당에 그런 표지판을 설치하고 싶겠는가?

연구원들이 "땅을 파고 기둥을 세우는 일은 저희가 다 하겠습니다. 걱정하실 일은 아무것도 없습니다."라고 얘기했지만, 아무 소용이 없었다. 실제로 부자 동네에 사는 사람들 중 오직 17%만이 이 부탁에 응했다.

연구팀은 사람들의 참여율을 높이기 위해 한 가지 요소를 덧붙이기로 했다. 새로운 요소는 사람들이 부담스러워할 만한 요청을 하기 2주 전에 주민들에게 미리 연락을 취해 눈에 잘 띄지 않을 정도로 작은 표지판을 창문 앞에 세워도 되겠냐고 부탁하는 것이었다.

부탁을 받은 주민들은 별 부담이 되지 않았기 때문에 대부분 호의적인 반응을 보였다. 그리고 다시 2주일 뒤, 연구원들은 첫 번째 부탁에 응했던 사람들에게 찾아가 말했다.

"'안전운전' 표지판을 앞마당에 세워도 되겠습니까?"

두 번째 실험과 첫 번째 실험의 차이점은 작은 부탁을 먼저 하고 나중에 큰 부탁을 한다는 것뿐이었다. 그러나 효과는 매우 좋았다. 첫 번째 실험과는 달리 부탁에 응한 사람들이 76%로 압도적으로 많았던 것이다. 어떻게 이런 일이 가능했을까?

프리드먼과 프레이저는 이 연구에 대한 결과를 보완하기 위해 또 다른 실험을 실시했다. 연구팀은 사람들에게 전화를 걸어 이렇게 말했다.

"만약 이번 조사에 참여하시게 되면 저희 연구원 대여섯 명이 오전에 댁에 찾아가서 두어 시간 동안 머물며 집에 있는 모든 물건을 꺼내 분류하는 일을 할 것입니다. 저희는 찬장과 창고까지 모두 살펴보아야 하기 때문에 집안 이곳저곳을 돌아다닐 것입니다. 이렇게 수집된 정보는 공공 서비스 간행물인 《가이드》에 실릴 예정입니다."

어찌 보면 사생활이 침범당하는 것과 같은 부담스러운 제안이었음에도 불구하고 22%의 사람들이 이 제안에 동의했다. 생각보다 꽤 높은 수치였다. 하지만 더 놀라운 것은 연구팀이 이 제안을 하기 3일 전에 먼저 전화를 걸어 부담이 훨씬 덜한 제안부터 했을 때는 효과가 더 컸다는 점이다.

"저희는 각 가정에서 어떤 물건을 사용하시는지에 관한 설문조사를 하고 있는데, 이에 응해주십사 부탁드리려고 전화를 했습니다. 이 정보는 공공서비스 간행물인 《가이드》에 실릴 예정입니다. 저희 조사에 응하시겠습니까?"

이번에는 처음부터 집에 찾아가 모든 물건들을 뒤지겠다고 한 것이 아니라, 설문조사만 실시하겠다고 한 것이다. 설문조사에 응한 사람들은 집에 찾아가 물건들을 뒤지겠다고 했을 때 어떤 반응을 보였을까? 놀랍게도 약 53%가 부탁을 들어주겠다고 대답했다. 첫 번째 실험과 마찬가지 결과였다.

프리드먼은 실험에 대한 결과를 '문간에 발 들여놓기 기법'이라고 부른다. 주민들은 사전의 작은 부탁을 수용하는 순간 누군가를 도울 수 있는 가치 있는 일에 참여했다는 기분을 느낀다는 것이다. 따라서 2주일 후 연구원들이 다시 찾아갔을 때 그들은 일관성 있게 행동해야 한다는 부담을 갖게 되고, 결국 또다시 부탁을 들어주게 되었다. 이처럼 무언가 부탁을 하거나 제안을 할 때는 처음부터 크게 하는 것이 아니라 상대방이 부담을 느끼지 않을 정도로 작은 부탁부터 시작해서 점차 큰 부탁으로 가야 한다는 것이다.

이 실험 결과는 오랫동안 많은 마케팅에 활용되었다. 예를 들면 대형마트의 시식 코너처럼 말이다.

"맛있습니다. 한 번 사가서 드셔보세요."라는 말은 고객에게 부담을 준다. 어쨌든 먼저 돈을 써야 하고, 막상 사갔는데 맛이 없을 확률도 감수해야 하기 때문이다.

하지만 "부담 없이 한 번 드셔보시고 가세요. 맛있습니다."라고 유혹하는 시식 코너는 고객에게 전혀 부담이 되지 않는다. 그래서 사람들은 부담 없이 음식을 먹게 되고, 그때 판매 직원은 다시 고객에게 말한다.

"건강에 좋은 성분만 들어가 있습니다. 마침 할인행사 중이니 맛있으시면 한번 사가서 드셔보세요."

대형매장의 마케팅 담당 직원들은 이 시식 코너의 효과에 대해 잘 알고 있다. 실제로 시식 코너를 운영하느냐 하지 않느냐에 따라 매출이 최대 몇 배까지 차이가 나기 때문이다.

시식 코너의 모객 효과가 좋은 이유는 또 있다. 작은 부탁에서 큰 부탁으로 연계되는 것뿐만 아니라 공짜이기 때문이다. 물론 공짜 상품이 브랜드의 가치를 떨어뜨리기 때문에 무료보다는 낮은 가격으로 고객들의 부담을 덜어주는 것이 더 좋다는 전문가들의 의견도 있다. 하지만 아래의 연구 결과는 고객들이 자사의 상품을 체험하도록 만들기 위해서는 공짜보다 더 좋은 방법이 없다는 사실을 증명하고 있다.

심리학자 댄 앨리얼리는 한 실험을 위해 대학의 종합관 건물에 판매대를 펼쳤다. 그러고는 린트 트리플과 허쉬 키스 두 종류의 초콜릿을 나열해놓았다.

린트 트리플 초콜릿은 160년 전통의 스위스 회사 제품이며, 개당 50센트씩 하는 고급 초콜릿에 속한다. 반면에 허쉬 키스 초콜릿은 하루 8,000만 개씩 생산되는 꽤나 흔한 초콜릿이다.

댄은 판매대 위에 올려놓은 두 개의 초콜릿 가격을 각각 15센트(린트 트리플), 1센트(허쉬 키스)로 책정해놓고 '고객 1명당 초콜릿 1개'라고 쓰인 큼지막한 안내판을 걸어놓았다. 사람들은 과연 어떤 초콜릿을 골랐을까?

첫 실험의 결과는 별로 놀랄 것이 없었다. 사람들은 품질과 가격을 비교한 뒤 합리적인 결정을 내렸다. 73%의 사람들이 린트 트리플을 선택했고, 27%만이 허쉬 키스를 골랐다.

두 번째 실험은 조금 다르게 진행했다. 다른 모든 조건은 동일하게 하고 두 종류의 초콜릿 가격을 둘 다 1센트씩 내린 것이다. 이로써 린트 트리플은 14센트, 허쉬 키스는 0센트(무료)가 되었다.

사람들의 선택에 어떤 변화가 있었을까? 두 개의 상품을 똑같이 1센트씩 낮췄을 뿐인데 69%의 사람들은 허쉬 키스를 선택했다. 반면 린트 트리플의 판매율은 31%에 그쳤다. 사람들이 정말 합리적이었다면 첫 번째 실험과 비슷한 결과가 나왔어야 했다. 하지만 결과는 완전히 뒤바

꿔었다. '공짜'라는 것이 사람들의 선택에 엄청난 영향을 끼친 것이다.

댄은 혹시 공짜인지 공짜가 아닌지의 문제보다 1센트라는 금액의 차이가 만들어낸 결과가 아닐까 하는 마음에 또 다른 실험을 진행했다. 이번에는 허쉬 키스의 값을 2센트에서 1센트로 내리고, 같은 비율로 린트 트리플을 27센트에서 26센트로 내려보기로 한 것이다. 하지만 허쉬 키스를 2센트에서 1센트로 내린 것으로는 판매 비율이 달라지지 않았다. 그러나 또다시 공짜로 하고 실험을 하자 사람들의 반응은 전혀 달라졌다.

이 결과를 통해 우리는 한 가지 사실을 알 수 있다. 고작 1센트라해도 공짜보다는 사람들에게 훨씬 더 부담을 느끼게 한다는 것이다. 또 마케팅에서 공짜는 굉장히 강력한 유인책임을 확인할 수 있었다.

그렇다면 공짜 마케팅은 무조건 좋은 결과만 낳는 것일까? 그럴 리가 있나. 서비스든 상품이든 공짜로 주기만 하고 매출로 연결시키지 못한다면 반드시 손해가 나기 마련이다. 소상공인들 중에는 막연히 '일단 고객(사용자)부터 늘리자. 그럼 뭐라도 된다.'고 생각하는 사람이 있다.

최근 스타트업(신생 벤처기업)들 사이에 특히 많이 볼 수 있는 경우인데, 굉장히 위험한 생각이 아닐 수 없다. 실제로 스타트업 조사기관인 PCMP(Pacific Crest and Matrix Partners)의 발표에 따르면 클라우드 소프트웨어 사업의 70% 이상이 공짜 마케팅 때문에 매출을 올리지 못하고 있다고 한다.

이처럼 공짜 마케팅은 양날의 검이다. 아무리 좋은 아이디어라도 매출이 발생하지 않으면 지속할 수 없고, 지속하지 못하면 고객들에게 좋은 서비스도 제공할 수 없기 때문이다.

만약 확실한 아이디어를 통해 투자를 받아 장기적인 계획까지 체계적으로 세워놓은 것이 아니라면 바로 수익을 창출해야 하는 것이 생존을 위한 전제 조건이다. '수익 창출'이 그 어느 것보다도 우선시되어야 한다. 그러기 위해서는 공짜 마케팅이 매출 상승을 위한 하나의 도구이지 단순히 사람들을 모으기 위한 도구가 아니라는 사실을 명확히 인식해야 한다.

세계적인 마케팅 전문가 빌 비숍의 저서 《핑크펭귄》에 나와 있는 사례를 통해 그가 공짜 마케팅 전략을 어떻게 사용하는지, 어느 정도에서 고객들을 유료 고객으로 전환시키는지를 참고하기 바란다.

"무한정 후하게 나가라는 의미가 아니다. 공짜로 제공하는 가치에는 한도나 종결 시점을 확정해주어야 한다. 일정 부분이나 특정 시점까지만 무료라는 게 요점이다. 그 한도나 시점에 이르면 잠재고객에게 결정을 내리게 해야 한다. 이것이 우리 회사가 취하는 접근 방법이다. 우리는 '빅아이디어 세팅'이라는 90분짜리 코칭 프로그램을 무료로 제공한다. 이렇게 공짜로 제공하는 가치를 통해 우리는 사람들로 하여금 빅아이디어를 내고 엘리베이터 스피치를 패키징하고 새로운 마케팅 전략을 개발하도록 돕는다. 이 모든 게 무료지만 실로 가치 있는 시간이다. 다른 회사 같으면 이런 서비스에 5,000달러 정도를 부과하겠지만 우리는 공짜로 해준다. 많은 잠재고객을 끌어들이기 위해서다. 하지만 모두에게 제공하지는 않는다. 프로그램의 대상을 신중히 선별한다는 의미다. 그리고 가장 중요한 것은 이 시간이 끝나면 잠재고객이 결정을 내려야 한다는 사실이다. '예스'냐 '노'냐, '글쎄요'는 없다. 내 사전에 '글쎄요'는 없다. 만약 '노'라고 답하면 가치 제공은 끝난다. 깨끗하고 간단하다. 만약 '예스'라고 답하면 가치 제공이 계속된다."

만약 공짜 마케팅을 실행하면서 목적의식을 명확하게 하지 않으면 오히려 퍼주기만 하다가 적자가 날지도 모른다. 공짜 상품은 반드시 유료 구매로 전환되어야 한다. 그렇지 못하면 바로 마이너스가 된다. 만약 당신이 이런 경우라면 다음 세 가지를 체크해보자.

Check Point 1   공짜 상품과 유료 상품의 연계성이 떨어지지는 않는가?

Check Point 2   공짜 상품이 매력적이지 못해서 유료 상품에 대한 관심도가 떨어지지는 않는가?

Check Point 3   공짜 상품과 유료 상품이 차이가 없어서 돈을 안 써도 충분한 서비스를 받을 수 있는 것은 아닌가?

이 세 가지에 해당할 경우에는 적자가 발생하기 쉬우므로 즉시 전략을 수정해야 한다. 그렇지 않으면 공짜 마케팅은 오히려 당신에게 독이 될 것이다. 공짜 상품을 충분히 매력적으로 만들되, 유료 상품과는 확실한 차별성을 두어야 한다. 그래야 사람들의 구매 욕구를 자극할 수 있다.

사람들은 작은 부탁 이후 큰 부탁을 하면 들어줘야 할 것만 같은 부담을 느낀다. 사람들에게 당신의 상품을 구매하기 전에 먼저 무료로 체험할 수 있는 기회를 주어라. 그리고 그 체험을 유료 구매로 전환시켜라. 그리고 명심하라. 공짜 마케팅은 양날의 검이다.

상품 가치를 극대화시키는
스토리텔링 마케팅

　약 2800년 전, 다이아몬드는 '금강석'이라는 광물질로 인도에서 처음 발견되었다. 당시 사람들은 다이아몬드를 하늘에서 내린 선물이라 생각하며 악귀와 재난을 막기 위해 사용했는데, 그때만 해도 다이아몬드가 세계에서 가장 비싼 돌멩이가 될 줄은 아무도 상상하지 못했다.

　다이아몬드가 본격적으로 사람들에게 알려지게 된 것은 1869년 남아프리카의 한 농장에서 원주민 소년이 큰 다이아몬드를 발견하면서부터였다. 그 이후 귀부인들 사이에서 순식간에 부를 과시하는 사치품이 되었는데, 영국인인 어니스트 오펜하이머는 이 절호의 기회를 놓치지 않고 남아프리카 공화국에 드비어스 광산 회사를 세웠다. 그가 설립한 드비어스는 세계에서 가장 큰 다이아몬드 원석 공급업체가 되었으며, 전 세계 80% 이상의 다이아몬드 원석 채굴과 판매를 독점했다.

드비어스는 서구사회의 경제적 성장과 맞물려 승승장구했다. 사람들의 경제력이 올라가면서 다이아몬드의 판매량도 같이 올라가기 시작한 것이다. 그러나 1929년 10월 24일, 뉴욕 증시가 폭락하며 경제 대공황이 시작되자 드비어스도 위기를 맞게 된다.

어니스트 오펜하이머 회장은 상품의 90%를 처분하고 브랜드를 재정비하는 등 새로운 시작에 힘썼지만 사람들은 더 이상 지갑을 열지 않았다. 심지어 드비어스 임원진들 중 일부는 이렇게까지 이야기하기도 했다.

"다이아몬드의 시대는 이미 한물갔습니다. 지금이라도 사업을 접고 수요가 있는 골드 주얼리 사업을 시작해야 합니다."

오펜하이머 회장이 선택의 갈림길에 있는 동안 그의 아들인 해리 오펜하이머는 새로운 전략을 구사하기 시작했다. 쌓여 있는 재고들을 1년에 한 번 있는 아카데미 시상식에 협찬하기로 한 것이다. 해리가 생각하기엔 대중들에게 다이아몬드 주얼리를 알리고 영향력을 확대하기 위해 이보다 좋은 방법은 없었다.

1945년, 해리는 아카데미 시상식에서 여우주연상을 수상한 조안 크로포드에게 다이아몬드 목걸이를 전달했다. 이날은 우리가 아는 다이아몬드의 새로운 역사가 시작된 날이다.

조안은 24캐럿 다이아몬드 목걸이에 감탄하며 말했다.

"정말 아름다워요! 무엇으로 만든 거죠?"

해리가 대답했다.

"저희 회사의 24캐럿 다이아몬드 목걸이입니다."

조안이 다시 물었다.

"이 보석에 특별한 의미가 있나요?"

해리는 조안이 자신의 설명을 듣고 기뻐하길 기대하며 말했다.

"당신의 아름다움은 다이아몬드처럼 영원할 것입니다."

하지만 그녀의 반응은 예상과 달랐다. 조안은 침울한 표정으로 대답했다.

"다이아몬드같이 영원한 사랑을 할 수 있다면 얼마나 좋을까요?"

해리는 그녀가 한 말에서 다이아몬드의 숨겨진 가치를 찾아낼 수 있었다. 그 가치는 바로 우리가 잘 알고 있는 '영원한 사랑'이다.

해리는 다이아몬드와 영원한 사랑을 접목시킨 '다이아몬드는 영원하다'라는 카피를 만들어 광고를 내보냈다. 이 광고는 전 세계 34개국에 21개의 언어로 퍼져나갔다. 심지어 다이아몬드의 영원한 사랑에 대한 이야기는 전 세계의 결혼 문화를 바꾸어놓았다.

드비어스는 이 광고를 50년째 바꾸지 않고 있다. 굳이 바꿀 필요가 없을뿐더러 이것을 대체할 수 있는 이야기가 없기 때문이다.

스토리텔링 마케팅은 상품 자체에 대해 소개하는 것이 아니라 상품에 대한 가치를 이야기로 풀어내며 고객들을 유혹하는 전략이다. 사람들은 제품에 대한 딱딱한 설명보다 흥미 위주의 이야기를 더 친숙하게 느끼기 때문이다.

스토리텔링 마케팅은 이미 많은 기업에서 활용되고 있으며, 시간이 지날수록 더 가치가 높아지고 있다. 전 세계 500대 기업에 자문을 하는 중국의 마케팅 전문가 가오펑은 저서 《이야기 자본의 힘》에서 이렇게 말했다.

"**소비자의** 시선과 마음을 사로잡아야 하는 이 시대에 고유한 이야기 자본이 없다는 것은 불행할 뿐만 아니라 위험한 일이다."

이처럼 브랜드나 상품에 대한 이야기는 마케팅에 있어서 필수 요소가 된 지 오래다. 이야기는 사람들의 기억에 오래 남을뿐더러 강한 친화력을 가지고 있기 때문이다. 심지어 같은 상품에 스토리를 입히는 것만으로도 상품의 가치를 높일 수 있다는 연구 결과도 있다.

2006년, 〈뉴욕타임스〉의 시사평론가인 롭 워커는 중고품 할인 가게에서 2달러 내외의 쓸모없어 보이는 물건들을 구매했다. 그러고는 작가를 고용해 각 물건들에 대한 특별한 이야기를 만들어냈다. 물건과 특별한 연관성이 있어 보이는 이야기들로 말이다.

롭은 전혀 '쓸모없었던' 물건들을 '특별한 이야기'와 엮어 이베이(인터넷 경매 사이트)에 내놓았다. 과연 사람들은 이 물건들을 얼마에 구매했을까? 1달러도 안 되는 금액에 구매한 마요네즈 병은 51달러, 1.29달러짜리 금이 간 말 머리 도자기 장식은 46달러에 팔렸다. 또 3달러짜리 토끼 장식은 112.5달러에 팔리기도 했다.

그저 가상의 이야기를 만들어서 붙였을 뿐인데, 원 구매가보다 무려 2,700%나 높은 가격에 판매된 것이다.

이처럼 안 팔리는 물건을 팔리게 만들고, 사람들의 기억에 오래 남을 수 있고, 같은 상품을 더 가치 있게 만들어주는 이야기를 마케팅에 활용하지 않을 이유가 있을까? 아마 자신이 사업을 하는 사람이라면 자신의 사업에 맞는 이야기를 만들 줄 몰라서 마케팅에 활용하지 못할 수는 있어도 방법을 알고도 굳이 활용하지 않는 사람은 없을 것이다.

그렇다면 자신의 사업에 적합한 이야기를 어떻게 만들어낼 수 있을까? 당신은 전문 작가가 아니기 때문에 사실을 기반으로 한 사례들을 활용하는 것이 가장 좋다. 먼저 이야기의 기준으로 잡아야 할 대표적인 세 가지 요소와 그 예시들을 보자.

Tip 1 역경을 이겨낸 자기 이야기

세계적인 오페라 가수인 '폴 포츠'를 모르는 사람은 거의 없을 것이다. 신인 가수가 전 세계 사람들의 폭발적인 사랑을 받을 수 있었던 그의 성공 비법은 무엇이었을까?

그는 훌륭한 노래 실력을 가지고 있었지만 못생긴 외모와 열악한 가정 형편 때문에 꿈을 이루지 못하고 있었다. 하지만 우연히 참가하게 된 노래경연대회에서 입상하며 그의 이야기가 세상에 알려지게 된다. 사람들은 고된 역경에도 불구하고 꿈을 포기하지 않은 그의 인생 스토리에 감동하며 팬이 되었다.

Tip 2 브랜드 철학을 녹여낸 이야기

세계 1위 스포츠 브랜드 나이키의 광고에서는 절대 제품에 대한 설명이 나오지 않는다.

나이키는 광고에서 세계적인 스포츠 선수들의 피땀 어린 연습 장면만을 보여준다. 잘 안 들어가는 슛, 엉뚱한 데로 가는 패스, 어설픈 드리블…… 하지만 포기하지 않고 최선을 다하는 선수들은 어느새 정상의 자리에 올라 사람들의 환호성을 받는다. 그리고 광고는 나이키의 로고와 한 문장으로 끝난다. 'JUST DO IT!(그냥 해!)'

Tip 3 제품에 얽혀 있는 특별한 사연

1789년, 레세르 후작은 신장 결석을 앓으며 힘든 나날을 보내고 있었다. 그러던 어느 날, 그는 우연히 어느 마을의 우물물을 얻어 마시게 되었다. 그런데 그 물을 마신 후 놀라운 일이 벌어졌다. 그의 병이 깨끗이 나은 것이다. 이 소식이 퍼지게 되면서 사람들은 기적을 체험하기 위해 끊임없이 그 우물물을 찾았다.

나폴레옹 3세는 1864년 이 마을에 '에비앙Evian'이라는 이름을 하사했고, 1878년 프랑스 의학 아카데미는 이 에비앙 생수의 뛰어난 효능을 공식 승인했다. 에비앙의 이야기는 빠르게 퍼져 나갔다. 이로 인해 다른 생수들보다 몇 배 이상 비싼 에비앙은 사람들에게 가치를 인정받으며 생수계의 1인자로 자리를 굳힐 수 있었다.

본인, 브랜드, 제품과 접목시킬 만한 아무런 이야깃거리도 없다면 굳이 진짜 사례만을 고집할 이유는 없다. 거짓 이야기를 진실이라고 속이지만 않으면 된다. 디즈니랜드의 수많은 놀이기구들에는 모두 이야기가 있지만 그중 진짜인 것은 없지 않은가. 그렇다고 해서 아무도 디즈니의 직원들에게 "왜 거짓 이야기들로 소비자를 우롱하나!"라고 따지지는 않는다. 그들은 그저 이야기들을 재밌게 느끼며 디즈니를 친구로 여길 뿐이다.

단지 스토리텔링 마케팅을 활용할 때 기억해야 할 것은 하고 있는 사업과 스토리가 어떻게 잘 연계되는지와 사람들이 흥미를 느낄 만한 이야기인지 확인해야 한다는 것이다.

세계적인 미래학자 롤프 옌센은 1999년 발간한 그의 저서 《꿈의 사회》에서 이렇게 말했다.

"다음 반세기의 최고 고소득자는 바로 스토리텔러가 될 것이다. 제품의 가치는 그들이 들려주는 이야기에 좌우될 것이기 때문이다."

그가 예견한 대로 수많은 스토리텔러들이 사업에 멋진 이야기를 접목시키며 고소득을 얻고 있다. 앞으로 이야기의 힘은 점점 더 커질 것이다.

기본에 충실한 것이
마케팅의 기본

2002년 9월 9일, 드디어 본죽이 문을 열었다. 외식업 창업 컨설팅 뿐만 아니라, 요리학원까지 운영했던 김철호 대표가 실제로 처음 외식업을 창업하는 것이기에 주변에서는 막연하나마 기대감이 컸다. 사람들은 오픈 이벤트가 열리기만을 기다리고 있었다.

하지만 당시 매장이 오픈하면 으레 해왔던 이벤트를 본죽에서는 하지 않았다. 김철호 대표는 자신만의 확신을 가지고 있었기 때문이다. 그는 저서 《꿈꾸는 죽장수》에서 이렇게 말했다.

"이벤트를 하면 그날 하루 손님을 끌어 모을 수는 있지만, 그것이 결국 가게의 약점만 노출하게 되는 결과를 낳을지도 모른다. 오픈 이벤트에 끌려 가게에 들어온 많은 사람들로 인해 부산스러운 분위기가 연출될 수도 있고, 서비스의 질이 떨어질 수도 있으며, 경험 부족과 밀리는 주문으로 인해 음식 맛이 제대로 나지 않을 수도 있다. 그렇게 해서

한 번 손님의 인심을 잃고 나면, 그것은 회복하기 어렵다. 한 그릇 팔려다가 잠재적인 고객을 영원히 놓치는 것이다. 장사 하루 이틀 할 거 아니라면, 몇 그릇에 연연하지 말고 배운 원칙을 지켜서 죽을 만들고 서비스하는 데 초점을 맞춰야 한다. 중요한 것은 원칙대로 제대로 죽을 만들어서 배운 그대로 손님에게 서비스했는지의 여부다. 매상? 그것은 시간이 해결해준다. 최선을 다했다면 판단은 손님의 몫이다."

이 말은 물론 정말 자신이 손님들에게 내놓는 음식에 자신이 있을 때의 이야기다. 실제로 많은 창업주들이 본질에 충실하지 않은 채 외부 홍보와 마케팅에만 돈과 시간을 쏟아붓는다.

김철호 대표 역시 자신만의 원칙이 있었음에도 불안한 것은 마찬가지였다. 본죽 매장을 지나가는 사람들은 "야! 죽집 한번 근사한데!"라고 하면서도 막상 문을 열고 들어오지는 않았다. 덕분에 개업 첫날의 매출은 고작 12만 5,000원에 불과했으며, 둘째 날의 매출은 그보다 더 줄어 10만 원에 그쳤다. 개업 이후 일주일 동안 매출은 끊임없이 떨어졌다.

하지만 그나마 희망이 보이기 시작했다. 많은 사람들이 오지는 않았지만, 한 번 왔던 손님들의 재방문 횟수가 눈에 띄게 늘어났던 것이다. 이것은 손님들이 맛과 서비스에 충분히 만족한다는 이야기였다.

게다가 본죽 매장을 다시 찾은 손님들은 혼자 오는 경우가 거의 없고, 지인들을 데리고 오기 시작했다. 마치 자신만 알고 있는 맛집을 소개하듯이 말이다. 끌려온 지인들은 '생뚱맞게 무슨 죽이야?'라는 반응을 보이다가도 죽 맛을 보고 나서는 만족하는 기색을 보였다. 처음 온 손님들은 공통적으로 기존의 죽집에선 볼 수 없었던 고급스러운 인테리어에 놀라고, 비싼 죽 가격 때문에 놀라고, 죽의 양을 보고 놀라고, 마지막으로 죽 맛을 보고 또 놀랐다고 말했다.

김철호 대표의 계획대로 한 번 방문한 사람들은 죽의 맛에 반해 바로 단골이 되었다. 마침내 본죽은 매출이 떨어진 때가 언제였냐는 듯이 개업 3개월 만에 하루 100그릇이라는 1차 목표를 이뤄냈다. 그리고 하루 평균 매출이 100그릇을 넘어서면서 매출 증가는 탄력을 받아 점심시간에는 손님들이 줄을 서는 매장이 되었다.

김철호 대표의 '기본'에 대한 확신이 없었다면 우리가 아는 본죽은 없었을 것이다. 그는 자신이 개업 전 해왔던 죽에 대한 끊임없는 연구와 공부를 통해 죽의 맛과 영양에 대해서는 확신을 가지고 있었다. 그렇기 때문에 개업 초기의 저조한 매상을 견뎌낼 수 있었으며, 본죽을 대한민국 최고의 죽 프랜차이즈로 키워낼 수 있었다.

흔히 자신의 상품이 별로 특별하지 않아도 마케팅만 잘하면 된다고 생각하는 사람들이 많다. 이런 생각은 소상공인들에게 특히 위험하다. 마케팅은 언제나 '기본'이 갖춰진 상태에서 진행되어야 한다.

기업에서 마케팅을 하는 기본적인 이유는 '사람들은 자주 접촉한 대상에 대해 더 호감을 보인다.'는 사실을 바탕으로 한다. (본문의 '같은 상품을 굳이 나한테 사게 만드는 차별화 전략'에서 로버트 자이언스의 실험 결과 참고.) 애리조나 주립대학교 심리학과 석좌교수인 로버트 치알디니는 저서 《설득의 심리학》에서 우리가 간과해서는 안 될 연구 결과를 말해주었다.

"사람들이 자주 접촉한 대상에 대해 더 호감을 보인다는 사실을 바탕으로, '접촉'을 이용해 인종 갈등을 해결하자고 주장하는 사람들도 있다. 민족적 배경이 서로 다른 사람들을 동등한 입장에서 자주 접촉하도록 하면 자연스럽게 서로를 좋아하게 될 것이라는 판단에서였다. 그러나 과학자들이 접촉을 통해 호감을 유도하는 실험을 하기에 최적의 장소인 학교에서 인종 통합에 관한 실험을 실시한 결과, 전혀 다른 결과가 나타났다. 인종 통합 교육이 오히려 흑인과 백인 학생 사이에 편견을 더 심화시킨 것으로 밝혀진 것이다."

그는 이 실험 결과에 대해 반복적인 접촉으로 뭔가에 익숙해진다는 것이 반드시 그것을 좋아하게 된다는 의미는 아니라고 말했다. 불쾌한 상황에서 어떤 인물이나 대상과 지속적으로 접촉하다 보면 오히려 호감이 떨어질 수 있다는 것이다.

이 실험 결과는 우리에게 많은 것을 시사해준다. 단순히 '반복적인 접촉→호감'으로 이어진다고만 생각했는데, 불쾌한 상황에서는 반복된 접촉이 오히려 더 상황을 악화시킬 수 있다는 것이다.

그렇다면 고객의 입장에서 '불쾌한 상황'이란 어떤 것들이 있을까? 물론 마케팅 자체의 문제일 수도 있다. 광고 자체가 너무 과장된 티가 나거나, 보는 것만으로도 불쾌함을 주는 광고라면 반복해서 볼 때마다 짜증은 점점 심해질 것이다.

하지만 고객의 입장에서 대부분의 '불쾌한 상황'은 광고를 보고 구매했는데 자신이 원하는 정도의 품질이 아닌 경우다. 허위 광고에 당한 느낌이 들기 때문이다. 인터넷 검색을 통해 맛집이라는 광고를 보고 찾아갔는데 생각했던 것보다 별로라면 기분이 상하기 마련이다. 이런 경우 마케팅은 오히려 안 좋은 입소문을 퍼뜨리기 위해 노력하는 것이나 다름없다.

그렇다면 당신은 고객을 모으고, 매출을 올리기 위해 어떤 마케팅을 지향해야 할까? 본죽의 김철호 대표가 그토록 강조했듯이 '기본'을 철저히 갖춘 다음에 마케팅을 해야 한다. '제품만 좋다면 마케팅은 필요 없다.'는 말이 아니다. 제품이 좋아도 분명히 마케팅은 필요하지만, 제품이 좋지 않다면 마케팅을 해서는 안 된다는 것이다.

소상공인들에게 마케팅보다 더 중요한 것은 디마케팅(수익에 별로 도움이 안 되는 고객을 배제하는 마케팅)이다. 일반 대중을 상대로 무차별적인 마케팅을 할 것이 아니라, 구매력이 높은 소수의 고객들에게 마케팅을 집중해야 한다.

한때는 우리나라 최고의 커피 프랜차이즈였던 카페베네가 무너진 사례를 보면, 기업의 무분별한 마케팅이 얼마나 위험한지 알 수 있다.

카페베네는 창업 초기, 부족한 인지도를 공격적인 마케팅으로 만회하며 빠르게 성장했다. 특히 연예기획사들과 손잡고 스타 마케팅에 집중했으며, 〈지붕 뚫고 하이킥〉과 같은 인기 프로그램들에 PPL을 넣기도 했다. TV 광고도 자주 활용했는데 매출이 1,000억 원에 불과한데도 당시 톱모델이었던 한예슬, 장근석, 송승헌 등의 연예인들을 기용하며 광고비를 파격적으로 투자하기도 했다. 광고에 대한 파격적인 투자 때문이었을까, 카페베네는 짧은 시간에 가맹점들을 폭발적으로 늘려나갈 수 있었다.

하지만 카페베네의 성장은 2012년 최고점을 찍은 뒤 하락세에 접어들기 시작했다. 2012년 2,200억 원이었던 매출이 2016년에는 817억 원까지 급락했다. 더 큰 문제는 손익 구조였다. 2,200억 원의 매출을 올렸던 2012년마저도 겨우 7억 원의 이익을 올리는 데 그쳤던 것이다. 급기야 2013년부터는 적자로 돌아섰고 2016년에는 336억 원의 손실을 보며 결국 자본잠식 상태에 이르게 되었다.

카페베네의 실패 원인은 무엇이었을까? 여러 가지 원인이 있지만 궁극적으로는 공격적인 마케팅에 비해 커피의 맛이 떨어졌기 때문이다. 또 커피업계에서 명확한 포지셔닝을 구축하지 못했다.

스타벅스는 스타벅스만의 프리미엄 커피라는 이미지가 있고, 빽다방은 싸고 많은 양을 주는 커피숍이라는 명확한 이미지가 있는 반면, 카페베네는 이도저도 아닌 위치였다. 와플이나 젤라또 같은 디저트를 선보이긴 했지만 확실히 디저트로 포지셔닝한 것도 아니었다.

결국 카페베네는 사람들에게 '맛없는 커피'라는 인상만 주고 외면받게 되었다.

카페베네의 사례를 통해 당신이 배워야 할 것은 무엇일까? 당신 또한 비슷한 실수를 저지르고 있을지 모른다. 물론 마케팅은 필요하다. 애플의 스티브 잡스가 "제 아무리 대단한 브랜드라 해도 소비자를 유지하며 계속 성장하려면 마케팅에 관심을 기울여야 합니다."라고 말했던 것처럼 말이다.

하지만 만약 마케팅에 아무리 돈을 써도 매출이 오르지 않는다면, 당신은 지금 가장 중요한 것을 간과하고 있다고 볼 수 있다. 지금의 당신에게 필요한 것은 마케팅이 아니다. 당신이 속한 업계에서의 포지셔닝을 고민하고, 판매하는 상품에 대한 품질을 갖추는 것이 반드시 선행되어야 한다. 조금 과장된 표현이지만, 미국의 유명한 파워 블로거이자 벤처 투자가인 프레드 윌슨은 제품의 중요성을 강조하기 위해 이렇게 말하기도 했다.

"마케팅은 제품이나 서비스가 형편없는 회사들이 하는 쓸데없는 짓이다."

좋은 제품은 스스로 빛이 나기 때문에 비싼 비용을 치러가면서까지 마케팅을 할 필요가 없다는 것이다. 마케팅을 할지 말지에 대한 의견은 분분하다. 하지만, 제품의 품질에 관한 의견은 단 하나뿐이다. 고객들이 감동할 만한 좋은 제품을 만들어라. 여기에 대한 이견은 없다.

고객의 구매 결정을 돕는
한정 판매 마케팅

상품을 판매할 때 고객으로부터 가장 많이 듣는 말은 무엇일까? 분야를 막론하고 "생각해보겠다."는 말일 것이다. '생각해보겠다.', '아직 확신이 서지 않는다.'와 같은 고객들의 반응은 판매자를 지치게 만든다. 만약 이런 고객들의 말에 일말의 기대라도 가지고 있다면 세계적인 마케팅 전문가인 빌 비숍의 말을 명심하기 바란다.

"'글쎄요 세상'을 살아가는 것이 지겹고 신물이 나지 않는가? 잠재고객이 '글쎄요'만 연발하는 상황 말이다. 생각을 좀 더 해보겠다는 뜻으로 그런 말을 하지만 당신은 어떤 결론이 나올지 짐작이 된다. 99%의 경우 그들은 절대 돌아오지 않는다. 그들의 '글쎄요'는 사실상 '노'다. 다만 정중하게 에둘러 말할 뿐이다."

이렇게 생각하는 것은 비숍뿐만이 아니다. 세일즈 컨설팅 전문회사 허스웨이트의 대표인 닐 라컴은 저서 《당신의 세일즈에 SPIN을 걸어라》에서 고객과의 상담이 실패했다는 것을 보여주는 몇 가지 구체적인 사례들을 소개했다.

"찾아주셔서 감사합니다. 다음에 이 지역에 오시게 되면 다시 한 번 방문해주십시오."
"아주 훌륭한 프레젠테이션이었습니다. 다음에 다시 만납시다."
"매우 만족합니다. 앞으로 필요하게 되면 연락하겠습니다."
위의 경우 모두 고객이 구체적인 행동에 대해 약속을 하지 않았으며 구매 결정으로 이어지는 명확한 신호도 없다. 이런 영역을 필자는 상담 실패로 간주한다.

이 점에 대해 의문을 제기하는 사람도 있을 것이다. 고객이 "매우 인상적이었습니다." 또는 "아주 훌륭한 프레젠테이션이었습니다."와 같은 긍정적인 말을 했음에도 불구하고 실패한 상담이라고 말하는 것은 자칫 냉정하게 느껴질 수도 있기 때문이다.

그러나 여러 해에 걸쳐서 관찰해본 결과 이러한 긍정적인 반응들을 판매 성공의 신뢰할 만한 신호로 받아들이기는 어렵다는 결론을 얻게 되었다.

필자는 종종 상담 끝에 가서 이런 긍정적인 말을 하는 것은 세일 즈맨을 쫓아내기 위한 공손한 방법이라는 것을 목격했다. 필자는 행동에 의해 성공을 측정하고 싶지, 실속 없는 빈말에 의해 성공을 측정하고 싶지 않았다. 성공은 고객의 행동에 의해 판단해야지 말에 의해 판단해서는 안 된다.

판매자는 고객이 정중하게 거절하는 표현을 알아들어야 한다. 언제까지 허황된 기대를 하며 시간을 낭비해서는 안 된다.

그렇다면 고객들이 특별한 이유 없이 구매를 미룰 때 어떤 방법을 취할 수 있을까? 어차피 거절의 의미이니 쉽게 포기해야 할까? 정중하게 거절하려는 의도의 고객들도 있겠지만, 진짜로 고민하는 고객과 중요한 결정이 오래 걸리는 고객들도 있다. 판매자는 거절하는 고객을 걸러내고, 구매 결정을 촉진시키는 방법을 합리적으로 활용할 줄 알아야 한다.

2014년, 우리나라에서 허니버터 칩 열풍이 불었다. 연예인들은 "드디어 먹어본다."라는 글과 함께 허니버터 칩 사진을 SNS에 올렸고, 중고거래 카페에서는 1,500원짜리 허니버터칩의 가격이 적게는 두 배, 많게는 몇 배까지 오른 가격으로 판매되었다. 심지어 중고차 매매 사이트 SK 엔카의 영등포 지점에서는 피아트 500(수입차)을 구매하는 고객에게 허니버터 칩을 사은품으로 주겠다는 공약을 걸기도 했다. 편의점주들은 허니버터 칩을 찾는 손님들이 하루에도 수십 명씩 찾아오는 바람에 곤란을 겪었다.

허니버터 칩은 분명히 고객들의 인기를 끌 만한 상품이었다. 하지만 이런 말도 안 되는 대란을 일으킬 정도는 아니었다는 것이 전문가들의 공통된 의견이다. 실제로 엄청난 기대를 안고 겨우 허니버터 칩을 구매해 먹은 고객들의 평가 중 실망이라는 의견도 꽤나 많았다.

그렇다면 대체 이런 품귀 현상이 어떻게 일어났을까? 엄청난 비용의 마케팅 때문이었을까? 관계자의 말에 따르면 그렇지만은 않은 듯하다. 허니버터 칩을 출시한 해태제과의 홍보팀장을 맡았던 소성수 팀장은 허니버터 칩이 대란을 일으킨 것이 놀랍다며 이렇게 말했다.

"마케팅을 따로 할 틈도 없었다. 우리도 마케팅이나 특별한 광고 없이 SNS와 입소문을 통해 대란이 일어난 게 신기하다."

나이키의 에어조던 시리즈는 '한정 판매'의 대표주자격이라고 볼 수 있다. 인기가 많은 시리즈의 재출시 소식에는 출시일 전날 새벽부터 매장 앞에 긴 줄이 늘어선다. 이 줄은 열 명, 스무 명이 아닌 최소 100명 이상인 경우가 대부분이다. 단순히 일찍 갔다고 해서 선착순으로 살 수 있는 것도 아니다. 추첨을 통해 뽑힌 사람만이 에어조던을 자신의 품에 안을 수 있다.

이런 품귀현상이 일어나다 보니 에어조던으로 '한정판 재테크'를 하는 사람들도 꽤 생기고 있다. 새벽같이 줄을 서서 기다리다가 당첨된 순간 현장에서 바로 최소 10만 원 이상의 웃돈을 얹어 판매하는 것이다.

언뜻 생각하면 너무 비현실적인 가격에 살 사람이 없을 것 같지만, 마니아들은 이런 가격에도 서로 사겠다고 치열한 경쟁을 벌인다. 현장에서는 10만 원 정도의 차이이지만, 인터넷에서는 중고로 사려고 해도 그것보다 훨씬 더 많은 돈을 주어야 하기 때문이다. 정가 20만 원대의 신발이 50만 원 이상의 가격에 판매되는 것은 이들 사이에서 흔한 일이다.

허니버터 칩과 에어조던의 사례를 통해 배울 수 있는 것은 무엇일까? 이들의 공통적인 성공 원인은 '희소성'에 있다. 허니버터 칩은 분명히 사람들이 좋아할 만한 맛의 과자였지만, 희소성을 통해 입소문을 타지 않았다면 품절 대란까지 가는 성과는 내지 못했을 것이다. 에어조던이 만약 일반 운동화와 같이 대량으로 공급되었다면 어땠을까? 언제든 정가에 구매할 수 있는 운동화를 줄까지 서가며 기다릴 필요가 없어진다.

이처럼 사람들은 '희소한 자원'을 높게 평가하는 경향이 있다. 심리학자인 스티븐 워첼은 실험을 통해 이 사실을 증명했다. 그는 피험자들을 두 그룹으로 나눠 비스킷의 품질을 평가해달라고 부탁했다. 두 그룹에게 나눠준 비스킷은 완전히 동일한 제품이었다.

다만 연구진은 각 그룹의 '비스킷의 양'에 차이를 두었다. 첫 번째 그룹에는 비스킷 한 박스를 주었고, 다른 한 그룹에는 비스킷 두 조각만을 주었다. 실험 결과는 예상대로였다. 비스킷 두 조각을 받은 두 번째 그룹이 한 박스를 받은 첫 번째 그룹보다 비스킷의 품질을 훨씬 더 높게 평가했다. 스티븐은 이와 비슷한 실험을 여러 차례 반복했지만, 결과는 동일하게 나왔다.

'희소한 자원' 원리는 고객이 상품의 가치를 높게 여기도록 할 뿐만 아니라, 판매 촉진 효과까지 이끌어낼 수 있다.

전자세금계산서 사이트 스마트빌은 직장인 1,160명을 대상으로 설문조사를 실시했는데, 76%가 한정 수량 판매, 한정 기한 판매 때문에 충동구매를 하는 것으로 나타났다.

판매자의 판매 촉진 멘트도 충동구매에 영향을 미쳤는데 그 결과가 흥미롭다. '딱 오늘만 할인'이라는 흔하디흔한 멘트에 넘어간 응답자가 무려 48%나 됐다.

오늘밖에 기회가 없고, 지금 사지 못하면 더 비싼 가격에 사야 한다는 사실은 고객들의 마음을 조급하게 한다. 이와 관련하여 지라드는 《세일즈 불변의 법칙 12》에서 고객이 구매를 미룰 때 활용할 수 있는 방법들을 소개했다.

Tip 1 한정 판매를 활용하라

한정 판매는 소매점에서 주로 사용하는 기법으로 그 기간 내에 사지 못하면 싸게 살 기회를 잃는다는 점을 강조하는 것이다. 고객과 얼굴을 맞대고 판매하는 경우에도 이 기법을 사용하면 지금이 아니면 기회를 잃게 된다는 절박감을 불러일으킬 수 있다.

Tip 2 시간이 갈수록 더 많은 것을 잃게 됨을 상기시켜라

당장 사지 않으면 앞으로도 결코 사지 못할 것임을, 시간이 똑딱거리며 갈수록 고객은 더 많은 것을 잃어버린다는 사실을 알려주어라. 자신이 파는 물건의 특성에 맞춰 약간의 상상력만 발휘하면 된다.

Tip 3 여유분이 없다며 절박감이 들게 하라

여행상품 세일즈맨은 빨리 예약하지 않으면 곧 매진된다고 알리고, 자동차 세일즈맨은 지금이 아니면 고객이 원하는 모델의 출시일이 늦어진다고 상기시켜라. 상품이 얼마 남지 않았을 때는 언제나 절박감을 불러일으킬 수 있다.

Tip 4 타이밍을 잘 맞춰야 한다

타이밍의 중요성을 판매 포인트로 이용하라. 특히 부동산이나 주식같이 가격이 오르내리는 상품은 구매 시점이 가장 중요하다. 언제 사느냐가 이익을 좌우한다는 사실을 상기시켜라.

고객이 가장 절박한 시점에 가장 필요한 상품을 판매하고 있다면 좋겠지만, 실제로 그런 경우는 거의 없다. 고객의 입장에서 당신이 판매하는 상품의 대부분은 '미래에 필요할지도 모르는 것'이거나 '없어도 되지만, 있으면 좀 더 좋아 보이는 것' 정도일 확률이 높다. 이것은 당신이 파는 상품에 관심은 있어도 절박함이 없다는 것을 의미한다.

이런 경우 고객은 좀 더 신중하게 생각하기 위해 막연히 구매를 미루게 된다. 이런 현상에 대비하기 위한 것이 절박감을 주는 '한정 판매'기법이다. 당신이 파는 상품이 어떤 것이라도 상관없다. 고객의 절박감을 불러일으켜라. 마지막으로 지라드가 한 말을 참고하기 바란다.

"세일즈에 성공하기 위해서는 고객에게 당신의 물건을 오늘 사야만 하는 이유를 구체적으로 제시해줄 수 있어야 한다. 그렇지 못할 경우 고객은 지금 사야 할 뚜렷한 동기가 없으므로 구매 결정을 미룰 것이다. 단순히 당신의 물건이 필요하다고 느끼게 만드는 것만으로는 부족하다. 가능한 한 빨리 당신의 물건을 소유하지 않으면 안 되겠다는 절박감을 심어주어야 한다. 예를 들어 구명보트를 파는 세일즈맨이 침몰하는 타이타닉호의 선장에게 물건을 판다면 그는 지체 없이 자기 물건을 사야 한다고 확신시키는 데 별 어려움이 없을 것이다."

하나를 팔아도
전략이 필요하다

같은 상품을
굳이 나한테 사게 만드는
차별화 전략

세상에는 수많은 상품이 있다. 그리고 동종의 상품을 파는 수많은 영업사원들과 사업체들이 존재한다. 생각해보자. 당신이 파는 상품과 똑같거나 유사한 상품을 파는 사람이 한 명도 없다고 확신할 수 있는가? 아마도 그렇지 않을 확률이 높다. 당신이 파는 상품과 동일하거나 굉장히 흡사한 상품이 비슷한 가격에, 혹은 더 저렴한 가격에 팔리고 있는 경우가 대부분일 것이다.

만약 당신이 어떤 식으로든 영업과 관련된 일을 하는 사람이라면, 다시 말해서 당신이나 당신이 소속된 회사에서 만든 상품이나 유통하는 상품을 소비자에게 파는 일을 하는 사람이라면, 이 문제와 관련해서 꼭 짚고 넘어가야 할 것이 있다. 그것은 바로 같은 상품이나 동종의 상품군에서 어떻게 하면 고객들이 그 상품을 굳이 '나한테' 사도록 만들 수 있느냐는 것이다.

세계 최고의 자동차 영업사원으로 기네스북에 이름을 올린 조 지라드는 한 인터뷰에서 이 질문에 대한 해답을 이렇게 제시했다.

"**마음에** 드는 영업사원과 합리적인 가격, 두 가지만 있으면 거래는 성사됩니다."

그런데 그가 소속되어 있는 쉐보레 자동차의 영업사원이라면 소비자에게 합리적인 가격을 내세우지 않는 사람이 없다. 아니, 상황에 따라서는 손해를 감수하면서도 더 저렴한 가격을 제시하며 고객의 마음을 사로잡으려고 할 것이다.

그렇다면 여기서 우리는 한 가지 의문이 생길 수밖에 없다. 이처럼 치열한 경쟁 속에서 다른 영업사원들에 비해 압도적인 성과를 내고 있는 지라드의 차별점은 무엇일까?

하버드 대학교 협상연구소의 부책임자이자 하버드 대학교 정신의학부 교수로 근무하고 있는 다니엘 샤피로는 지라드가 '호감의 원칙'에 의해 성과를 냈고, 실제로 많은 설득의 달인들이 이 원칙을 활용함으로써 고객들에게 "네."라는 대답을 이끌어내고 있다고 말한다.

그렇다면 그가 말하는 호감의 원칙이란 무엇일까? 우리는 이미 그 답을 알고 있다. 이 질문에 대한 답은 어떤 경영서적이나 영업 비법을 적어놓은 책을 봐도 지겹도록 나오는 말이기 때문이다.

"**고객에게** 상품을 판매하려고 해서는 안 됩니다. 그들의 마음을 사기 위해 노력해야 합니다. 그것만이 유일한 성공 전략입니다."

당장 매출이 오르지 않아 전전긍긍하고 있는 사장들에게는 이 말이 뜬구름 잡는 말처럼 들릴지도 모른다. 그렇다면 대체 어떻게 해야 고객들의 마음을 살 수 있을까? 이와 관련된 연구 결과를 살펴보자.

1960년, 폴란드 출신의 미국인 사회심리학자인 로버트 자이언스는 실험 참가자들에게 여러 장의 이미지들을 무작위로 0.05초씩 보여주고, 그 이미지들에 대한 인지도와 선호도를 측정했다. 실험에 쓰인 이미지는 추상적인 그림, 얼굴 사진, 한자 등으로 다양했지만 모든 실험결과는 동일한 양상을 보였다.

"어떤 것이 조금 전에 봤던 사진인가요?"라는 질문에 정답을 맞힌 참가자들은 50% 정도밖에 되지 않은 반면, "어떤 이미지가 더 마음에 듭니까?"라는 질문에는 60% 이상이 0.05초 동안 봤던 이미지를 고른 것이다. 또한 자이언스는 참가자들이 선호하는 이미지를 고르면 그 이유를 물었다. 참가자들은 여러 가지 합리적인 이유를 댔지만 전에 본 이미지라서 골랐다고 답한 사람은 아무도 없었다.

다시 말하면 사람들은 무언가를 반복해서 봤을 때, 비록 이전에 봤던 사실을 기억하지 못하더라도 그것을 더 선호하게 된다는 것이다. 자이언스는 이 실험을 토대로 세 가지의 새로운 이론을 발표했다.

Theory 1 사람은 낯선 사람을 대할 때 공격적이고 냉담하고 비판적이 된다.

Theory 2 사람은 누군가를 만나면 만날수록 좋아하게 된다.

Theory 3 사람은 상대의 인간적인 측면을 알았을 때 더 깊은 호의를 갖는다.

낯선 사람을 봤을 때 공격적이고 방어적인 태도를 보이게 되는 것은 사람의 본능이다. 심지어 처음 보는 사람이 자신에게 무언가를 팔려고 한다면 어떤 반응을 보일까? 아무리 점잖은 사람이라도 거부반응부터 일으킬 것이다.

장사와 영업에 통달한 사람들은 이 사실에 대해 정확하게 간파하고 있다. 처음부터 다른 전략을 쓰는 것이다. 고객과의 첫 만남부터 바로 영업을 성공시키겠다는 생각을 버리고, 그들의 마음을 사는 것에 모든 노력을 쏟는다.

뚝심 경영으로 유명한 광동제약의 창업주 고故 최수부 회장은 젊은 시절 고려인삼사에서 영업사원으로 일할 때가 있었다.

당시 고려인삼사에서는 '경옥고'라는 제품 한 가지만 생산하고 있었다. 그가 영업사원으로 들어가 가장 먼저 한 일은 경옥고에 대해 완벽하게 공부하는 것이었다. 특히 경옥고는 상당히 고가일 뿐만 아니라 사람의 병을 고치는 약품이었기 때문에 회사에서 알려주는 정보에 만족하지 않고 별도로 동의보감까지 봐가며 공부를 했다. 그렇게 철저하게 공부한 결과 그는 확신을 얻을 수 있었다.

'경옥고는 사람 몸에 정말 좋은 약이다!'

그런 확신을 가진 다음 그가 할 일은 어렸을 때부터 시장바닥에서 몸소 배운 장사의 왕도를 실행하는 것뿐이었다. 그것은 누구나 생각해낼 수 있고, 실제로 할 수 있는 지극히 평범한 요령이었다.

그는 영업을 하러 갔다가 문전박대를 당하고 나온 사무실이나 상점이라도 절대 포기하지 않았다. 다음 날이나 그다음 날 다시 가서 반드시 안부 인사를 전했다. 사람들이 "약 안 산다고 분명히 얘기했는데 나를 놀리는 거요?"라는 반응을 보여도 "아닙니다! 약 팔려고 온 게 아니고요, 지나는 길에 별일 없으신지 인사나 드리려고 온 겁니다. 그럼 수고하시고요. 다음에 또 뵙겠습니다!"라며 밝게 웃어 보였다. 그리고 며칠 후 또다시 찾아갔다. 얼굴에는 미소를 머금고.

이런 식으로 반기지도 않는 상대를 계속 찾아가면 한 대 얻어맞거나 경찰을 부를 것 같지만 실제로는 전혀 그렇지 않았다. 오히려 열 번 이상 안부 인사 차 찾아가자 "당신 또 왔구먼! 그래 약은 좀 팔았나?"라는 반응을 보였다. 이렇게 수많은 사무실과 상점들을 열 번이고 스무 번이고 계속 찾아가며 진심이 담긴 인사를 하고 안부를 묻다 보니 마침내 이런 반응이 나왔다.

"그런데 그 약이 정말 좋기는 한 거야?"

"아이고 이 사람아. 어디 약 한번 내봐 봐!"

"내가 당신한테 약을 안 사고는 제명에 죽기 힘들 거 같아!"

그는 타고난 장사꾼이었고, 영업사원이었다. 하지만 과연 이 방법만으로 3년 연속 고려인삼사 판매왕의 자리에 오를 수 있었을까? 그의 진가는 판매 후에 나타났다.

대부분의 영업사원들은 물건을 파는 순간 역할이 끝났다고 생각하는 반면, 그는 영업사원의 역할이 물건을 파는 순간 시작되는 것이라고 생각했다. 특히 경옥고처럼 비싼 약을 산 고객이 제대로 효과를 보게 하려면 사후 고객관리가 더욱 필요했다.

이런 생각으로 약을 산 고객들을 더 자주 찾아갔다. 팔기 전에는 열 번 갔다면, 판매 후에는 스무 번을 찾아갔다.

"사장님, 이 비싼 약을 사서 이렇게 제때 안 드시면 무슨 소용이 있습니까? 자꾸 이러시면 약값 돌려드리고 그냥 다시 가져가렵니다!"

다행히도 고객들은 이런 그의 진심을 이해해주었고, 제때 약을 챙겨먹기 위해 노력했다. 그리고 그렇게 꼬박꼬박 약을 챙겨먹으니 당연히 약의 효능을 제대로 보게 된 고객들은 그에 대해 무한한 신뢰를 느끼게 되었다.

결국 다른 영업사원들이 판 경옥고는 효과가 없다며 반품되는 경우가 많았지만, 그가 판 경옥고는 한 번도 그런 적이 없었다. 오히려 약을 복용한 후 효과를 본 고객들이 연이어 다시 경옥고를 주문하기 시작했다. 그 때문이었을까, 매달 월급날이 되면 그는 다른 사원들 수십 명의 수당을 모두 합친 금액보다 더 많은 수당을 받을 수 있었다.

최수부 회장의 영업 성공 전략은 무엇이었을까? 그는 기본적으로 처음 만난 사람에게 그 자리에서 바로 상품을 팔겠다는 생각을 갖지 않았다. 자주 얼굴을 비추고 안부를 물으며 자연스럽게 그들의 호감을 샀다. 그리고 판매 이후에는 상품에 대해 철저하게 공부했던 내용을 토대로 고객들이 정말 효과를 볼 수 있도록 진심 어린 서비스를 제공했다. 그 결과 고객들의 지인 소개와 반복 구매가 이어질 수 있었던 것이다.

영업에 대한 경쟁력은 크게 제품, 가격, 서비스의 세 가지로 나뉜다. 때문에 동일하거나 비슷한 제품을 판매하는 경쟁자를 이기기 위해서는 가격을 낮추거나 서비스의 질을 압도적으로 올려야 한다.

하지만 가격을 낮출 수 없는 상황이나 경우는 늘 있게 마련이다. 그럴 때 당신이 동일한 제품을 판매하는 사람들과의 경쟁에서 이길 수 있는 방법은 고객의 마음을 사는 서비스뿐이다.

서비스는 단순히 고객의 시중을 드는 것이 아니다. 반복적인 접촉을 통해 호감과 신뢰를 얻고, 철저한 전문성을 토대로 고객의 문제를 해결해줄 수 있어야 한다. 그렇게 함으로써 당신이 아닌 다른 사람과 거래하려는 생각만으로도 죄책감을 느낄 정도가 되어야 한다.

당신의 개성과
당신이 파는 상품이 잘 어울리도록
스스로를 포장하라

2005년, 미국 펜실베이니아 대학교 심리학과 잉그리드 올슨 교수 팀은 실험 참가자들에게 컴퓨터 화면을 통해 여러 남성과 여성의 사진을 보여주었다. 올슨 교수가 보여준 사진은 '누가 봐도 매력적이다.' 또는 '추하다.'고 느낄 수 있는 극단적인 두 부류의 얼굴이었다.

특히 이 실험의 핵심은, 참가자들에게 사진을 보여주는 시간이 불과 0.001초 수준으로 매우 짧았다는 것이다. 0.001초면 거의 '볼 수 없는' 시간이다. 하지만 놀랍게도 사람들은 모두 매력적인 얼굴이 나온 후에 '멋있다'는 느낌을 받았다. 이 대답이 나온 시간은 0.013초에 불과했다.

다음 연구에서는 실험 참가자들에게 각각 매력적인 얼굴과 건물 사진을 보여준 뒤 '웃음', '행복' 등의 긍정적인 단어와 '슬픔', '불행' 등의 부정적인 단어를 차례대로 보여주었다.

결과는 어떻게 됐을까? 건물을 본 사람들은 단어를 선택하는 데 일관성이 없었지만, 매력적인 얼굴을 본 사람들은 공통적으로 긍정적인 단어를 빠르게 인식했다. 올슨 교수는 실험 결과에 대해 이런 해석을 내놓았다.

"무의식적으로 제시됐던 매력적인 얼굴이 긍정적인 정보를 처리하는 뇌 영역을 미리 준비 상태로 만들어놓았기 때문에 부정적인 단어보다는 긍정적인 단어를 인식하는 속도가 빨랐다. 즉, 첫인상은 상대방에 대한 별다른 정보가 없는 상황에서 그다음 상황을 본능적으로 예측하도록 한다."

첫인상에 대한 연구들은 계속되어왔다. 3초, 5초, 7초 만에 사람의 첫인상이 결정된다는 연구 결과도 있다. 그러나 굳이 정확한 시간을 알 필요는 없다. 서울대 심리학과 김정오 교수가 "사람이 호감을 갖는 것은 미처 생각할 겨를도 없는 무의식 상태에서 일어난다."라고 말했던 것처럼 당신은 첫인상을 좌우하는 것이 엄청나게 짧은 시간이라는 사실 정도만 알면 된다.

그렇다면 어떻게 해야 그 짧은 시간 동안 고객들에게 좋은 첫인상을 남길 수 있을까?

EBS 다큐프라임 〈인간의 두 얼굴―외모〉 편을 보면 이에 대한 해답을 얻을 수 있다. 다큐 제작팀은 30대 평범한 남성 한 명의 외모를 극단적으로 비교되도록 만들어 명동의 한 매장 쇼윈도에 세웠다. 한

번은 허름한 청바지에 체크무늬 남방을 입고 꾀죄죄한 모습이었고, 또 한번은 멀끔한 정장 차림에 잘 손질된 머리를 한 모습이었다. 그리고 제작팀은 지나가는 여성들에게 이 남성의 첫인상과 예상 직업, 예상 소득에 관해 물어보았다.

여성들의 반응은 어땠을까? 여성들 대부분은 분명히 사전 인터뷰에서 남자를 볼 때 '성격이 괜찮은 사람'을 이상형으로 꼽았다. 그럼에도 불구하고 외모 실험에 대한 결과는 꽤나 극단적으로 갈렸다.

전자의 경우, 여성들은 이 남성의 직업이 공장에서 일하거나 음식점을 할 것 같다고 예상했으며 (공장 근로자와 음식점을 비하하는 것은 아니다. 오해 마시길.) 매력지수를 최저점으로 평가했다. 심지어 데이트 신청을 하라는 말에는 기겁을 할 정도였다.

그러나 후자의 경우에는 완전히 상반되는 반응을 보였다. 여성들은 깔끔한 정장 차림의 남성에 최고점의 매력지수를 주었으며, 직업이 의사나 변호사일 것 같다고 예상했다. 사람들은 분명히 똑같은 남성인데도 불구하고 단지 외모를 꾸미는 것만으로 연봉을 두 배 이상 높게 예상했으며 훨씬 더 높은 신뢰감을 보였다. 단지 옷을 바꿔 입고 머리를 다듬었을 뿐인데도 말이다.

사람들은 이처럼 눈에 보이는 것에 따라 많은 것들을 무의식적으로 확신하는 경향이 있다. 심지어 너무나 당연하게 언어적 문제로만 생각해왔던 '의사소통'마저도 언어적 표현보다 눈에 보이는 것에 더 영향을 받는다는 연구 결과도 있다.

1967년, UCLA 대학의 심리학과 명예교수인 앨버트 메라비안은 동료들과 두 가지 실험을 했다. 첫 번째 실험에서는 실험 대상자들에게 호의적인 단어(자기, 고마워요 등), 중립적인 단어(아마도, 진짜? 등), 비호의적인 단어(하지 마, 최악이야 등) 등 아홉 가지의 단어를 각각 다른 톤으로 들려주고, 단어의 감정을 유추하게 했다. 그 결과 메라비안은 사람들이 의사소통을 할 때 목소리 톤의 사용이 단어만 보는 것보다 감정에 대한 정확한 판단을 가능하게 한다는 사실을 발견했다.

두 번째 실험에서는 '아마도'라는 똑같은 단어를 세 가지 톤(호의, 중립, 비호의)으로 듣게 하고 얼굴 표정을 함께 보여주며 비교했다. 실험 결과 사람들은 얼굴 표정을 봤을 때 더 정확하게 감정을 유추해냈다.

메라비안은 저서 《침묵의 메시지》에서 이 연구를 토대로 의사소통에 영향을 주는 요소들에 대한 구체적인 수치를 내놓았다. 그는 시각적 요소 55%, 청각적 요소 38%, 언어적 요소 7%가 의사소통에 영향을 끼친다고 말한다. 대화의 내용이나 목소리보다 겉모습, 표정, 시선, 몸짓 등의 시각적 표현들이 훨씬 더 사람들의 인상에 남는다는 것이다.

당신이 무언가를 파는 사람이라면 이 문제에 대해 다시 생각해볼 필요가 있다. 전문성과 고객을 위한 진심이 있으면 된다고 생각하며 겉모습을 꾸미는 것에 소홀히 한 것은 아닌지 말이다.

'겉모습은 껍데기일 뿐이야. 실력과 진심으로 승부해야지.'

이런 생각은 위험하다. 안타깝게도 당신에게 여러 번의 기회를 주는 고객들은 얼마 없기 때문이다. 사람들의 첫인상에 좋은 기억을 남기지 못한다면 당신의 전문성과 고객을 위한 진심은 빛을 발하지 못하게 될 확률이 높다.

그렇다면 어떻게 해야 고객에게 좋은 이미지를 줄 수 있을까? 뉴욕 최고의 부동산 브로커인 프레더릭 에크룬드의 조언을 참고해보자.

"성공한 사람들은 모두 자신의 외모 및 기분에 그날의 성과가 백퍼센트 연관돼 있다는 것을 인정하며 하루를 시작한다. 간단히 말해서 추한 옷을 입고 코까지 머리카락을 늘어뜨리고 수백 년은 된 것 같은 엄청난 입 냄새를 풍긴다면 당신은 성공하지 못할 것이다. 당신이 매일 해야 하는 첫 번째 임무는 당신의 개성과 당신이 파는 것이 잘 어울리도록 자신을 포장하는 일이다."

그는 이 말과 함께 저서 《모든 것이 세일즈다》에서 자신의 외모 관리비법을 소개했다. 이 내용들은 당신이 세일즈를 하지 않더라도 인생에 반드시 도움이 될 테니 꼭 참고하기 바란다.

Tip 1 **재단사를 고용하라**

옷에 관해 남자와 여자가 똑같이 저지르는 가장 큰 실수는 기성복을 사서 그 옷을 딱 맞게 고치지 않는 것이다. 장점은 극대화하고 단점은 최소화하기 위해 몸에 맞게 옷을 수선해야 한다. 팁은 덜 비싼 브랜드의 옷을 사서 수선하는 것이다. 제대로 된 재단사는 40만 원 짜리 양복을 400만 원짜리처럼 보이게 할 수 있다.

Tip 2 신발을 닦아라

모두가 당신의 신발을 알아본다. 당신은 그 신을 신고 나아가는 걸음걸음에 긍정적인 인상을 만들고 싶을 것이다. 자, 당신의 신발을 내려다보자. 그 신발이 당신에 대해 뭐라고 이야기하는가? 당신의 신발은 멋진가? 더럽거나 낡았는가? 신발이 어떤지에 따라 당신은 분명 돈을 많이 벌지 못하는 사람, 더 나쁘게는 세부적인 것에 신경 쓰지 않는 사람이라는 인상을 줄 수 있다. 나는 정기적으로 구두 수선공에게 신발을 맡겨서 그가 마술을 부리게 한다. 이것은 가성비가 아주 좋다.

Tip 3 좋은 시계를 차라

시계는 광고판이다. 사람들은 결혼반지보다 시계를 더 유심히 쳐다보고 뜯어본다. 좋은 시계를 사라. 중고로라도 좋다. 만일 오늘 살여력이 없다면 돈을 모아라. 잡지에서 당신이 꿈꾸는 시계 광고를 찢어서 침실 벽에 붙여라.

Tip 4 헤어스타일에 투자하라

매달 예산에서 뛰어난 헤어스타일리스트를 찾아갈 돈을 확보해둬라. 당신은 한 달에 두 번 정도 입는 원피스나 재단된 셔츠에 꽤 많은 돈을 쓴다. 하지만 머리카락은 매일 입는다. 멋있게 보이고 싶지 않은 가? 하버드 대학의 연구에 따르면 훌륭한 헤어스타일은 전문가의 가장 중요한 신체적 특징이다. 이 연구에서 고위직 임원의 83%가 '단정하지 못한 머리'가 여성의 경영자로서의 권위를 약화시킨다고 대답했으며, 76%가 '단정하지 않은 머리'가 남성의 경영자로서의 권위를 손상시킨다고 대답했다.

Tip 5 관리를 하라

나는 고객이 내 손을 보고 자제력이 없는 사람이라고 생각하지 않기를 바란다. 당신도 그럴 것이다. 손톱을 물어뜯는 버릇은 스트레스와 걱정이 있음을 광고하는 것이다. 코털도 정리하라. 아무도 당신의 콧구멍 밖으로 튀어나온 털들을 보고 싶어 하지 않는다. 냄새는 데오드란트를 사용하거나 땀을 많이 흘리는 편이라면 강한 땀 억제제를 사용하라. 향수는 적당히 은은하게 뿌리는 것이 좋다.

깔끔하게 정돈된 외모는 고객들에게 무의식적으로 당신이 신뢰할 만한 사람이라는 인상을 준다. 깔끔한 외모로 고객들에게 좋은 인상을 심어줘라. 당신의 진정성과 전문성을 보여주는 것은 그 후에 해도 된다.

또한 외모를 꾸밀 때는 여성들이 특히 주의해야 할 사항이 있다. '매력적으로 보이는 이미지'가 반드시 '이성적인 매력'을 뜻하는 것은 아니라는 점이다. 장소와 상황에 따라 '매력적인 이미지'의 기준이 달라진다는 것을 이해해야 한다. "여자가 옷을 잘 입지 못했을 때는 그녀의 옷이 보이고, 완벽하게 잘 입고 있을 때는 여자가 보인다."는 코코 샤넬의 말을 명심하라. 이와 관련하여 조 지라드의 사례를 보자.

어느 날, 아주 매력적인 여성 판매원이 면세 상품을 팔기 위해 지라드의 사무실을 찾아왔다. 그녀는 미니스커트에 가슴이 살짝 드러난 옷차림이었는데 무척 아름다워 보였다. 똑똑하고 아름다운 여성 판매원에게 상품을 구매할 법도 했지만, 지라드는 그녀에게 아무것도 사지 않았다. 그는 저서 《세일즈 불변의 법칙 12》에서 이렇게 말했다.

"솔직히 말해 나는 신경이 쓰여 불편하기 짝이 없었다. 점잖은 체하느라 하는 말이 아니다. 그녀의 차림새는 무척 아름다웠지만 세일즈하기에는 적절하지 못했다. 결국 나는 그녀의 판매 프레젠테이션에 정신을 집중하기가 어려웠다."

당신이 어떤 상품을 판매하느냐에 따라 적합한 이미지는 달라질 수 있다. 전문적인 이미지 컨설턴트의 도움을 받는 것이 가장 이상적이지만, 그럴 여유가 없다면 주변 사람들에게 도움을 청하라. 조금만 신경 써도 지금보다는 훨씬 더 나아질 수 있다.

첫인상에는 '콘크리트 법칙'이 존재한다. 한 번 굳어진 첫인상은 바꾸려면 엄청난 노력이 필요하다는 뜻이다. 프린스턴 대학 심리학 연구팀에 의하면 한 번 결정된 첫인상을 바꾸기 위해 최소 40시간의 만남이 필요하다고 한다.

부디 이 글을 읽은 이후부터는 '외모지상주의'에 대한 부정적인 인식을 버리기 바란다. 0.013초를 40시간으로 늘리는 실수를 범하고 싶지 않다면 말이다.

이름을 불러주는 순간
그는 충성고객이 된다

1867년, 철강왕 앤드류 카네기는 유럽을 방문했다. 당시 미국에는 남북전쟁으로 인해 태평양 연안으로까지 철도를 연결하는 문제가 대두되고 있었다. 의회에서는 철도 부설을 장려하는 법안을 통과시켰고, 얼마 지나지 않아 오마하에서 착공식을 가진 철도가 샌프란시스코까지 이어질 예정이었다.

카네기는 캘리포니아선 열차에 침대차를 설치하는 계약을 따낼 계획을 가지고 있었다. 하지만 시카고를 본거지로 하고 있던 강력한 경쟁자인 조지 풀먼은 그가 계획한 일을 이미 실행에 옮기고 있었다.

카네기는 계약을 따내기 위해 유니언퍼시픽 철도회사의 이사회에 참석했고, 이 자리에서 이대로 가만히 있다가는 다른 경쟁자들과의 힘든 싸움이 되겠다는 사실을 직감했다. 할 수 없이 그는 계약을 따내기 위해 풀먼과 협력하기로 결심한다.

그의 저서《성공한 CEO에서 위대한 인간으로》에 나오는 풀먼과의 대화 내용을 들여다보자.

어느 날 저녁, 우리는 같은 시간에 세인트 니콜러스 호텔의 계단을 오르게 되었다. 잘 아는 사이는 아니었지만 나는 계단을 오르며 그에게 말을 건넸다.

"안녕하세요, 풀먼 씨? 여기서 다시 뵙는군요. 우리는 둘 다 바보짓을 하고 있다고 생각지 않으십니까?"

그는 내 말에 동의할 생각이 전혀 없는 듯했다.

"무슨 뜻이오?"

나는 경쟁회사들로 인해 둘 다 원하는 것을 얻지 못하게 된 상황을 설명했다. 그가 말했다.

"글쎄요, 그럼 어떻게 하는 게 좋겠소?"

"힘을 합치는 겁니다. 하나의 회사를 만들어 공동으로 유니언퍼시픽 측에 제안하는 거죠."

"회사 이름은 뭘로 하고요?"

"'풀먼 팰리스 카' 회사가 어떻습니까?"

그 이름은 그의 마음에 들었다. 물론 내 마음에도 들었다.

"내 방에 가서 얘기합시다."

그가 말했다.

이 제안은 성공했을까? 물론이다. 카네기는 '풀먼 팰리스 카'라는 이름을 제안함으로써 풀먼의 호의적인 반응을 이끌어낼 수 있었다. 그 결과 카네기와 풀먼은 공동으로 침대차 계약을 따내게 되었다.

카네기는 사람의 이름에 대한 강력한 힘을 알고 있었다. 그렇기 때문에 풀먼의 마음을 사서 자신이 원하는 바를 이루어낼 수 있었던 것이다. 이처럼 이름을 이용해 충성고객을 만드는 사례들은 수도 없이 많다.

드링크제 하나를 사도 자신의 이름을 불러주며 VIP 대접을 해주는 약국이 있다면 어떨까? 이런 경험을 몇 번 해본 사람들은 다른 약국에 다니는 지인들까지 억지로 끌고 온다. 같은 돈으로 같은 약을 사는데 훨씬 더 좋은 대접과 서비스를 받는다면 당연한 일이 아닐까?

《육일약국 갑시다》의 김성오 대표는 육일약국 운영 시절 약국을 경영하면서도 약에 대해서는 아는 것이 너무 부족하다는 사실을 자각하고 있었다. 그가 사람들에게 줄 수 있는 것은 딱 하나, 최고의 친절뿐이었다.

그는 고민 끝에 손님들의 이름을 외우기로 결심했다. 하지만 사람들이 약국을 매일 오는 것은 아니지 않은가. 간혹가다 오는 사람들의 이름을 외우는 것은 생각보다 쉽지 않았다. 한 번 왔다 간 고객들의 이름을 수험생처럼 4, 50번씩 외우고, 시간이 날 때마다 계속 되뇌었다.

이런 식으로 해서 한 달 후에 다시 온 손님의 이름을 불러주자 손님들은 "이야~ 약사님 천재 아이가?"라며 일관된 반응을 보이곤 했다. 이름을 외우는 효과는 생각보다 컸다. 손님들은 그를 '정성이 대단한 사람'으로 생각하기 시작했으며 이름을 불러준 그날부터 단골 손님이 되었다.

우리는 사람들의 이름에 대해 항상 과소평가하는 경향이 있다. 특히 당신이 영업을 하는 사람이라면 이름을 불러주는 효과가 무엇을 상상하든 그 이상이라는 사실을 명심해야 한다. 심지어 당사자가 아닌 그 자녀의 이름조차 말이다.

웅진그룹의 윤석금 회장은 20대 시절 브리태니커 한국 지사에 입사해 백과사전 세일즈맨을 했다. 그는 첫 계약의 기쁨을 안겨준 합판 가게의 사장을 다시 찾아가게 되었는데, 계약서 뒷면에 있던 아들의 이름을 떠올리며 작은 롤 케이크를 사 가지고 갔다.

"영철이가 맛있게 먹었으면 좋겠습니다."라는 말과 함께 케이크를 전해 받은 사장은 생각 이상으로 너무 크게 고마워했다. 대단한 선물은 아니지만 자기 아들의 이름을 기억해주었다는 사실에 감동한 것이다.

그렇다면 그의 감동이 영업실적에 실질적인 도움이 되었을까? 물론이다. 사장은 여러 명의 고객을 추천해주고 계약까지 이를 수 있도록 적극적으로 도와주었다. 그렇게 꼬리에 꼬리를 물어 결국 그 사장을 통해 24명과 계약할 수 있었는데, 당시 브리태니커 백과사전은 가격이 무려 27만 원이나 하는 고가였으니 큰 도움이 아닐 수 없었다.

2000년, 대한민국의 많은 선영이들을 설레게 했던 '선영아, 사랑해'라는 문구를 기억하는가? 이 문구 역시 '마이클럽'이라는 한 인터넷

업체의 티저 광고였다.

서울 번화가와 전국 주요 도시 곳곳에 걸린 '선영아 사랑해'라는 플래카드와 포스터를 본 사람들은 시선을 떼지 못했다. 또 이 광고는 엄청난 화제가 되며 논쟁의 중심에 서기도 했다.

〈오마이뉴스〉의 한 기자는 이 광고가 "사랑마저 광고의 대상물이 될 수밖에 없다는 현실을 보여준다."며 '선영아 사랑해' 플래카드 위에 '선영아 사랑을 팔지 마라'는 플래카드를 걸었다.

지하철 광고를 집행한 서울지하철공사에는 대체 선영이가 누구냐는 문의 전화가 끊임없이 쏟아지는 통에 업무에 차질을 빚기도 했다. 심지어 당시 총선 출마자 중에서 '선영'이라는 이름을 가진 후보들이 홍보를 위해 이 광고를 적극적으로 활용하기까지 했으니 '선영아 사랑해'라는 하나의 문구가 얼마나 큰 이슈가 되었는지 알 수 있다.

애초에 50억 원 정도의 광고비용을 책정했던 마이클럽은 이 광고를 통해 비용 대비 열 배 이상의 효과를 거둘 수 있었다. 실제 사람의 이름이 들어가 있는 문구만으로 사람들의 호기심과 관심이 폭발적으로 증가한 것이다.

최근 기업들은 이름에 담긴 강력한 힘을 깨닫고 고객들의 이름을 적극적으로 활용하기 시작했다.

2013년 후반, 스타벅스는 'CALL MY NAME' 서비스를 시작했다. 고객이 스타벅스 카드에 자신의 이름을 등록하고 커피를 주문하면 직원이 그 사람의 이름을 불러주는 서비스다. 국내 커피 전문점이 포화 상태임에도 불구하고 스타벅스의 영업 이익이 꾸준히 증가한 것을 보면 자신의 이름이 불린 고객들은 스타벅스에 특별한 애정을 갖게 되는 모양이다.

그렇다면 회원 정보나 고객 리스트를 활용하지 않고 수많은 고객들의 이름을 외우기는 불가능한 걸까?

"저는 이 호텔에 몇 년 만에 오는 것인데 어떻게 아직도 제 이름을 기억하세요?"

홍콩에 있는 만다린 오리엔탈 호텔의 컨시어지 인디라 펀 지배인이 자신의 고객들로부터 가장 자주 듣는 말이다. 11년 동안 일을 하며 고객들의 이름을 외우는 훈련을 해온 결과 그는 현재 수천 명의 이름을 즉시 떠올릴 수 있다고 한다. 〈뉴욕타임즈〉는 그만의 '이름 기억법'을 요약해서 소개했다.

Point 1 상대의 특징과 이름을 함께 머릿속에 등록시킨다. 예를 들어 고객의 걸음걸이가 특이하면 그 모습과 고객 이름을 '머릿속 사진'으로 저장하는 식이다.

Point 2 곧바로 그 이름을 두세 번 부른다.

그가 11년 동안 수없이 연구하고 시도했던 이름 외우기 방법은 '사람의 특징과 이름을 같이 머릿속에 사진으로 저장하고, 곧바로 그 이름을 두세 번 부르는 것'이다.

너무 단순하다고 느껴지는가? 만약 그렇다면 미국 기억력 챔피언이자 국제 암기력 전문가로 활약하고 있는 체스터 산토스의 방법에 대해 알아보자. 그는 자신의 저서 《슈퍼파워 암기법》에 첫 만남부터 바로 사람들의 이름을 외울 수 있는 4단계 암기 법칙을 소개했다.

Step 1 소개받는 즉시 상대방의 이름을 부르며 악수한다.

Step 2 대화 초반에 간단히 질문을 하면서 상대의 이름을 한두 번 불러본다.

Step 3 상대방의 이름과 이미 알고 있는 인물, 사물 사이의 연관성을 찾아본다.

Step 4 이름을 부르며 작별 인사를 한다.

그가 소개한 4단계 암기법칙에서도 역시 가장 중요한 것은 첫 만남 때 그 사람의 이름을 반복해서 부르는 것이다. 편 지배인이 상대방의 이름과 특징을 같이 기억했던 것처럼 상대방의 이름과 이미 알고 있는 인물, 사물들과의 연관성을 찾는 것도 도움이 된다. 이것보다 좋은 이름 암기 비법은 없다.

"나는 아무리 해도 이름을 정말 못 외우겠어요."라는 사람들이 있을 수 있다. 이름을 도저히 외우기 어렵다면 고객 리스트를 작성하면 된다. 고객 리스트를 만들고 이름과 연락처, 특징 등을 적어놓는 것이다. 고객 리스트에 들어 있는 고객이 또 왔을 때 자연스럽게 인사를 하다가 잠시 고객 리스트에 적혀 있는 이름을 확인하고 나서 응대하면 된다. 설령 당신이 고객 리스트를 보았다는 사실을 알게 되더라도 고객은 당신의 노력에 감사할 것이다.

항상 명심하기 바란다. 고객의 이름을 불러주는 방법은 그들의 마음을 사는 가장 쉽고 효율적인 방법이다. 추가 비용이 들지도 않고, 많은 시간을 필요로 하지도 않는다. 그러면서도 우리가 고객에게 많은 관심과 신경을 쏟고 있다는 것을 대변해준다. 인간관계의 바이블로 불리는 데일 카네기 또한 이렇게 말했다.

"사람들의 이름을 기억하고 자주 불러라. 그러면 당신은 많은 찬사를 받을 것이다. 당사자들에게는 자신의 이름이 그 어떤 것보다도 기분 좋고 중요한 말임을 명심하라."

충성고객 한 명이
열 영업사원보다 낫다

편의점 네 개 지점으로 40억 원의 연매출을 올리고 있는 전지현 대표의 이야기다. 그녀는 GS25 남양주 금곡점을 운영하면서 고객 확보에 애를 먹고 있었다. 유동인구가 많지 않은 곳이었기 때문이다.

한번은 벤치마킹을 위해 GS25 본사의 직원과 함께 노원역 인근의 매장을 찾아간 적이 있었다. 그 매장은 특이한 점이 있었는데, 매장 자체가 '사람들의 약속 장소'로 유명했다.

"노원역 GS25에서 만나."

이런 식으로 말이다. 편의점이 지역의 랜드마크처럼 되다 보니 매출이 수직 상승할 수밖에 없었다.

그런데 노원역의 점포는 남양주 금곡점과 비교하면 지하철 인근이어서 입지 자체가 굉장히 좋았다. 사람들이 모일 수 있는 여건이 이미 충분히 갖춰져 있으니 매출이 오르는 것은 당연했다. 그러나 전지현 대표는 다르게 생각했다. 노원역의 매장이 입지가 좋아서 성공한 것도 있지만, '편의점도 랜드마크가 될 수 있다'는 것에 초점을 맞춘 것이다.

이후 그녀의 목표는 동네 사람들이 "GS25 남양주 금곡점에서 만나자."고 말하도록 만드는 것이었다. 하지만 시작부터 난관에 부딪혔다. 매장 인근에 지하철역이 있는 것도 아니고, 유동인구가 많은 곳도 아니었기 때문이다. 머리를 싸매고 고민하기를 여러 날, 문득 그녀의 머릿속에 '의자'가 떠올랐다. 사람들이 잠시나마 쉬어갈 수 있게 매장 밖에 의자를 두자고 생각하게 된 것이다.

그녀는 바로 실행에 옮겼다. '이왕 투자하는 김에 제대로 투자하자.'는 생각에 비나 눈이 와도 아무 문제가 없는 '방부목 의자'를 설치했다. 일반 목재 의자보다 몇 배나 더 비쌌지만 크게 개의치 않았다.

처음에는 사람들이 '의자가 왜 여기 있지?'라며 의아해했다. 그러나 다행히 얼마 지나지 않아 그녀의 계획대로 흘러가기 시작했다. 지나가는 할머니들이 잠깐 앉았다가 가기도 하고, 버스를 타러 가기 전에 잠깐 머물기도 하고, 약속 시간을 기다리는 사람들이 앉아 있기도 하는 것이었다. 심지어 그들 중에는 매장에 들어와서 물건을 사는 사람들도 꽤 있었다.

그렇게 1년쯤 되자 처음에 계획했던 대로 금곡점 매장은 사람들의 약속 장소가 되었다. 전지현 대표의 '랜드마크 만들기' 전략이 제대로 들어맞은 것이다. 그녀는 최근 한 매체와의 인터뷰에서 편의점을 랜드마크로 만들기 위한 노하우를 공개했다.

"**편의점이** 랜드마크로 성장하려면 해당 매장에 '가치'를 불어넣어야 합니다. 가령 '가장 편한 곳', '가장 다양한 곳', '가장 친절한 곳' 등의 가치 말이죠. 그러면 지역 주민들이 해당 매장을 약속 장소로 잡을 것이고, 그러면 랜드마크로 성장할 수 있어요."

매장 앞에 의자를 둔 것은 사람들이 편의점 앞을 '편하게 자주 머무를 수 있는 곳'으로 인식하도록 만들기 위해서였다. 그녀는 편하게 자주 오는 사람들을 단골로 만드는 것이 훨씬 쉽다는 사실을 알고 있었다. 그래서 먼저 랜드마크 전략을 사용해 사람들을 불러 모으고, 다른 편의점보다 더 많은 상품, 더 친절한 서비스를 제공했다.

이 방법은 고객들을 단골로 만드는 데 굉장히 효과적이다. 《육일약국 갑시다》의 김성오 대표 역시 이 방법과 유사한 방법으로 큰 효과를 보았다.

그가 육일약국을 운영하던 시절에는 네비게이션도 없고, 스마트폰도 없었다. 그러다 보니 약국 문을 열고 길을 묻는 사람들이 많았다. 약국에 들어온 사람들은 아마 별 기대 없이 그가 길의 방향만 알려주길 바랐을 것이다.

하지만 그는 그것으로 만족하지 않았다. 손님이 없을 때는 약사 가운을 벗고 자리에서 일어나 직접 길안내를 해주었다.

"청송아파트요? 지 따라 오이소."

사람들은 처음엔 부담스러워하다가도 같이 걷다 보면 자신의 일상 이야기를 곧잘 하곤 했다. 길을 묻는 사람들뿐만 아니라 약국에 전화를 빌리러 오는 사람 또한 꽤 많았는데, 그는 사람들에게 언제나 부담 없이 전화기를 쓸 수 있도록 내주곤 했다. 이렇게 사람들과 하나 둘 인연을 맺기 시작했다. 사람들은 육일약국에 정을 느끼게 되었고, 그 결과로 약국에 찾아온 사람들뿐만 아니라 그들의 가족 전체가 단골이 되곤 했다.

또 당시에는 형편상 병원을 찾지 못하는 사람들이 약사와 상담하고 약을 지어 먹는 경우가 많았다.

김성오 대표는 고민 끝에 서 있는 상태에서 대화해야 하는 높은 테이블을 낮은 책상으로 교체해서 누구나 편히 앉을 수 있게 만들었다. 약사 혼자 권위적으로 보이지 않도록 약사용 좌석과 손님용 좌석도 똑같은 것으로 맞췄다. 그리고 그는 약국에 찾아오는 사람들에게 일단 앉으라고 권했다. 먼저 앉게 한 뒤에 드링크 한 병을 건네며 맞은편에 앉아서 편안한 분위기를 만들었다.

이렇게 손님들을 앉게 한 것은 꽤 효과적이었다. 그냥 서 있게 두었다면 용건만 끝내고 바로 나갔을 사람들이 일단 자리에 앉자 한결 여유로워지면서 약국 안에 좀 더 오래 머물게 된 것이다. 그러면서 자연스럽게 매출도 늘어나기 시작했고, 한 명 한 명이 약국에 머무르는 시간이 늘어나다 보니 손님이 계속 이어지는 효과까지 있었다.

그런데 그와 마주 앉은 사람들은 그를 마치 의사처럼 생각하는지

"○○약 주세요."가 아니라 "사흘 전부터 목이 아프고……."라고 증상을 설명하며 상담을 요청하는 것이었다. 그는 그런 손님들을 귀찮아하지 않고 그들의 궁금증이 해소될 때까지 최대한 친절하게 상담에 응했다. 그리고 자신이 모르는 것은 그 자리에서 바로 책을 찾아 알려주었다.

그런 그의 노력 덕분에 사람들은 병의 진행 상태와 약의 효능을 정확히 알 수 있었고, 당연히 약을 꾸준히 챙겨먹게 되었다. 그러다 보니 다른 약국들보다 처방 효과가 좋았던 것은 두말할 필요도 없다.

이렇게 성실한 상담으로 효과를 본 사람들은 진심으로 고마움을 느끼고 육일약국의 단골이 되었을 뿐만 아니라 스스로 영업사원이 되어 주변 사람들에게 약국을 홍보해주었다.

김성오 대표는 사람들이 약국에 오는 데 부담을 느끼지 않도록 배려해주었을 뿐만 아니라 최고의 친절과 서비스를 제공함으로써 많은 단골고객을 확보했다.

과연 누가 다른 사람의 영업장에서 아무것도 구매하지 않고 오랜 시간 동안 도움만 받으며 머무를 수 있겠는가. 비록 몇 번은 그렇게 할 수 있을지라도 누구나 약간의 부담은 느끼게 된다. 그런 상황에서는 그 부담을 떨쳐버리기 위해서라도 자신이 치러야 할 비용이 너무 크지 않다면 대부분 기꺼이 그 비용을 지불하고 매장의 상품을 구입할 것이다.

자, 이제 고객들을 부담 없이 오게 만들었고, 최고의 서비스를 제공하며 상품을 판매하는 단계까지 왔다. 이 정도만 해도 고객들은 충분히 단골이 될 것이고, 주변 사람들에게 당신의 상품과 서비스를 소개할 것이다.

하지만 당신은 경쟁자와의 대결에서 더 확실한 우위를 점해야 할 필요가 있다. 다음의 방법을 추가적으로 사용함으로써 말이다.

웅진그룹의 윤석금 회장은 앞에서도 보았듯이 단 한 명의 고객에게 24명의 고객을 소개받아 계약을 성공시켰다. 윤석금 회장은 자신의 저서 《긍정이 걸작을 만든다》에서 이렇게 말했다.

"단순히 제품만 팔고 세일즈가 끝났다고 생각해서는 안 된다. 고객이 그 제품에 얼마나 효용을 느끼고 있는가, 구입한 것을 후회하지는 않는가를 진심으로 염려하며 수시로 살펴야 한다. 고객이 제품을 구입한 뒤 돈이 아깝다는 생각이 들거나 사용하지도 않을 불필요한 제품을 샀다고 생각한다면 그 고객과의 인연은 오래 이어지기 어렵다. 반면 그 제품을 선택한 것에 대해 일말의 후회도 없다면 고객은 자진해서 다른 고객을 소개해준다."

최고의 세일즈맨들은 상품을 팔고 난 뒤 고객에게 전화를 걸어 상품에는 이상이 없는지, 만족하고 있는지 확인하는 절차를 반드시 거친다. 그들은 수많은 경험을 통해 본능적으로 알고 있다. 바로 그 순간이야말로 또 다른 고객을 소개받을 수 있는 절호의 기회라는 사실을 말이다.

최고의 자동차 세일즈맨인 톰 암스트롱은 렉서스를 고객에게 전달하고 나서 무슨 일이 있어도 24시간 이내에 전화를 걸어 이렇게 말했다.

"문제가 생기면 꼭 저에게 연락해주십시오. 저와 서비스 매니저가 한 팀으로 일하는 이유는 오직 고객님에게 봉사하기 위해서라는 사실을 잊지 않으셨으면 합니다."

이런 서비스 정신을 갖춘 세일즈맨이 정확히 당신이 필요로 하는 상품을 팔고 있다면 단골이 되지 않을 수 있겠는가? 단골이 되지 않는다는 것은 당신의 입장에서도 결국 손해를 보는 일이며, 바보나 하는 짓이 될 것이다.

소상공인들을 위한 핵심 영업 비법은 사실 충성고객 확보에 있다고 볼 수 있다. 대기업처럼 막대한 광고비를 쏟아 부으며 신규고객을 유치하는 것이 현실적으로 어렵기 때문이다.

충성고객을 확보하기 위한 전략은 여러 가지가 있다. 하지만 충성고객을 확보한답시고 상품의 가격을 낮춘다든가, 과도한 사은품 증정과 같은 방법은 비용적인 부담을 가중시킬 수 있기 때문에 소상공인이 이런 방법을 취하는 것은 위험하다.

대신에 소상공인들은 위에서 본 예와 같이 **손님들이** 부담 없이 자신의 매장을 (혹은 상품을) 찾을 수 있는 방안을 마련하고, 그렇게 해서 매장을 찾아온 (혹은 상품을 구입한) 손님들에게 최고의 서비스를 제공한다면 큰 비용을 들이지 않고도 충분히 충성고객을 확보할 수 있다. 주위 사람들에게 진정성이 느껴지는 입소문을 내주는 충성고객 한 명이 열 영업사원보다 낫다는 것은 두말할 필요도 없을 것이다.

상품의 전문가가 되어라. 최고의 영업자가 될 수 있다

자본금 300만 원으로 시작해서 100억 원대 매출을 올리는 유기농 농산물 기업인 '장안농장'의 류근모 대표에게도 힘든 시절이 있었다.

서울에서의 사업 실패 이후 먹고살기도 막막하던 시절, 아내의 조언으로 농사를 짓게 된 것이 장안농장의 시작이었다.

처음에 그는 막연히 채소를 재배하겠다고 생각했다. 그러나 농사에 대해서는 낫 놓고 기억 자도 모르던 그는 공부를 해야겠다는 생각에 전국에서 내로라하는 농사의 고수들을 찾아다녀보았지만, 그들에게서 그가 원하는 해결책은 찾을 수 없었다. 대부분의 고수들이 한때 잘나가던 시절의 기억만 떠올리며 그때의 방법에 매몰되어 있을 뿐 그 이상의 발전되고 체계화된 비법을 가지고 있지 않았던 것이다.

그래서 그는 낮에는 충주에 머물면서 농사를 짓고, 밤에는 가락동 시장으로 가서 각종 농산물이 어떤 과정을 거쳐 최종적으로 소비자의 밥상에 오르게 되는지를 조사했다. 우선 생산에서 유통, 판매에 이르기까지 농사와 관련된 모든 정보를 직접 발로 뛰어가며 배움으로써 자기만의 비법을 찾기 위해서였다.

그러던 와중에 마침 대한민국을 들썩이게 한 농약 사건이 터졌다. 그는 이 사건을 계기로 유기농 쌈 채소를 장안농장의 대표 상품으로 재배하기로 결정했다.

하지만 문제는 여기서 끝이 아니었다. 당시에는 농사를 지을 때 농약을 쓰는 것이 일반적이었기 때문에 유기농 재배 방법에 대해 아는 사람이 거의 없었다. 뭐라도 배울 게 없을까 싶어 책도 찾아보았지만, 친환경 농법을 다룬 책은 찾을 수가 없었다.

그렇다고 쉽게 포기할 그가 아니었다. 유기농 재배 방법에 대해 가르쳐줄 사람을 찾기 위해 전국을 돌아다니며 이 잡듯이 샅샅이 뒤지던 그는 결국 유기농 농법에 대해서는 대한민국에서 최고라 할 수 있는 고수를 어렵게 한 명 만날 수 있었다.

그는 환호했고, 기대감에 한껏 부풀었다. 그러나 그는 절대로 서두르지 않았다. 고수를 찾아가자마자 처음부터 바로 본론으로 들어가지 않고, 네 번까지는 그저 묵묵히 일을 돕기만 했다. 그리고 다섯 번째 만나는 날, 드디어 용기를 내어 말했다.

"농약을 안 뿌리고 채소를 키우는 방법을 배우고 싶습니다. 이 분야에서는 최고이시니 제발 저를 도와주십시오. 정말 잘할 자신이 있습니다."

다행히 고수는 그를 제자로 받아들여주었고, 이후 수시로 고수를 찾아가 유기농법을 배우기 시작했다. 어느 날은 하루에 세 번이나 찾아가기도 했다. 그만큼 그는 간절했고, 이번 일에 자신의 모든 것을 걸고 있었다.

물론 쉽지만은 않았다. 하루에도 몇 번씩 잡초를 뽑아야 했고, 벌레들은 수시로 공격해왔다. 그럴 때마다 농약을 뿌리고 싶은 유혹을 느꼈지만, 이를 악물고 참았다. 더구나 날벌레를 차단하기 위해 비닐하우스 전체에 모기장을 씌우면 바람이 통하지 않아 쌈 채소들이 말라 죽는 등 끊임없이 문제가 생기곤 했다.

그런 역경을 딛고 피땀 어린 노력 끝에 장안농장은 결국 유기농산물 인증을 획득하기에 이르렀다. 하지만 류근모 대표는 여기서 만족하지 않았다. 이후에도 새로운 농법이 있다는 소식을 들으면 그곳이 어디든 찾아가서 배웠다. 채소를 잘 자라게 해준다기에 키토산을 뿌려보기도 하고, 벌레를 쫓는 데 특효라는 목초액을 물에 희석해서 뿌리기도 했다. 심지어 한약 찌꺼기를 효소로 만들어 채소에 뿌린 적도 있었다. 그는 이때를 회상하며 "자나 깨나 상추 생각만 했다."고 말한다.

이렇게 열심히 공부한 결과 현재 장안농장이 보유하고 있는 '국내 최초' 타이틀은 100개가 넘는다. 류근모 대표는 배움을 청하기 위해 장안농장을 찾아오는 사람들에게 이렇게 말한다.

"농부들도 공부해야 합니다. 변하지 않으면 살아남을 수 없습니다.

최소한 한 달에 책 다섯 권은 읽어야 합니다."

공부하지 않는 사람이 살아남을 수 없다는 사실은 경쟁이 치열한 현대사회에서는 너무나 당연한 일이다. 하물며 누군가를 상대로 무언가를 팔아야 하는 사람이라면 더욱 그렇다. 고객들은 점점 똑똑해지고, 현명한 소비를 하기 위해 노력하기 때문이다.

게다가 고객들은 인터넷 검색 몇 번으로 사고자 하는 상품이나 서비스에 대해 손쉽게 정보를 얻을 수 있다. 만약 당신이 객관적인 정보를 토대로 '나는 당신에게 도움이 될 만한 사람입니다.'라는 인식을 주지 못한다면 고객은 일말의 미련도 없이 제대로 된 전문가를 찾아 떠날 것이다.

세계적인 입찰 제안 컨설팅 기업인 쉬플리코리아의 김용기 대표는 자신의 칼럼에서 모든 영업대표(그는 영업사원들을 영업대표라고 칭한다)들이 전문가가 되어야 하는 이유에 대해 정확히 설명하고 있다.

"고객은 몸이 아픈 환자들과 같다. 환자들이 왜 열이 나는지, 그리고 그 원인을 어떻게 해결할 수 있는지에 대해 모르듯, 고객 또한 문제 해결을 위한 솔루션이 무엇인지, 그리고 그 솔루션을 어떻게 구할 수 있는지에 대한 정보가 매우 부족한 상태이기 때문이다. 여기서 고객이 '몸이 아픈 환자'와 같다는 것은 바로 영업대표가 지향해야 할 목표를 알 수 있는 대목이다. 몸이 아픈 환자는 흔히 의사를 찾아가고, 의사에게 자신이 어젯밤에 무엇을 먹었고 뭘 했는지 등 자신의 행동과 상태에 대한 정보를 상세하게 말해준다. 그 이유는 환자들은 의사를 바로 자신의 병(문제)을 해결해줄 수 있는 전문가라고 믿고 있기 때문이다. 이와 같이 고객은 단순히 친하다는 이유만으로 중요한 정보를 알려주지 않는다. 그들이 정보를 줄 때는 상대방이 자신의 문제를 해결해줄 수 있는 '전문가'라고 인식하게 되는 경우다. 따라서 영업대표는 고객의 문제가 무엇인지 이해하고, 그 문제를 해결하기 위한 방법을 제시해줄 수 있는 전문가가 되기 위해 최선을 다해야 한다."

몸이 아파서 병원에 간 환자가 의사의 말에 반박하거나, 진료비가 비싸다며 깎아달라고 하는 경우는 없다. 오히려 돈을 내면서도 의사 선생님이라는 호칭을 쓰고, 그들의 말에 일희일비하며, 돈이 부족하면 어떻게든 마련하려고 노력하는 경우가 대부분이다. 의사라는 직업은 이미 사람들의 머릿속에 '내 병을 치료할 수 있는 능력이 있는 전문가'라고 강력하게 인식되어 있기 때문이다.

반대로 아무리 본인이 전문가라고 해도, 고객들에게 전문가로 느껴지지 않는 사람들도 있다. 고객들이 나를 전문가로 느끼도록 만드는 방법은 없을까? 의사처럼 확실한 전문가로 인식되어 있지 않는 한, 영업을 성공으로 이끌어가기 위해서는 먼저 자신이 전문가임을 고객이 느끼도록 만드는 단계가 필요하다.

한국영업관리학회장을 맡고 있는 경희대 경영대 박찬욱 교수는 인터뷰에서 이렇게 말했다.

"최근에는 영업의 고도화가 진행되면서 전통적인 접근 방식에서 벗어나 가치 제공을 중심으로 자문적 영업을 수행할 수 있는 영업사원의 역량이 강조되고 있다. 자문적 영업은 단순히 제품을 판매하는 것을 넘어서서 고객의 문제를 해결하거나 고객이 미처 생각하고 있지 못한 새로운 가치를 제공하는 형태로 이뤄지는 영업을 의미한다."

또한 영업에서 대표적인 세 가지 역량인 사회적 관계 형성 역량, 자문적 영업 관련 역량, 기술·지식 관련 역량이 영업성과에 미치는 상대적인 영향력을 분석한 결과를 이야기했다.

"자문적 영업 관련 역량이 영업성과에 가장 많은 영향을 미치고, 그다음으로 기술·지식 관련 역량, 마지막으로 사회적 관계 형성 역량이 많은 영향을 미치고 있는 것으로 나타났다."

영업성과에서는 자문적 영업 관련 역량이 전문성(기술·지식 관련) 역량보다 더 많은 영향을 미친다는 것이다. 어째서 이런 결과가 나올까? 대답은 간단하다. 자문적 역량이야말로 고객으로부터 영업자를 전문가로 인식시키기 위한 가장 좋은 수단이기 때문이다. 아무리 본인이 뛰어난 전문성을 가지고 있다고 해도 고객들이 전문가로 인식하지 않으면 아무 의미가 없다.

전문성 역량을 가진 사람은 고객의 문제를 해결해줄 수 있지만, 자문적 역량을 가지고 있는 사람은 고객이 인지하고 있지 못한 새로운 문제까지 이끌어낼 수 있다. 실제로 이 자문적 역량은 사람들의 구매 욕구를 자극시키는 데 엄청난 효과가 있다.

혹시 당신은 꽤 똑똑한 친구와 대화를 나누다가 예상치도 못한 구매 욕구를 느낀 적은 없는가? 세계적인 세일즈 컨설팅사 허스웨이트의 설립자인 닐 라컴의 사례처럼 말이다.

닐은 평생 동안 세일즈에 대해 연구한 사람이지만, 조언을 해주는 친구 앞에서는 속수무책이었다. 어느 날 그는 엔지니어 친구와 대화를 나누던 도중 생각지도 못했던 차에 대한 심각한 문제점들을 인식하게 되었다. 다음은 닐의 저서 《당신의 세일즈에 SPIN을 걸어라》에 나오는 일화다

친구 "닐, 자네 차 어떤가?"

닐 "그런대로 괜찮아. 좀 낡기는 했지만 타고 다니는 데는 별 지장이 없네."

친구 "새 차를 살 생각이 전혀 없단 말인가?"

닐 "그래. 앞으로 좀 더 탈 수 있을 것 같아."

친구 "자네 차는 구입한 지가 7년이나 됐네. 따라서 업무용 운행에 대해 감가상각을 전혀 주장할 수 없지 않나?"

닐 "그건 자네 말이 맞아."

친구 "그렇다면 연말 세금 공제 때 매년 2,000달러 정도는 손해를 보고 있는 거잖아?"

닐 "직접 계산해본 적은 없지만, 그렇게 많으리라고는 생각하지 않았네. 그런데 자네 말이 맞는 것 같아."

친구 "게다가 7년이나 됐으니 아무래도 연비가 좋지 않을 텐데?"

닐 "맞아. 예전에도 연비가 썩 좋진 않았지만 최근에는 더 떨어진 것 같아."

친구 "그것 때문에 비용이 더 들겠군?"

닐 "그렇지."

친구 "그리고 자동차가 오래되다 보니 수리비도 많이 들지 않나?"

닐 "사실이야."

친구 "그렇게 오래된 차의 신뢰성 문제에 대해서는 어떻게 생각하나?"

닐 "그것도 걱정이야. 지금까지 고장이라곤 두 번밖에 나지 않았지만, 출장이라도 떠날 때면 아무 문제없이 잘 다녀올 수 있을까 은근히 걱정이 된다네."

친구 "고장이 날 경우 차의 부품을 구하기는 쉬운가?"

닐 "아직은 별 문제가 없었지만…… 아무튼 좋은 지적이네."

친구 "만약 고장이 나서 부품을 구하는 데 몇 달씩 기다려야 한다면 그것도 문제가 되지 않을까?"

닐 "하긴 그래. 그러고 보니 이제 새 차를 구입해야 할 것 같은데…… 자네라면 내게 어떤 차를 권하고 싶나?"

엔지니어 친구는 닐에게 차를 팔려는 목적으로 대화를 이끌어간 것이 아니었다. 단지 자신이 가진 지식을 토대로, 친구가 간과하고 있는 사항들에 대해 알려주고자 했을 뿐이다. 하지만 이 대화를 통해 닐은 전혀 생각지도 못했던 자신의 차의 문제에 대해 다시 한 번 생각하게 되었다.

마지막에 닐이 친구에게 "자네라면 내게 어떤 차를 권하고 싶나?"라고 물은 것을 보면 닐이 친구에게 얼마나 의지하고 있는지 알 수 있다. 닐은 전문가들의 세일즈 능력에 대해 이렇게 덧붙였다.

"전문가들은 자신이 생각하는 것보다 세일즈에 능숙하다. 필자의 친구는 세일즈에 대해서는 문외한인 컨설팅 엔지니어다. 그런데도 그는 판매 전문가들보다도 99% 더 효과적으로 필자의 현재 니즈Needs를 개발시켰다."

신뢰가 가는 사람이 객관적인 정보를 토대로 진지하게 자신의 문제를 알려준다면 누구나 그 사람에게 의지하고 싶은 마음이 생긴다. 그 사람이 나의 문제를 해결해줄 수 있는 유일한 전문가로 느껴지기 때문이다.

자신이 판매하는 상품에 대해 철저히 공부하고 전문성을 쌓아라. 그다음은 고객이 모르는 고객의 문제를 찾아서 당신만이 그 문제를 해결할 능력이 있음을 알려라. 누구든지 당신에게 의존하고 싶어질 것이다.

팔려고 하지 말고
사게 하라

다이아몬드 베이 투자그룹의 설립자이자 회장인 조단 워즈는 젊은 시절 어느 날 인생을 바꿀 만한 교훈을 배우게 되었다.

먹고살기 위해 수상비행기를 팔고 있을 때였다. 그는 수상비행기에 조금이라도 관심을 보이는 고객들이 있으면 즉시 쫓아가 장점을 늘어놓곤 했다.

"이것은 아주 멋진 비행기입니다! 이 수상비행기는 굉장하죠! 수상비행기를 소유하면 아름다운 창공을 멀리까지 날아가서 호수에 착륙하여 낚시와 캠핑을 즐길 수 있으니까요. 이제 이 수상비행기의 모든 특징을 설명해드리겠습니다."

하지만 이상하게도 그가 말을 하면 할수록 고객들은 오히려 귀를 닫고 들으려고 하지 않았다. 심지어 짜증을 내는 고객조차 있었다. 조단은 이런 고객들을 도저히 이해할 수 없었다.

그렇게 한동안 수상비행기를 한 대도 팔지 못하자, 그는 결국 방법을 바꾸기로 결정했다. 수상비행기를 팔기 위해 고객들에게 홍보하는 것을 그만두고 고객과의 대화를 전혀 다른 방향으로 전개해 나간 것이다.

그는 입을 다물고, 그저 고객이 하고 싶은 말을 실컷 하도록 내버려두었다. 고객들은 수상비행기에 대해 대화하는 것을 좋아했다. 다만 조단으로부터 이야기를 듣는 것이 아닌 자신이 직접 수상비행기에 대해 이야기하는 것을 더 좋아했다.

"오, 나는 수상비행기에 대해 모든 것을 알고 있어요. 수상비행기를 조종한 시간만 총 5,000시간이랍니다. 수상비행기를 타고 알래스카까지 비행한 적도 있어요. 그 이야기를 해드릴게요."

고객은 쉬지 않고 자신이 겪었던 수상비행기에 대한 이야기를 이어갔다. 이 대화의 끝이 어땠을지 짐작이 가는가? 고객은 혼자 쉴 새 없이 떠들다가 마침내 몹시 흥분하며 마무리를 지었다.

"아시다시피 이 수상비행기를 내가 산다면 멋질 겁니다. 값은 내가 생각했던 것 이상이지만요. 하지만 과감하게 돈을 써야 하는 경우도 있는 법이죠. 전에 수상비행기를 가졌을 땐 정말 즐거웠어요. 아내와 상의해보고 연락드리겠습니다."

다음 날 고객으로부터 수상비행기의 구매 계약금을 보내겠다는 전화가 왔다. 조단은 놀라지 않을 수 없었다. 그가 수상비행기를 팔기 위해 그토록 애를 쓰고 노력했을 때 고객들의 반응은 어떠했는가? 시큰둥하고, 짜증내고, 심지어 화까지 내면서 그를 피하지 않았던가. 이번에는 아무 노력도 하지 않고 이야기만 들어주었을 뿐인데 수상비행기를 구매하겠다니, 이게 어찌 된 일일까?

그는 저서 《백만장자 비밀수업》에서 이 사례에서 얻은 교훈에 대해 이렇게 이야기했다.

"내가 그에게 수상비행기를 판 것일까? 아니다. 그는 스스로 수상비행기를 산 것이다. 내가 한 일이라고는 기회를 제공하고 결국 그에게 길을 비켜준 것이 전부였다. 나는 그의 욕구나 필요성에 관계없이 그에게 수상비행기를 팔려고만 했다. 그러나 내가 입을 다물고 그가 원하는 것과 필요한 것에 대해 이야기하도록 만들자마자 그는 그것이 바로 이 수상비행기라고 결심한 것이다. 이 경험을 통해서 나는 커다란 교훈을 배웠다. 최고의 판매 테크닉은 고객들로 하여금 스스로를 확신하도록 만드는 과정이다. 누군가에게 무엇인가를 '팔아야 한다면' 그것은 최상의 판매 테크닉이 아니다. 재화나 서비스 자체가 자연스럽게 팔려야 한다. 그리고 여러분의 상품이 고객에게 맞지 않는 경우 다른 고객에게 접근해야 한다."

실제로 많은 영업사원들은 젊은 시절 조단이 했던 실수와 마찬가지로 자신이 판매하는 상품에 대해 쉴 새 없이 떠들어대는 경향이 있다. 상품에 대한 하나의 장점이라도 빼먹고 말하면 그것 때문에 안 팔렸다고 믿는 모양이다.

만약 당신이 '호혜성의 법칙'을 알게 된다면 이런 착각에서 벗어날 수 있을 것이다.

전설적인 세일즈 컨설턴트인 지그 지글러는 저서 《당신에게 사겠습니다》에서 호혜성의 법칙이 세일즈에 얼마나 많은 영향을 끼치는지 이야기했다.

"우리가 잠재고객의 관심거리, 욕구, 취미, 그리고 다른 생각들을 주의 깊게 들을 때 우리는 그만큼 그들에게 부담을 주는 것이다. 우리에게 뭔가 빚을 졌다고 느끼는 고객들은 우리가 자신들을 대우해 준 만큼 우리 얘기를 경청한다."

다시 말해 당신이 고객들의 이야기를 많이 들어주면 들어줄수록 그들은 당신에게 빚을 진 느낌을 받게 된다는 것이다. 수상비행기를 팔기 위해 조단이 했던 가장 현명한 행동 역시 고객의 말을 끝까지 들어주며 입을 다물고 있는 것이었다.

하지만 여기서 당신은 의문을 제기할 것이다. 수상비행기를 구매한 고객은 이미 수상비행기에 대해 많이 알고 있었고, 관심이 있었기 때문에 그런 결과가 나온 것이 아니냐고. 그렇다면 이번에는 다른 사례를 보자.

골드만삭스의 말단 영업사원으로 시작해서 사장의 자리에까지 오른 도키 다이스케는 '고객의 마음을 사로잡는 일'을 영업의 가장 중요한 가치라 생각했다. 심지어 그는 고객의 마음을 사로잡기 위해 고객뿐만 아니라 고객이 근무하는 회사의 역사나 판매하고 있는 상품에 대해서도 관심을 가지기 위해 노력했다. 현직에 있는 사람은 물론 퇴직한 사람조차 오랜 세월 몸담은 회사와 회사의 상품에 대한 자부심이 높다고 생각했기 때문이다.

어느 날 고객과의 미팅을 위해 마쓰시타 전기에 찾아갔을 때 그는 담당 임원에게 물었다.

"창업자이신 마쓰시타 고노스케 회장님은 알려진 대로 역시 훌륭한 분이셨습니까?"

이 질문은 획기적이었다. 마쓰시타 고노시케 회장은 일본을 대표하는 기업인 마쓰시타 전기의 창업자이자 훌륭한 리더였기 때문이다. 질문을 받은 그 임원은 즉시 호의적인 태도를 보이며 대답했다.

"나도 젊은 시절에 뵌 적이 있는데 정말로 굉장한 분이셨습니다. 흥미가 있으시면 그분에 대해 좀 더 자세하게 설명해드릴 테니 다음에 한 번 다시 오세요."

나중에 다시 찾아가자, 그 임원은 다이스케를 회의실로 안내한 후 마쓰시타 고노스케 회장의 지도력과 사고방식에 대한 상세한 프레젠테이션을 해주었다. 그리고 프레젠테이션이 끝난 후에는 회사 식당의 상석에 앉혀 점심식사까지 대접해주었다.

고객은 자신이 근무하는 회사에 자부심이 큰 사람이었기 때문에 그 회사의 역사나 창업자에 대해 관심을 보인 사람에게 호의를 베풀었던 것이다. 그 임원이 잠시 자리를 비우자 임원의 비서는 다이스케에게 와서 이런 귀띔을 해주었다.

"저희 상사의 마음을 제대로 얻으셨군요."

다이스케는 이 사례를 예로 들며 저서 《왜 나는 영업부터 배웠는가》에서 말했다.

"고객에 대해 잘 알지 못하면 당연히 고객을 이해할 수 없고, 마음을 사로잡을 수도 없다. 그리고 마음을 사로잡지 못하면 고객에게 필요한 것을 전달할 수도 없다. 그렇기 때문에 나는 영업을 할 때 가장 우선적으로 해야 할 일은 '고객에 대한 이해를 바탕으로 마음을 사로잡는 것'이라고 생각한다."

그는 고객이 어떤 것에 관심이 있는지, 어떻게 해야 고객의 마음을 사로잡을 수 있는지를 정확하게 알고 있었다. 그가 사용한 방법의 핵심은 고객이 관심을 보이는 주제에 대해 질문하고, 자신에게 호감을 가지도록 함으로써 원하는 것을 얻는 것이다. 당신이 팔려는 상품에 대해서만 다짜고짜 이야기한다면 절대 고객의 마음을 살 수 없다.

오히려 상품에 대한 이야기는 잠시 뒤로 미뤄두고 상대방의 관심사에 대해 먼저 이야기를 나눠라. 고객의 마음을 얻지 못하면 상품에 대한 설명은 고객의 거부반응만 일으킬 뿐이다. 따라서 고객이 말을 많이 하게 하기 위한 가장 좋은 방법은 고객의 관심사를 사전에 파악하고, 그것에 대해 진심 어린 질문을 던지는 것이다.

그렇다면 질문 중에서도 좋은 질문이 있을까? 물론이다. 여기서 질문의 목적은 상대방으로부터 이야기를 많이 이끌어내는 데 있다.

이를 위해서는 'YES'나'NO'와 같은 단답형으로 대답할 수 있는 '닫힌 질문'이 아닌 '열린 질문'을 하는 것이 중요하다. 이해를 돕기 위해 예를 들어본다.

닫힌 질문　　"현재 타고 다니는 차에 만족하세요?"

　　　　　　　→ YES나 NO로 충분히 대답할 수 있다.

열린 질문　　"차를 구입할 때 가장 중요하게 생각하는 것이 뭔가요?"

　　　　　　　→ YES나 NO로 절대 대답할 수 없다.

위와 같이 닫힌 질문은 대화의 흐름을 뚝뚝 끊기게 한다. 고객이 말을 많이 하게 하고 싶다면 열린 질문을 연습해야 한다. 인간관계와 대화의 고수들일수록 열린 질문에 능하며, 성공한 세일즈맨은 모두 열린 질문의 대가인 경우가 많다.

두뇌학자로 유명한 홍양표 박사는 실험을 통해 사람은 질문을 받으면 뇌에 에너지가 생긴다고 말한다. 질문을 받은 사람들의 뇌가 열심히 움직이며 에너지를 발생시킨다는 것이다. 이처럼 사람은 누구한테든 질문을 받으면 본능적으로 거기에 대한 대답을 찾게 된다.

질문을 많이 하는 사람은 대화에서 주도권을 잡게 되고, 우리는 성공적인 영업을 위해 대화의 주도권을 잡아야 한다. 대화의 주도권을 가지고 있으면서 고객의 마음을 얻어야 하고, 그러기 위해서는 상품이 아닌 그들의 관심사에 대해 이야기해야 한다.

고객의 관심사에 대해 열린 질문을 하라. 그리고 고객의 말을 열심히 경청하다 보면 그들은 당신에게 빚을 졌다고 느끼고 당신이 파는 상품에 대해 반드시 물어볼 것이다.

마지막으로 세일즈 분야에서 오래도록 전해져 내려오는 격언을 참고하기 바란다.

"**당신이** 말을 하면 당신이 팔려는 것이고, 고객이 말을 하면 고객이 사려는 것이다."

판매로 직결되는
쉽고 간단한 설명

1990년, 스탠퍼드 대학에서 심리학 박사 학위를 딴 엘리자베스 뉴턴은 한 가지 실험을 했다. 그녀는 실험 참가자들에게 '두드리는 그룹'과 '듣는 그룹' 중 하나의 역할을 맡도록 주문했다.

'두드리는 그룹'에 들어간 사람들은 전 세계인이 알 법한 노래(예를 들면 〈해피 버스데이〉와 같은)를 들으며 리듬에 맞춰 손가락으로 책상을 두드리는 역할을 맡았다. 그들은 '듣는 그룹'에 속한 사람들이 자신의 손가락으로 두드리는 소리를 듣고 노래의 제목을 맞힐 수 있도록 최대한 리듬을 맞추기 위해 노력했다.

이 실험에서 '두드리는 그룹'에 있는 사람들은 120곡을 들으며 손가락으로 두드렸는데, '듣는 그룹'에 있는 사람들은 고작 3곡의 제목만 맞힐 수 있었다.

하지만 이것은 손가락으로 두드리는 리듬을 듣고 얼마나 많은 노래의 제목을 알아맞힐 수 있느냐에 초점을 둔 실험이 아니었다. 듣는 사람들이 노래의 제목을 추측하기 전에 뉴턴은 '두드리는 그룹'에 있는 사람들에게 물었다.

"듣는 사람들이 몇 곡이나 제목을 알아맞힐 것 같습니까?"

그런데 놀랍게도 두드리는 그룹에 있는 사람들은 듣는 그룹의 사람들이 50% 이상 노래의 제목을 알아맞힐 수 있을 것이라고 생각했다. 실제로는 2.5%에 그쳤는데도 말이다.

우리는 이 실험에 대한 결과를 보고 '지식의 저주'라고 부른다. 자신에게는 너무 익숙하고 쉽다고 해서 다른 사람들도 그럴 것이라는 무책임한 확신을 하는 것이다.

이 지식의 저주는 우리의 일상에서 너무나 비일비재하게 일어난다. 회사에서는 직장 상사가 신입사원에게 "이렇게 쉽게 설명해주는데 왜 이해를 못하나?"라고 구박하고, 선생님은 학생들에게 "중요한 것을 알려주는데 너희들은 잠만 자니?"라고 하는 경우다. 신입사원들과 학생들은 외계어 같은 단어들만 늘어놓으니 당신의 설명을 이해하지 못하고 어리둥절해하거나 잠을 자버리는 것이다. 이것은 듣는 사람의 잘못이 아니다. 굳이 잘잘못을 따진다면 말하는 사람이 '지식의 저주'에 빠진 것이 잘못이다.

그렇다면 상품을 팔기 위해 상품을 설명해야 하는 영업사원들의 입장에서는 어떨까? 특이하게도 그들의 불만은 조금 다르다. "아무리 설명해도 사람들이 이해를 못해요."라는 불만보다 "고객들이 이해하는 표정을 짓는데 사지는 않아요."라는 불만을 토로하는 경우가 더 많다.

지그 지글러는 이것에 대해 고객들이 자신이 거절하는 진짜 이유를 밝히지 않기 때문이라고 말한다.

"어떤 잠재고객은 거절하는 진짜 이유를 밝히지 않으며 또 어떤 잠재고객은 자기가 왜 거절하는지 그 진짜 이유를 모르기도 한다. 둘 중 어느 경우든 이런 잠재고객들은 심리적인 수준에 머물러 있다. 돈이 없다는 사실에 당혹스러워하는 잠재고객이나 세일즈맨이 말하는 내용을 이해하지 못하는 잠재고객은 스스로 진짜 이유를 밝힐 수 없다. 자신이 가난하거나 똑똑하지 못하다고 느끼게 되면 잠재고객의 자존심이 발동해 관심 없다는 말을 하게 되는 것이다."

고객의 입장에서는 영업사원에게 굳이 모른다고 말해서 자존심을 구길 필요가 없다. 영업사원이 말하는 것을 이해하는 척하면서 자존심은 지키고 상품은 사지 않으면 되기 때문이다. 그런데 이 사실을 알고 있으면서도 또다시 실수를 저지르는 세일즈맨이 있다. 자신은 엄청 쉽게 풀어서 말한다고 생각하는데, 그렇게 풀어서 말하는 것 또한 고객에게는 어려운 경우다.

홈쇼핑 판매의 기네스 기록을 세운 장문정 씨의 저서 《한마디면 충분하다》에 나와 있는 사례를 보자.

"한번은 어느 시계 브랜드에서 내게 판매사원들을 위한 표준화된 세일즈 매뉴얼을 만들어달라고 부탁했다. 다음은 시계 판매자들이 일상적으로 쓰는 말을 내가 소비자 언어로 바꾼 것이다.

시계 판매자 용어	소비자 언어
드레스 워치	정장용 시계
스트랩	시곗줄
무브먼트	시계 작동장치
인덱스	시간 표시 눈금
블루 스틸 핸즈	시곗바늘
베젤	시계 테두리
케이스백	시계 뒷면
크로노그래프	시계 속 스톱워치
모노블록	케이스 접합면 없이 전체가 일체형으로 된 케이스
쿼츠 워치	태엽과 톱니로 움직이는 기계식 시계 대신 수정 진동자와 배터리로 움직이는 디지털 시계

이렇게 바꿔놓았더니 현장에서는 볼멘소리가 나왔다. 시계 소비자도 그 정도 용어는 다 알고 있다는 것이었다. 나는 곧바로 시계를 두 개 이상 갖고 있는 소비자들을 상대로 조사에 들어갔는데, 표에서 왼쪽 용어를 절반 이상 아는 사람이 전체의 5%도 채 되지 않았다. 전문가에게는 쉬운 것이 일반 소비자에게는 생소할 수 있다는 것을 잊으면 안 된다."

지식의 저주는 대부분 전문적인 용어의 사용에서 비롯된다. 그러나 이 무서운 저주도 굉장히 쉬운 방법으로 풀 수 있다. 당신이 파는 상품에 대해 전문적인 지식이 전혀 없는 사람들(가족이나 친구 등)에게 상품 설명을 하고 설명에 나온 용어들 중 모르는 용어를 물어보는 것이다. 당신과 친한 지인들은 자신이 모르는 용어에 대해 기꺼이 말해줄 것이다.

그러면 그들이 말하는 용어들을 받아 적고 위의 예시처럼 전문 용어와 소비자 언어로 구별하는 표를 만들어두자. 이것은 앞으로 당신이 할 세일즈에 엄청난 도움이 될 것이다.

자, 이제 당신은 전문 용어의 사용으로 인한 지식의 저주에서 벗어날 수 있게 되었다. 하지만 하나의 관문이 더 남아 있다. 아무리 단어를 쉽게 풀어서 이야기해도 고객에게 와 닿지 않는 설명이 있기 때문이다.

세일즈맨으로서 최고의 자리에 오른 사람들은 고객의 물음표를 느낌표로 바꿀 줄 안다.

"무슨 말인지 대충 이해는 되네."가 아닌 "아! 그런 거였구나!"가 되어야 한다는 것이다. 그러기 위해서는 쉬운 사례와 비유를 적절하게 활용할 줄 알아야 한다. 다음의 이야기를 보자.

황현진 씨는 가족과 함께 해외여행을 갈 계획을 짜고 있었는데, 굉장히 난감한 상황에 처하게 되었다. 부모님은 중국 베이징에 가고 싶어 하셨고, 아내는 일본 오키나와에 가고 싶어 했기 때문이다. 어느 한쪽의 편을 들어주기가 애매한 상황이었다.

그는 부모님과 아내에게 이유를 물어보았다. 부모님은 아예 들어보지도 못한 오키나와보다 가보지는 못했지만 그래도 낯이 익은 베이징이 더 좋다고 말씀하셨고, 아내는 추운 걸 워낙 싫어해서 따뜻한 오키나와에 가고 싶다는 것이었다.

마땅한 해결책이 없어 고민하고 있던 차에 아내에게 전화가 왔다.

"여보, 아버님, 어머님께서 오키나와에 가시겠대!"

어떻게 설득했느냐고 물어보니 아내는 오키나와에 대해서 짧게 한마디만 했을 뿐이라고 대답했다. 대체 그의 아내는 오키나와에 대해 들어보지도 못한 시부모를 어떻게 설득할 수 있었을까? 무슨 말을 했냐는 그의 질문에 아내의 대답은 간단했다.

"응, 일본의 제주도 같은 곳이라고."

황현진 씨는 저서 《세일즈, 말부터 바꿔라》에서 이렇게 말했다.

"아내는 시부모를 설득하지 않았다. 질문을 통해 '오키나와가 생소해서'라는 시부모의 속내를 듣고, 기대요소(해외지만 많이 낯설지 않은 곳으로 가고자 하는 '안심감')를 발견했을 뿐이다. 그리고 설명했다. 그렇다고 오키나와의 연간 강수량이 어떻고 지정학적 위치가 어떻고 따위의 난해한 이야기를 하지도 않았다. 익숙한 '제주도'라는 관념을 가져와 '오키나와'를 연상하게끔 했을 뿐이었다. 실제로 오키나와는 일본 내에서도 자국 관광객들이 가장 많이 찾는 휴가지기에 일본의 제주도라는 비유가 전혀 어색하지 않았다. 세일즈 화법도 마찬가지다. 강요해서는 안 된다. 고객이 스스로 연상할 때 말의 힘이 생긴다."

만약 그의 아내가 오키나와에 대한 전문적인 지식을 동원해가며 시부모를 설득하려 했다면 실패했을 것이다. 하지만 전혀 어렵지 않고 익숙한 이미지인 '제주도'에 오키나와를 비유함으로써 시부모에게 '아! 제주도 같은 곳이구나!'라는 느낌표를 줄 수 있었다.

이처럼 당신이 만약 당신이 말하고자 하는 바를 적절한 비유를 섞어가며 쉽게 표현해낼 수 있는 능력을 갖추게 된다면 고객들은 당신의 말에서 귀를 뗄 수 없을 것이다. 어려운 것을 쉽게 설명하는 능력은 어디에서나 최고의 기술로 인정받는다.

다음의 사례를 보며 쉬운 용어와 비유를 통한 설명이 얼마나 중요한지 느껴보기 바란다.

〈USA 투데이〉는 다양하고 쉬운 기사로 미국에서 가장 있기 있는 신문이다. 이 신문의 기자들은 아무리 어려운 주제라도 쉽게 풀어서 설명하는 엄청난 기술을 가지고 있는데, 케빈 매니는 그중에서도 손꼽히는 과학기술 전문 칼럼니스트다.

어느 날 그는 '브이엠웨어'라는 회사의 소개문을 쉽게 바꿔달라는 요청을 받았다. 당시 그 회사의 웹사이트에는 이런 설명이 적혀 있었다.

"브이엠웨어는 여러 분야, 특히 X86 아키텍처의 가상화와 하드웨어 자원 관리 분야에서 첨단 기술을 이용해 혁신적이고 유용한 소프트웨어 제품을 개발하는 회사입니다."

얼핏 봐도 어렵고 딱딱한, 전혀 와 닿지 않는 설명이었다. 매니는 자신의 능력을 십분 발휘해서 이 글을 완전히 바꿔놓았다.

"여러분이 네 개의 버너 위에 냄비 네 개를 올려놓고 스튜, 으깬 감자, 옥수수, 완두콩을 요리한다고 해보자. 이때 만약 브이엠웨어가 컴퓨터를 가상화하는 방식으로 여러분의 냄비를 가상화한다면 훨씬 더 융통성 있게 요리를 할 수 있다. 이 방식을 사용할 경우 버너 하나를 끄고 완두콩과 으깬 감자를 함께 담아도 이들은 각각 따로 요리된다. 냄비마다 여분의 공간이 생겨서 가상 냄비 하나로 두세 가지의 요리를 한꺼번에 할 수 있게 되면 여러분은 비용 절감을 위해 두 개의 버너를 꺼버릴지도 모른다."

이 엄청난 비유에는 많은 것들이 담겨 있다. 브이엠웨어가 무슨 일을 하는 회사인지, X86 아키텍처가 무엇인지, 그것을 사용하면 무엇이 이득인지 아무것도 모르던 고객들은 한 번에 모든 것을 이해할 수 있게 되었다.

결론적으로 이 글은 브이엠웨어의 기술자들과 고객들을 모두 만족시키는 완벽한 글이었다. 어려운 전문 용어를 없애고, 쉬운 비유를 통해 고객의 이해를 도왔기 때문이다.

앞으로 당신은 고객들을 '진짜로' 이해시키기 위해 아래의 두 가지를 반드시 염두에 두어야 한다.

Tip 1 전문 용어가 아닌 고객이 이해할 만한 언어를 사용하라.
Tip 2 고객에게 사례와 비유를 통해 이해시켜라.

절대로 지식의 저주에 빠져서는 안 된다. 마지막으로 장문정 씨의 저서 《한마디면 충분하다》에 나오는 멋진 비유를 참고하기 바란다.

"아무리 신나게 떠들어도 고객에게 전달되지 않으면 이것은 '꿈 속에서 잔치음식'을 먹는 것과 같다."

고객의 기억 속에
나를 각인시켜라

　누구를 만나든 당신이라는 사람을 머릿속에 확실히 각인시킬 수 있다면 어떨까? 세일즈를 하는 사람이 이런 능력만 갖출 수 있다면 그야말로 금상첨화다. 아무리 훌륭한 스펙과 전문성을 갖추고 있다 해도 고객의 기억 속에 자신을 각인시키지 못한다면 무용지물이 되기 때문이다.

　이 사실을 알고 있는 세일즈맨은 고객에게 자신을 각인시키기 위해 인상적인 자기소개를 준비하거나 특이한 명함을 가지고 다니기도 한다.

　하지만 안타깝게도 아무리 인상적인 자기소개도 고객의 귀에는 그냥 자기 PR쯤으로 들릴 뿐이고, 명함 또한 주머니 속에 들어가는 순간 까맣게 잊히는 경우가 대부분이다. 이에 대한 증거로 당신은 아마 "명함이 너무 인상 깊어서 계속 기억에 남았어요."라는 말을 들어본

적이 없을 것이다.

그렇다면 대체 어떻게 해야 고객들의 기억에서 잊히지 않고 살아남을 수 있을까?

김승민 씨의 저서 《세일즈 레시피》에 나와 있는 그의 사례를 보자.

"내가 기억하는 고객들 중 유난히 디테일하게 기억에 남는 고객이 있었다. 그 고객은 머리숱이 많지 않은 남성 고객이었다. 매우 차분하고 여유로운 행동과 말투가 인상적이었다. 그는 부인과 청소기를 사러 왔다. 최고급 제품을 망설임 없이 선택했다. 그 외에 특별하게 기억되는 상황은 없었다. 하지만 결제를 하기 위해 고객이 내민 카드와 개인 정보를 통해서 고객이 치과 의사라는 사실을 알게 되었다. 그후 약 1년쯤 지났을 때 나는 놀라운 사실을 알게 되었다. 익숙하긴 한데 정확히 누군지 기억이 가물가물한 고객이 있었다. 그 고객은 바로 그 치과 의사였다. 치과 의사라는 것을 기억하고 나니 무엇을 구매했는지부터 위의 구체적인 기억들이 줄줄이 되살아났다. 나의 기억 중에서 왜 치과 의사라는 기억이 가장 먼저 떠올랐을까? 그 이유는 고유명사이기 때문이다. 기억의 조각 중에 치과 의사라는 고유명사가 가장 먼저 떠오른 것이다. 고유명사만큼 기억하기 쉬운 것은 없다. 그후 나는 명함을 나눠줄 때 이름을 이야기하는 대신에 나를 대표할 수 있는 고유명사를 이야기했다. '얼굴이 동그란 사람을 찾아주세요.', '경상도 말투를 쓰는 사람을 찾아주세요.' 동그라미, 경상도 등의 고유명사를 사용해서 고객의 기억에 나를 각인시킨 것이다. 뿐만 아니라 동그라미라는 이미지를 활용해서 고객이 나를 더욱 강렬하게 기억하게 만들었다. 그 뒤로 나를 찾는 손님은 입구에서부터 크게 외쳤다. '얼굴 동그란 총각!', '경상도 말씨 쓰는 총각!' 물론 나를 찾는 손님은 줄을 이었다."

이 글을 보고 나는 고개를 끄덕이며 바로 공감했다. 나는 사람의 이름을 기억하는 것을 굉장히 어려워하는데, 이 단점을 보완하기 위해 핸드폰에 있는 수많은 사람들이 김 장군(공군장교)이라는 식으로 저장되어 있다. 만났던 사람의 이름이 기억나지 않을 때를 대비해 그 사람의 직업을 같이 적어놓은 것이다.

대부분의 경우 과거를 회상하다 보면 이름은 기억나지 않아도 그 사람의 특징, 만났던 장소 등은 얼추 기억이 난다. 누가 가르쳐주진 않았지만, 나는 만났던 사람들을 기억하기 위해 이 방법이 가장 효과적이라는 사실을 경험으로 깨닫고 있었다.

그리고 또 하나의 놀라운 사실은 내 지인들 중 직업의 특성상 많은 사람들을 만나는 사람은 모두 이와 비슷한 방법을 사용하고 있었다는 것이다. 그럼 이 방법이 정말 처음 보는 사람을 기억하는 데 효과가 있을까? 정말 그렇다면 우리는 김승민 씨가 사용한 방법을 비슷하게 활용하여 효과를 볼 수 있을지 모른다.

일본의 기억법 전문가이자 《1등의 기억법》의 저자인 야마구치 사키코는 세상에는 수많은 기억법이 있지만 결국 그 핵심은 아래의 두 가지로 함축된다고 말한다.

Key Point 1 기억은 시각 이미지를 좋아한다.
Key Point 2 기존 정보에 새로운 것을 연결해 의미(스토리)를 부여
한다.

우리가 보통 과거를 회상할 때 많은 사람과의 대화를 다 기억하지는 못하지만 그 상황은 기억할 수 있다. 처음 듣는 상대방의 이름보다는 하는 일(직업)이 더 기억에 남는다.

이를 토대로 생각해볼 때 '시각 이미지'와 '기존 정보에 새로운 것을 연결하는 것'이 기억의 핵심이라는 사실은 충분히 이해가 된다. 우리가 억지로 기억하려고 하지 않아도 무의식중에 기억되어 있는 정보들을 생각해보면 대부분이 이런 것들이기 때문이다.

게다가 기억법을 연구하는 전문가들은 이 두 가지의 원리를 이해하면 누구나 엄청난 기억력을 발휘할 수 있다고 말한다. 이 말을 뒷받침하는 또 하나의 사례를 보자.

2005년, 과학부 기자였던 조슈아 포어는 기억력의 천재들을 직접 보기 위해 '전미 기억력 대회'를 취재하러 갔다. 대회에 참가한 사람들은 무작위로 주어지는 수백 개의 숫자를 한 번 만에 외우고, 몇 분 만에 시를 통째로 외우기도 했다. 정말 믿을 수가 없을 정도로 대단

158

한 기억력이었다. 그들은 천재임이 분명했다.

조슈아는 그 대회에 참가한 수많은 암기력 천재들 중에서도 가장 뛰어난 에드 쿡을 인터뷰하기로 했다.

조슈아는 그에게 물었다.

"에드, 언제 당신이 평범하지 않은 걸 알았나요?"

에드가 대답했다.

"전 특별한 사람이 아닙니다. 실제로 제 기억력은 평범합니다. 이 대회의 참가자들은 모두 자신의 기억력은 평범하다고 말합니다. 믿기 힘든 암기력을 사용하기 위해서 저희들은 일련의 고대 기억력 기법을 사용하여 훈련하는데 이 기법은 2500년 전 그리스에서 만들어졌지요. 키케로는 자신의 연설을 암기하기 위해서 동일한 기법을 사용했고, 중세의 학자들도 여러 권의 책을 통째로 외우기 위해 이 방법을 사용했습니다."

그의 말에 흥미를 갖게 된 조슈아는 기억력을 훈련하는 방법에 대해 알아보기로 했다. 우선 그는 수많은 논문을 분석했다. 심지어 2000년 전의 중세시대에 쓰인 논문과 고대 라틴어로 된 내용까지 찾아가며 기억법에 대한 연구 결과들을 탐구했다.

그리고 그렇게 공부한 결과는 1년 동안 본인이 직접 시험해보았는데 그 훈련은 상상 이상의 엄청난 성과를 냈다. 처음 자신이 '기억력 천재'들을 취재하기 위해 찾아갔던 '전미 기억력 대회'에서 자신이 우승을 거머쥐게 된 것이다. 지극히 평범한 기억력을 가지고 있던 사람이 단 1년 만에 기억력 천재가 되는 순간이었다.

　그는 대체 어떤 방법으로 기억력 훈련을 했기에 1년 만에 이런 말도 안 되는 기억력을 갖게 되었을까? 조슈아 포어는 테드^{TED} 강연에서 자신이 연구한 기억법들 중 핵심만 짚어주었다.

　"시합에서 사용되는 암기 방법은 정말 많지만 사용되는 모든 암기 기술은 결국 한 가지 개념, 즉 심리학자들이 '정교하게 부호화하기'라고 부르는 개념으로 정리됩니다. 그리고 이 개념은 '베이커^{Baker} 씨(사람 이름) · 베이커^{Baker}(제빵사)' 이야기로 알려진 한 가지 역설로 묘사되는데 이는 다음과 같습니다. 만약 제가 두 사람에게 동일한 단어를 암기하라고 한다고 생각해볼게요. 한 사람에게는 '베이커라는 사람이 있다는 걸 기억하세요.'라고 말하고, 또 한 사람에게는 '제빵사로 일하는 한 남자가 있다는 걸 기억하세요.'라고 말합니다. 얼마 후 다시 돌아와 그 두 사람에게 이렇게 물어볼 겁니다. '제가 조금 전에 말했던 걸 기억하세요? 그게 뭔지 기억하나요?' 제가 이름이 베이커라고 말했던 사람은 직업이 제빵사라고 말했던 사람보다 기억에 남기가 어렵습니다. 같은 단어인데도 말이죠. 왜 그럴까요? 왜냐하면요, 베이커라는 이름은 실제로 어떠한 의미도 지니고 있질 않아요. 그 이름은 여러분의 머릿속에서 떠다니는 다른 모든 기억들 어디에도 연결되어 있질 않아요. 하지만 잘 알려져 있는 단어인 제빵사, 우린 그게 누구인지 압니다. 하얀색의 우스꽝스런 모자를 쓰고, 손에는 밀가루가 묻어 있고, 일을 마치고 집에 오면 맛있는 냄새가 나죠. 주변에 알고 있는 제빵사가 있을 수도 있죠. 처음으로 제빵사란 단어를 들으면 우린 이런 연상들을 그 단어에 연결하여 이후에는 보다 쉽게 그걸 사용할 수 있도록 합니다. 이러한 암기 대회에서 사용되는 모든 암기술과 일상생활에서 더 잘 기억하기 위한 암기술은 추상적인 베이커란 단어를 조금 더 친숙한 베이커로 변환하는 방법이죠. 여러분의 마음속에 있는 다양한 사물들을 고려하여 문맥과 중요도와 의미가 불충분한 정보를 특정한 방식으로 변환하여 의미 있는 단어로 만듭니다."

방금 전에 야마구치 사키코가 말했던 기억법의 두 가지 핵심 원칙을 기억하는가? 조슈아가 말하는 '정교하게 부호화하기'는 야마구치가 말한 '기존 정보에 새로운 것을 연결해 의미를 부여하는 것'과 '시각 이미지'를 모두 포함한 원리라고 볼 수 있다.

위에 있는 제빵사의 예시처럼 사람들은 기억을 할 때 이미지를 먼저 떠올리고 그 이미지를 새로운 것과 연결시키며 머릿속에 집어넣는다는 것이다.

이를 토대로 했을 때 고객들에게 자신을 확실히 인식시키려면 어떤 방법이 좋을까?

세일즈맨이 고객에게 자신을 인식시킨다는 것은 단순히 기억만 나게 하는 것이 아니라 경쟁자들보다 차별화된 기억으로 남는다는 것을 의미한다.

똑같이 부동산을 파는데 '부동산 중개사 김 장군' 이라고 기억을 남겨봐야 별로 좋을 것이 없다. 어떻게 하면 똑같은 부동산 중개사들 중에서도 확실히 기억에 남는 중개사가 될 수 있을까?

뉴욕 최고의 부동산 중개인인 프레드릭 에크룬드는 고객을 만날 때나 사람들을 만날 때마다 하이 킥을 한다. 하이 킥은 그의 트레이드마크이며 사람들을 웃게 한다.

사람들은 매일 프레드릭에게 뛰어가서 함께 하이 킥을 하며 사진을 찍어달라고 부탁한다. 고객들은 프레드릭의 하이 킥을 보며 당황하기도 하지만 대부분은 좋아한다. '이 사람은 자신감이 넘치는구나. 이 정도 자신감이라면 당연히 전문성도 뛰어나겠군!' 하고 반가워하는 것이다.

그는 자신의 저서 《모든 것이 세일즈다》에서 이렇게 말했다.

"사람들이 나를 생각할 때면 하이 킥을 떠올릴 것이다. 이제 하이 킥은 나를 넘어서 산다. 말콤 글래드웰의 《티핑 포인트》를 읽어봤는가? 티핑 포인트는 어떤 아이디어, 트렌드, 사회적 행동이 임계점을 넘어 살짝만 건드려도 삽시간에 퍼지는 마법 같은 순간이다. 사람들은 매일 내게 뛰어와서 함께 하이 킥을 하며 사진을 찍어달라고 부탁한다. 택시들은 창문 밖으로 하이 킥하는 사람들을 태우고 지나간다. 공사장 인부들은 비계에서 '프레드릭!' 하고 소리 지르며 하이 킥을 한다. 지난주에는 뉴어크 공항 세관에서 세관원이 내 여권을 보더니 자리에서 일어나 하이 킥을 했다!"

당신의 트레이드마크가 이동해 다니면서 당신을 위해 일하고 있다고 생각해보자. 그러면 단순히 주목만 받는 것이 아니라 저절로 홍보 효과를 얻게 될 것이다.

고객이 거절하기
힘든 제안

1961년, 예일 대학교의 심리학과 조교수 스탠리 밀그램은 파격적인 실험을 감행했다. 그는 4달러를 대가로 피험자들을 모집했다. 그렇게 모인 사람들에게는 선생과 학생의 두 가지 역할이 각각 주어졌다. 당시 피험자들이 실험에 대해 들은 것은 '징벌에 의한 학습 효과'라는 제목뿐이었다.

연구팀은 선생과 학생 한 명씩 한 그룹으로 묶어 실험을 실시했다. 학생 역할을 맡은 피험자는 의자에 묶고 몸 양쪽에 전기충격 장치를 연결했다. 선생 역할의 피험자들에게는 학생이 풀어야 할 문제를 알려주고, 학생들에게는 암기해야 할 단어들을 제시했다. 그리고 선생 역할을 맡은 사람이 문제를 내게 했다. 또 연구팀은 학생이 문제를 틀릴 때마다 선생에게 직접 전기 충격 스위치를 작동시키게 했다.

실험 결과는 끔찍했다. 학생들은 연이어 문제를 틀리기 시작했고,

선생들은 연구팀의 지시에 따라 순순히 전압을 올렸다. 학생들이 고통으로 몸부림치는 모습을 지켜보면서도 말이다.

하지만 다행히도 이 실험의 주제는 피험자들에게 사전에 고지했던 것과는 달랐다. 실험의 목적이 '징벌에 의한 학습 효과'가 아닌 '권위에 대한 복종'이었던 것이다. 학생 역할을 맡은 피험자들도 모두 배우들이었으며 전기충격 또한 가짜였다.

밀그램은 실험을 시작하기 전까지만 해도 약 0.1%의 극소수의 사람들만이 학생들을 대상으로 450V까지 전압을 올릴 것이라고 생각했다. 하지만 대부분의 사람들은 연구팀의 말에 순순히 따랐다. 무려 65%의 피험자들이 450V까지 전압을 올렸던 것이다.

밀그램은 이 실험 결과로 사람들이 권위와 지시에 굴복하는 이유가 개인의 성격보다는 상황에 달려 있다는 것을 알았다. 또 굉장히 설득력이 있는 상황이 생기면 아무리 이성적인 사람이라도 윤리적, 도덕적인 규칙을 무시하고 잔혹한 행위까지도 저지를 수 있다는 사실을 증명해냈다.

1971년에 스탠퍼드 대학의 필립 짐바르도 심리학 교수가 했던 실험 또한 '사람들의 행동은 개인의 성격이 아닌 상황에 의해 좌우된다.'는 것을 보여준다.

짐바르도 교수는 70명의 지원자들 중 심리적으로 안정되고 육체적·정신적 장애가 없으며, 과거 범죄나 약물 남용의 이력이 없는 남자 24명을 선발했다. 선발된 사람들은 모두 중산층 가정에서 좋은 교육을 받아온 대학생들이었다.

짐바르도 교수가 실험을 시작한 목적은 '수감자와 교도관 각각의 특징과 감옥의 어려운 상황을 이해하는 것'에 있었다. 하지만 이 실험은 전혀 다른 결과를 낳았다.

실험은 스탠퍼드 대학 심리학과 건물 조던 홀의 지하실에서 이루어졌다. 피험자들은 두 팀으로 나뉘어 각각 교도관과 수감자의 역할을 맡았다.

실험은 체계적으로 이루어졌다. 교도관 역할의 피험자들은 세 명씩 3조로 나뉘어 하루 3교대 근무를 하였으며, 죄수들은 세 개의 감방에 나뉘어 수감되었다. 교도관들은 수감자를 제압하기 위한 곤봉, 눈을 마주치지 않기 위한 선글라스, 카키색의 교도관 옷을 받았다. 수감자들은 억지로 입혀놓은 듯한 겉옷과 머리에는 스타킹을 씌워 최대한 불편하게 만들었다. 교도관들은 수감자들의 이름 대신 옷에 적혀 있는 번호로 불렀다.

2003년에 나온 〈스탠퍼드 감옥 실험〉 비디오에 나오는 내용을 보면, 짐바르도 교수가 교도관 역할의 피험자들에게 말한 내용을 알수 있다.

"당신은 수감자들에게 지루함을 느끼게 할 수 있으며 어느 정도 공포감을 조성할 수 있습니다. 당신은 독단적으로 행동할 수 있으며 그 행동인즉 수감자들의 운명은 전적으로 우리와 시스템에 의해 조

종되고 당신, 나 그리고 수감자들은 어떠한 사생활도 없습니다……. 우리는 그들의 개성을 다양한 방법으로 없앱니다. 대개 이러한 모든 것을 야기한 것은 무력함입니다. 즉, 이 상황에서 우리는 모든 통제권을 가지고 있으며 그들은 어떠한 힘도 가지고 있지 않습니다."

실험 결과는 어땠을까? 교도관들은 진지하게 자신의 역할에 몰두했으며 이것은 수감자들의 반발을 일으킬 정도였다. 교도관들은 수감자들이 생리현상을 마음대로 해결할 수 없도록 했으며, 변기통을 비우지 못하게 하고, 매트릭스를 빼앗아 콘크리트 바닥에서 자게 하는 등의 벌을 주기도 했다. 심지어 몇몇 수감자들을 벌거벗은 채로 돌아다니게 해서 성적 수치심을 안겨주기도 했다.

이러한 교도관들의 행동은 날이 갈수록 심해졌고, 결국 2주로 예정되어 있던 실험이 6일 만에 중단되었다. 이들은 실험 전만 해도 분명히 평범한 학생에 불과했다. 하지만 단 며칠 만에 자신의 역할에 스며들었고 실제로 그렇게 된 것처럼 행동했다.

우리는 스탠리 밀그램과 필립 짐바르도 교수의 실험을 통해 사람의 행동이 개인의 성향이 아니라 상황에 좌우될 수 있다는 것을 배웠다. 그렇다면 이 사실을 세일즈에는 어떻게 적용할 수 있을까?

세계 최고의 자동차 세일즈맨인 조 지라드는 그 방법을 명쾌하게 알려준다. 그는 고객을 대할 때마다 항상 '이미 판매가 된 것처럼' 행동하는 것을 세일즈의 철칙으로 삼았다. 이것은 본격적인 세일즈에 들어가기 전에 고객을 원하는 상황으로 이끄는 과정이다. 좀 더 구체적인 예를 들면 지라드는 고객의 입에서 "아니오."라는 대답이 나오는 질문은 하지 않았다.

"2도어 모델을 원하십니까?"라고 묻지 않고, "2도어 모델을 원하십니까, 아니면 4도어 모델을 원하십니까?"라고 묻는 것이다. 이 질문의 숨은 목적은 이미 차를 사기로 결정한 상황으로 고객을 자연스럽게 이끌기 위함이다.

이 질문을 받은 고객은 무의식적으로 '차를 살까 말까?'가 아닌 '어떤 옵션의 차를 살까?'를 고민하게 된다.

비슷한 질문의 예로 "차는 3월 1일에 보내드릴까요, 아니면 3월 8일이 괜찮으세요?", "결제는 신용카드로 하시겠습니까, 아니면 현금으로 하시겠습니까?", "빨강색으로 하시겠어요, 아니면 파란색으로 하시겠어요?"라고 물을 수 있다.

전제는 항상 '고객은 상품을 사기로 결정했다. 다만 어떤 것을 살지 고민 중이다.'라는 사실이다. "파란색으로 살게요.", "카드로 할게요."라고 말해놓고 다시 말을 번복하며 "아…… 오늘은 아니고 다음에 살게요."라고 말하기는 상대적으로 쉽지 않기 때문이다.

지라드는 저서 《세일즈 불변의 법칙 12》에서 '권위에 대한 복종'과 '상황이 사람의 행동을 좌우한다.'라는 사실을 완벽하게 적용한 사례를 말해주었다.

"특히 두 사람 이상을 상대로 세일즈를 할 때는 이 방법이 매우 효과적이다. 예를 들어 한 쌍의 부부가 아이들을 데리고 차를 구입하러 왔을 때 나는 부인에게 이렇게 말한다. '부인, 가족에게는 원격의 문 잠금장치가 있는 것이 좋겠지요?' 그러면 십중팔구 그렇다고 대답한다. 나는 바로 이어서 이렇게 말한다. '그리고 반드시 4도어라야 하겠지요?' 대가족의 특성상 4도어 모델을 생각하는 건 당연하다. '네 맞아요. 4도어라야 해요.'라고 부인은 대답한다. 이런 식으로 대화를 주고받는 동안 남편은 아내가 내 말에 계속 동의했기 때문에 그녀가 차를 사고 싶어 한다고 믿게 되고, 차 구매는 기정사실화된다. 이렇게 해서 계약을 할 때가 되었을 때 남편은 굳이 아내의 동의를 구할 필요가 없어진다. 이때 나는 남편에게 '예'를 유도하는 질문을 던진다. 그러면 그들은 둘 다 상대방이 차를 사고 싶어 한다고 생각하게 되고, 내가 주문서를 내밀 때 가족의 합의를 일일이 구할 필요가 없다. 이 방법은 두 사람이 함께 사러 왔을 때나 한 무리의 회사원들에게 세일즈할 때도 효과가 크다. 판매 프레젠테이션의 포인트는 우두머리로 보이는 사람을 겨냥해서 '예'라는 대답을 이끌어내는 것이다. 그 사람만 설득하면 계약은 성사된 것이나 마찬가지다."

여기에서 지라드가 말하는 세일즈의 핵심은 '고객이 물건을 샀다고 가정하고 질문하는 것'과 무조건 '예'라는 대답이 계속 나오도록 질문하는 것이다.

여러 명에게 동시에 세일즈를 할 때는 가장 윗사람 또는 진짜 의사결정권자의 동의를 얻으면, 그 외의 사람들은 자연스레 따라오게 된다.

미국의 세일즈 심리학자인 도널드 J. 모인은 최고의 세일즈맨들이 'YES 세트' 질문을 계속해서 사용한다고 말한다.

그는 저서 《최면 세일즈》에서 최면술사들이 사용하는 질문들이 세일즈맨들에게 얼마나 유용한지 설명했다.

많은 대화 최면 기법들은 의식적 또는 무의식적으로 상대의 동의를 얻을 수 있게 설계되어 있다. 대화 최면을 유도하기 위해 최면술사는 다음과 같은 'YES 세트' 질문을 사용한다.

"편안하게 이완되니까 좋지요? 그렇지 않습니까?"

"스트레스에서 해방되고 싶지요? 그렇지 않습니까?"

"모든 문제가 사라져버렸으면 좋겠지요? 그렇지 않습니까?"

"초콜릿처럼 스르르 녹아내리는 기분이 참 편안하죠? 그렇지 않습니까?"

환자가 이런 YES 세트 질문들에 동의하는 동안 그는 지금 이야기되는 편안함과 이완을 경험하기 시작한다. 동의하기에 가장 쉬운 YES 세트 질문부터 먼저 사용해야 한다. '동의의 분위기'가 조성되면 좀 더 큰 요구들을 제시할 수 있다. 이미 동의하는 습관에 젖어 있는 환자는 이런 암시를 따를 가능성이 훨씬 높아진다.

사람들이 일단 세일즈맨이나 최면술사에게 동의하게 되면 지속적으로 동의할 가능성이 높다. 더 많이 동의할수록 계속 동의할 가능성이 높아진다. 노련한 세일즈맨은 프레젠테이션을 진행하는 동안 최소 1분에 한 번 이상은 사소하거나 중요한 동의를 계속 얻어내려고 한다.

소상공인들은 이제 고객이 거절하기 힘든 제안을 하기 위해 어떤 방식으로 대화를 풀어나가야 하는지 알았다. 하지만 여기에서 간과하지 말아야 할 것이 있다. 파는 상품에 대해 전문성이 없고, 그로 인해 설득력을 갖추지 못한다면 고객에게는 어떤 기술도 통하지 않는다는 것을 말이다.

또 '예'라는 대답을 억지로 이끌어내기 위해 무례한 행동을 하는 것은 금물이다. 세일즈 스킬은 언제나 기본을 갖춘 뒤에 실효성이 있다. 마지막으로 지라드의 말을 가슴에 새기기 바란다.

"멋지고 진지해 보이며 설득력 있는 세일즈맨에게 '아니오'라고 말하기는 결코 쉽지 않다."

칭찬과 감사는
매출을 춤추게 한다

세상에는 상대방의 마음을 얻기 위한 수많은 방법들이 있다. 그 방법은 문자를 보낼 때도 변하지 않는다.

하버드 경영대학원의 프란체스카 지노 교수는 와튼 경영대학원의 아담 그랜트 교수와 한 가지 실험을 했다.

연구팀은 57명의 학생들에게 '에릭'이라는 한 학생의 구직 커버레터를 검토한 후 피드백을 해주라고 요청했다. 에릭이라는 학생은 실험을 위한 가상의 인물이었지만, 피험자들은 그 사실을 몰랐기 때문에 성심성의껏 그의 커버레터를 피드백해주었다.

연구팀은 에릭에게 피드백을 해준 학생들이 각각 답변 이메일을 받도록 했다. 학생들의 절반은 "저의 커버레터에 대한 당신의 피드백을 받았습니다."라는 형식적인 답변을 받게 하고, 나머지 절반에게는 "저의 커버레터에 대한 당신의 피드백을 받았습니다. 매우 감사합니다. 당신의 피드백을 받게 되어 진심으로 감사하게 생각합니다."라는 이메일을 받게 했다.

이후 프란체스카 교수가 답변 메일을 받아본 학생들의 자아 가치감을 측정했을 때, 두 종류의 답변을 받은 학생들의 수치가 확연하게 차이가 나는 것을 확인할 수 있었다. 형식적인 이메일을 받은 학생들 중 25%만이 자신의 피드백에 가치가 있다고 느꼈으며, 감사 인사를 받은 학생들은 55%가 자신의 피드백에 가치가 있다고 생각했다.

이어진 실험에서 연구팀은 또다시 학생들에게 '스티븐'이라는 가상의 학생의 커버레터를 피드백해주라고 요청했다. 하지만 처음 에릭의 커버레터를 피드백해줄 때와 스티븐의 경우는 다른 결과가 나왔다. 감사 이메일을 받은 학생들의 66%가 피드백을 해준 데 비해 감사 인사 없이 단순한 답변 이메일을 받은 학생들은 32%만이 피드백을 해준 것이다.

프란체스카 교수는 이 실험을 통해 감사 표현의 중요성을 한 번 더 언급했다. 감사 표현을 받으면 사람의 자아 가치감이 높아지고, 자아 가치감이 높아진 사람은 다른 사람들을 돕는 행동을 한다는 것이다.

만약 당신이 고객에게 진심 어린 감사의 표현을 하고, 그로 인해 고객이 당신을 도우려는 마음이 생긴다면 얼마나 좋을까? 세일즈맨에게 이보다 더 좋은 소식은 없을 것이다. 감사 표현의 효과는 외부 고객들뿐만 아니라 내부고객(직원)들에게도 효과적이다. 프란체스카 교수의 또 다른 실험은 당신이 직원들에게 감사 표현을 얼마나 잘하느냐에 따라 일의 성과가 달라질 수 있다는 것을 보여준다.

프란체스카 교수의 두 번째 실험은 대학 기금을 모금하는 직원 41명을 대상으로 진행되었다. 실험은 간단했다. 연구팀은 책임자가 직원들 중 절반에게 한 명 한 명 찾아다니며 이렇게 말하게 했다.

"열심히 일해줘서 고마워요. 대학 발전을 위한 당신의 노고에 진심으로 감사드립니다."

감사 인사는 구체적으로 어떤 효과를 불러왔을까? 감사 인사를 받은 직원들은 전보다 무려 50% 이상 전화를 많이 거는 변화를 보였다. 감사 인사를 받지 않은 나머지 직원들의 성과에는 당연히 변화가 없었다.

프란체스카 교수는 이 결과를 토대로 말했다.

"감사를 표현할 기회를 놓친다는 건 조직의 리더들이 비교적 비용이 덜 들면서 직원들의 사기를 높일 수 있는 기회를 잃어버리는 것과 같습니다."

고맙다는 말의 중요성은 아무리 강조해도 지나치지 않다. 감사 표현은 어떤 방식으로 하든 안 하는 것보다는 훨씬 낫다.

미국 듀크대의 심리학자 댄 애리얼리는 저서 《페이오프》에서 한 가지 실험을 소개했다.

글로벌 반도체 회사 인텔의 이스라엘 공장에서 일하는 직원들은 하루 12시간, 나흘을 일하고 나흘을 쉬는 방식으로 일한다. 연구팀은 나흘을 쉬고 출근한 직원들에게 동기부여를 시킬 수 있는 방안을 연구하기 위해 한 가지 실험을 진행했다.

연구팀은 207명의 직원들을 세 개의 그룹으로 나눠 각 그룹별로 다른 내용의 메일을 보냈다. 첫 번째 그룹에는 "평소보다 생산 실적이 좋으면 30달러를 지급할 예정입니다."라고 보내고, 두 번째 그룹에는 "평소보다 생산 실적이 좋으면 피자 한 판을 드립니다."라는 메일을 보냈다. 그리고 세 번째 그룹에는 "평소보다 생산 실적이 좋으면 '잘했습니다!'라는 문자 메시지를 책임자로부터 받게 될 것입니다."라는 메일을 보냈다.

연구팀은 이러한 동기부여 방법들의 실질적인 효과를 측정하기 위해 나흘 동안의 생산성을 체크했다.

결과는 어땠을까? 대부분의 사람들은 보너스를 받는 첫 번째 그룹이 당연히 더 높은 생산성을 보였을 것이라고 생각할 것이다. 실험을 진행한 인텔의 HR팀 역시 현금 보너스의 효과가 가장 높을 것이라고 확신했다.

그러나 결과는 예상과 전혀 달랐다.

첫 날의 생산 실적은 피자를 받은 그룹이 6.7%로 가장 많이 올랐고, 격려 문자를 받은 그룹은 6.6%가 높아진 데 비해 생산 실적이 가장 높아질 것으로 예상됐던 보너스를 받은 그룹은 4.9%가 오르는 데 그쳤다.

이틀째의 결과는 더 충격적이었다. 둘째 날부터는 보너스를 받은 그룹과 피자를 받은 그룹의 생산성이 아무 보상도 없었을 때보다 오히려 더 떨어진 것이다. 보너스를 받은 그룹은 13.2%, 피자를 받은 그룹은 5.7%가 낮아졌다. 반면에 격려 문자를 받은 그룹은 첫 날보다는 생산성이 떨어졌지만, 보상이 없을 때보다는 꾸준히 높은 생산성을 유지했다.

이 실험 결과는 실질적인 현금과 보상보다 '잘했습니다.'라는 칭찬 한마디가 직원들의 동기부여를 이끌어내고 회사의 매출을 올리는 데 훨씬 더 효과적이라는 것을 말해준다.

우리는 프란체스카와 댄의 실험을 통해 감사 문자와 칭찬 문자가 얼마나 큰 효과를 이끌어내는지 확인할 수 있다.

그러나 사업을 하는 입장에서는 단순히 상대방의 기분을 좋게 만들고, 직원의 성과를 높이는 정도에서 만족해서는 안 된다. 상대방의 마음을 완전히 사로잡아서 자신에게, 혹은 자신의 사업에 진심 어린 충성을 다할 수 있도록 만들어야 한다. 그러기 위해서는 감사와 칭찬에 대한 표현을 할 때 좀 더 앞서가야 할 필요가 있다.

그럼 어떻게 하면 문자의 효과를 극대화할 수 있을까? 어떻게 문자를 보내야 상대방의 마음을 사로잡을 수 있을까? 여기에 그 두 가지 해결책을 제시한다.

첫 번째는 문자를 보내는 타이밍, 두 번째는 고마움에 대한 구체적인 언급이다.

1885년, 독일의 심리학자 헤르만 에빙하우스는 저서《기억에 관하여》를 통해 '에빙하우스의 망각 곡선'이라는 획기적인 실험 결과를

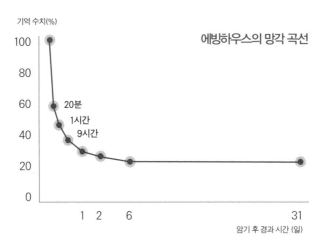

기억 수치(%)

에빙하우스의 망각 곡선

100

80

60　　20분

　　　　1시간

40　　　9시간

20

0

　　　　1　2　6　　　　　　　　31

암기 후 경과 시간 (일)

세상에 발표했다.

　그가 한 실험은 피험자들에게 무의미한 철자들을 암기하게 한 뒤, 일정 시간이 지난 후에 얼마나 기억하고 있는지 점검하는 식으로 진행되었다.

　에빙하우스는 이 연구 결과를 그래프로 정리했다. 그가 만든 '망각 곡선' 그래프에 따르면 피험자들은 철자들을 암기한 지 19분이 지났을 때 42%를 잊어버렸다. 한 시간이 지나자 56%를 잊어버렸고, 아홉 시간이 지났을 때는 64%를 잊어버렸다. 그리고 한 달이 지났을 때는 무려 79%를 잊어버렸다.

　상대방에게 고마워할 일이 생기거나 칭찬할 일이 생겼을 때는 그 일이 있고 나서 최대한 빨리 문자를 보내는 것이 좋다. 가장 좋은 것은 그 사람과 헤어지자마자 바로 문자를 보내는 것이다. 어느 정도

시간이 지나고 나면 있었던 일을 잊어버리기가 쉬울 뿐만 아니라 '갑자기 왜 이러지?'라며 의아해할 수 있기 때문이다. 만남에 대한 여운이 남아 있을 때 바로 문자를 보내면 기억도 오래 남을뿐더러 상대방에게 좋은 인상을 남길 수 있다.

세계적인 경영 컨설턴트로 활동하는 켄 블랜차드는 저서 《칭찬은 고래도 춤추게 한다》에서 칭찬의 10계명을 말해주었는데, 우리는 그중 가장 위에 있는 두 가지의 내용을 통해 감사와 칭찬의 핵심을 알 수 있다.

Key Point 1 칭찬할 일이 있을 때는 즉시 칭찬하라.
Key Point 2 잘한 점은 구체적으로 칭찬하라.

고맙다는 말을 듣거나 칭찬을 받을 때 진심이 느껴지지 않는 경우가 있다. "오늘 너무 감사했습니다."라던가 "잘했어요."라는 단답식의 문자는 특히 더 그렇다. 물론 표현을 전혀 안 하는 것보다는 나을지 몰라도 이왕 문자를 보낼 거면 성의를 담아서 보내는 것이 좋다. 칭찬과 감사의 표현을 듣는 상대방이 '대체 뭐가 고맙다는 거야?', '뭘 잘했다는 거지?'라고 의아해하지 않도록 구체적으로 언급해주어야 한다.

"오늘 너무 감사했습니다. 방법을 잘 몰라서 고민하고 있었는데 친절하게 알려주셔서 진짜 감동이었어요. 오늘 말씀해주신 내용대로 해보고 도중에 궁금한 것이 있으면 또 물어보겠습니다. 너무 감사해요!"

이처럼 도움을 받은 내용을 최대한 구체적으로 언급하면서 고맙다는 말을 하면 상대방은 '이 사람이 내 조언을 귀 기울여 들었구나. 다음에는 더 잘 알려줘야겠다.'라고 생각하게 된다.

다시 한 번 강조하지만 상대방의 마음을 얻기 위해서는 고마움에 대한 표현과 칭찬을 아끼지 말아야 한다. 앞으로 상대방에게 칭찬을 하거나 고마움을 표현하는 문자를 보낼 때는 아래의 두 가지를 반드시 명심하자.

Tip 1 칭찬할 일이나 고마웠던 일이 있고 나서 최대한 빨리 문자를 보내라(늦어도 한 시간 이내에).

Tip 2 칭찬할 일이나 고마웠던 일에 대해 최대한 구체적으로 언급하라.

고객의 지갑을 열게 하는
선물 이벤트

어느 날 한 중년 부인이 지라드의 매장으로 들어왔다. 그녀는 길 건너편에 있는 전시장에서 포드를 살 생각인데 판매원이 한 시간 후에 오라고 했다고 말했다. 그래서 시간이 잠시 남아 차를 좀 둘러보고 싶다는 것이었다. 하지만 그녀는 이미 자신의 사촌동생이 타고 다니는 흰색 포드 쿠페를 사기로 결정을 내린 뒤였다.

잠시 대화를 나누는 동안 지라드는 그녀의 쉰다섯 번째 생일이 그날이라는 것을 알았다. 그녀가 대화 도중에 "내 생일을 자축하는 의미에서 사는 거예요. 오늘로 쉰다섯 살이 되거든요."라고 말했기 때문이다.

지라드는 중년 부인에게 양해를 구하고 잠시 자리를 비웠다가 다시 돌아와서 말했다.

"시간이 되신다면 저희 쿠페를 보여드리고 싶은데요. 저희도 물론 흰색이 있습니다."

그렇게 차를 보여주고 있는 동안 열두 송이의 장미꽃을 안은 아가씨가 매장으로 들어왔다. 지라드는 그 꽃을 받아 부인에게 건네주며 말했다.

"행복하세요."

갑작스러운 선물에 감동을 받은 그녀는 결국 눈물을 글썽이며 말했다.

"난 아직까지 생일날 꽃을 받아본 적이 없어요."

대화를 계속 나누면서 그녀는 포드 매장의 판매사원에 대해 말했다.

"그 판매사원은 별로 맘에 들지 않았어요. 그는 내가 싸구려 차를 끌고 온 걸 보고 새 모델을 살 돈이 없다고 생각한 것 같아요. 나한테 몇 가지 차를 보여주고 있는데 다른 판매사원이 점심 먹으러 갈 건데 뭘 좀 사다 줄까 하고 물었어요. 그러자 그 판매사원이 차를 보여주고 있다가 이렇게 말하는 거예요. '기다려. 나도 같이 갈 거야.' 그래서 이렇게 시간을 때우고 있는 거예요."

그녀는 포드에서 차를 구매했을까? 지라드의 진심 어린 선물에 감동한 부인은 그에게 쉐보레 자동차를 샀다.

진심이 가득 담긴 선물은 언제나 사람의 감정을 흔들어놓는다. 어떤 차를 살지 이미 결정해놓고도 꽃 한 다발에 감동을 받아 다른 차를 산 중년 부인의 예처럼 말이다.

그렇다면 선물을 줄 때 가장 중요한 요소는 무엇일까? 지라드는 사람의 마음을 흔드는 법을 알고 있었다. 언제나 중요한 것은 상대방에 대한 관심과 정성이며, 선물은 그 마음을 전달하는 하나의 상징에 불과하다는 사실을 말이다.

선물을 고를 때는 진심으로 상대방이 좋아할 만한 선물을 찾는 것이 중요하다. 아무리 비싼 선물이라도 상대에 따라서는 전혀 감동을 받지 못할 수도 있고, 단돈 몇 천 원짜리라도 누군가에게는 큰 감동으로 남을 수 있다.

이와 관련하여 캐리어에어컨의 대표이사인 현병택 씨는 《동아비즈니스리뷰》의 칼럼에서 자신이 들었던 유명한 일화를 소개했다.

과거 기업은행 경인 지역 본부장으로 일하던 시절 '10억 원짜리 매니큐어'라는 유명한 일화가 있었다. 이야기의 주인공은 평소 고객들에게 싹싹하기로 소문난 김 모 계장과 칠순이 훌쩍 넘은 한 할머니.

어느 날 김 계장은 근처로 이사 온 지 얼마 되지 않았다는 할머니 한 분을 고객으로 맞았다. 아직 동네가 낯설고 어색하기만 한 할머니는 자신을 살갑게 대해주는 김 계장이 손녀딸처럼 마냥 사랑스러웠던 모양이다. 게다가 약도까지 그려가며 주변의 편의시설에 대해 조목조목 설명까지 해주니 어찌 고맙지 않을 수가 있겠는가. 그때 친절하게 설명을 이어가던 김 계장의 눈에 띈 건 수수한 옷차림을 한 할머니의 빨간 손톱이었다.

업무를 마치고 퇴근한 김 계장이 할머니의 첫 거래 기념으로 준비한 선물은 1,000원짜리 매니큐어 세 개. 다음 날 은행 창구를 다시 찾은 할머니에게 김 계장은 깜찍한 선물을 전하며 이렇게 말했다.

"할머니, 어제 퇴근하다가 할머니 생각이 나서요. 요즘 유행하는 색깔이래요. 이것도 발라보시고, 요것도 칠해보세요."

그다음 날 그 고객은 다른 은행에 넣어둔 예금 10억 원을 찾아 김 계장이 일하는 은행으로 이체했다.

많은 세일즈맨들은 고객에게 줄 선물의 가격에 대해 고민한다. 어느 정도의 비용을 써야 고객의 입장에서 성의를 느낄지 모르기 때문이다. 선물을 고르는 데는 가격도 물론 중요하지만, 더 중요한 것은 선물에 담긴 의미다.

단순히 '비싼 선물'이기 때문에 '좋은 고객'에게 선물한다는 느낌을 주어서는 안 된다. '고객님을 보니 이 선물이 생각났습니다.'라는 연관성이 있을 때 선물은 비로소 강한 힘을 갖게 된다.

또한 선물은 받는 대상과 주는 시기에 신중함을 기해야 한다. 아직 상품을 구매하지 않은 잠재고객에게 주는 선물과 당신에게 많은 수익을 안겨준 고객에게 주는 선물은 당연히 차이를 둘 수밖에 없다.

당신이 파는 상품을 구매한 고객들에게는 어느 정도 이상의 비용을 지불하여 선물을 준비하는 것이 좋다. 대부분의 고객들은 자신이 상품을 구매함으로써 당신이 얻어가는 수수료가 있다는 것을 인지

하고 있으며, 때로는 그에 대해 당신이 얼마나 감사하고 있는지 확인하고 싶어 하기 때문이다.

물론 감사함이 듬뿍 담긴 감사 편지나 작은 선물로도 감동을 받는 고객은 있다. 하지만 거래 금액의 단위가 큰 분야에서는 조금 더 실질적인 선물이 단골을 유치하는 데 도움이 되기도 한다.

실제로 미국에서는 부동산 거래를 마친 뒤 에이전트가 고객에게 통 큰 선물을 하는 것이 업계의 관행처럼 전해져오고 있다.

캘리포니아 주의 부동산 중개회사인 베벌리힐스 소속 크리스토퍼 추 에이전트가 고객에게 선물한 라스베이거스 여행권을 보면 그들이 선물을 하나의 '투자'개념으로 생각한다는 것을 알 수 있다.

추 에이전트는 LA 지역에 1,500만 달러짜리 주택을 구입한 고객에게 줄 선물을 고민하고 있었다. 그가 고민 끝에 생각해낸 아이디어는 고객 부부를 라스베이거스로 여행을 보내주는 것이었다. 그것도 전세기로 말이다. 그는 전세기에 그치지 않고 라스베이거스의 특급 호텔 숙박권과 고급 나이트클럽 이용 경비까지 모두 선물에 포함했다. 이 선물의 총 금액은 무려 3만 달러에 달했다.

그의 선물이 너무 과하다고 생각하는가? 추 에이전트는 주로 1,000만 달러 이상을 거래하는 고객에게 이런 고가의 선물을 제공하는데, 〈월스트리트저널〉과의 인터뷰에서 그가 밝힌 사실만 보면 우리가 딱히 걱정할 필요는 없을 듯하다.

그는 거래 금액의 최고 6%까지 거래 수수료를 받으며, 선물을 받은 고객들 중 약 70% 이상이 다시 추 에이전트를 찾는 단골고객이 된다고 하니 말이다. 가격이 너무 커서 실감이 나지 않는다면 다음의 사례들도 참고해볼 만하다.

마이애미의 주앙 에이전트는 120만 달러짜리 콘도를 구입한 고객에게 선물을 주는 이벤트를 마련했다. 새 집 열쇠를 명품 티파니사의 열쇠고리에 끼워 전달한 것이다. 그는 또 예전에 만난 고객의 팔찌가 색이 바랜 것을 기억해두었다가 새 팔찌도 열쇠고리와 함께 선물했다. 고객은 이 선물에 감동했을까? 물론이다. 심지어 그 고객은 고마움의 표시로 주택 구입에 관심이 있던 지인 두 명을 주앙 에이전트에게 소개해주기도 했다.

이런 경우 자신이 고객과의 거래를 통해 받는 수수료의 몇 %까지를 선물 금액으로 할지 미리 정해두는 것이 좋다. 감정에 치우쳐서 너무 과한 선물을 하게 되면 오히려 적자가 날 수도 있기 때문이다. 자신만의 기준을 정확히 정해놓는 것이 좋다.

위의 사례에서 보듯 세일즈에 뛰어난 사람들은 고객이 좋아할 만한 선물을 기가 막히게 알아낸다. 하지만 대부분의 세일즈맨들에게는 괜찮은 선물을 생각해내는 것이 쉽지 않을 것이다. 하물며 미국의 부동산 중개인들처럼 엄청난 수수료를 받아 통 크게 선물을 살 수 있는 사람도 거의 없다.

이런 사람들을 위해 정말 고맙게도 몬트리올 맥길 대학의 심리학과 조교수인 로렌 휴먼은 한 가지 연구 결과를 발표했다.

휴먼 박사와 그녀의 동료들은 연구를 위해 1,500명을 대상으로 몇 가지 실험을 진행했다. 그녀는 실험 대상자들을 두 그룹으로 나누고, 각 그룹에게 '어머니의 날' 카드를 고르라고 말했다. 두 그룹은 '자신이 좋아하는' 카드를 고른 그룹과 '어머니가 좋아할 만한' 카드를 고른 또 하나의 그룹으로 나뉘었다.

각각의 카드를 고른 뒤 모든 참가자들은 연구팀이 준비한 질문지를 작성했다. 연구팀이 이 실험을 통해 얻은 결과는 무엇일까? 그들은 어머니가 좋아할 만한 카드를 고른 사람들보다 자신이 좋아하는 카드를 고른 사람들이 어머니와 즉각적으로 더 가까운 감정을 느끼게 된다는 사실을 알게 되었다.

이 실험 결과를 세일즈맨의 입장에서 해석하면 세일즈맨이 고객이 좋아할 만한 선물을 준비할 때보다 자신이 좋아하는 선물을 준비할 때 고객과의 유대감이 더 강해진다는 것을 의미한다.

그런데 여기서 고객과의 유대감이 강해졌다고 해서 그것이 곧 고객이 세일즈맨에게 마음을 열었다는 것을 의미한다고 단정 지을 수 있을까? 이와 관련하여 휴먼 박사의 또 다른 실험 결과를 보자.

그녀는 실험 참가자들에게 친구, 연인 가족들에게 선물할 노래를 고르라는 과제를 주었다. 참가자들은 '어머니의 날' 카드를 고를 때와 마찬가지로 '자신이 좋아하는 노래'를 고른 그룹과 '상대방이 좋아할 만한 노래'를 고른 그룹으로 나뉘었다. 그리고 이번 실험에서는 첫 번째 실험과 다르게 노래를 선물 받은 사람들의 감정을 물었다. 연구팀은 어떤 결과를 얻었을까?

연구팀의 결과에 따르면 놀랍게도 선물을 받는 사람들이 좋아할 만할 것이라고 생각해서 고른 노래보다 선물하는 사람이 고른 노래가 선물을 받은 사람들에게 더 친밀감을 많이 느끼게 한 것으로 밝혀졌다. 휴먼 박사는 〈허핑턴포스트〉와의 인터뷰에서 이렇게 말했다.

"사람들은 자신의 취향과 관심을 반영한 선물을 주는 것의 장점을 과소평가하고 있습니다."

이 결과는 세일즈맨들에게 희소식이 아닐 수 없다. 확신도 없이 '고객이 좋아할 만한' 선물을 골랐다가는 오히려 역효과가 날 수 있기 때문이다. 차라리 고객이 무슨 선물을 좋아할지 도저히 모르겠다면 평소 자신이 좋아하는 것을 선물하는 것이 더 낫다. 그리고 이런 말과 덧붙이면 금상첨화다.

"제가 정말 좋아하는 물건인데 고객님이 생각나서 샀습니다."

고객에게 관심을 기울이며 그들이 정말 좋아할 만한 선물을 찾아라. 고객을 통해 받은 수수료 이내의 범위에서 과감한 비용을 쓰는 것도 좋다. 감동한 고객은 당신의 단골이 될뿐더러 지인들을 소개해줄 것이다. 어떤 선물을 골라야 할지 모르겠다면 차라리 자신이 좋아하는 선물을 사라.

고객에게 존중받는
세일즈맨

1979년 심리학자인 찰스 로드, 리 로스, 마크 레퍼는 스탠퍼드 대학교에서 한 가지 실험을 했다. 연구팀은 48명의 학생들을 실험 참가자로 선정했는데 그중 절반은 사형 제도를 찬성하는 입장이었고, 나머지 절반은 사형 제도에 반대하는 입장이었다.

두 집단은 모두 연구 내용이 자신들의 관점과 동일할 거라 생각하고 있었다. 연구진은 참가자들에게 가상의 연구 결과들을 보여주었다. 하나의 연구 결과는 사형 제도의 범죄 억제력 효과를 지지하는 내용이었고, 또 하나의 연구 결과는 사형 제도가 범죄 억제력이 없다는 것을 나타내는 내용이었다.

연구진은 학생들에게 두 연구의 연구 방법과 과정들을 평가하라고 말했다. 학생들은 자연스럽게 자신의 관점과 동일한 결과를 낸 연구는 올바른 방법으로 구성되었다고 평가하는 반면, 자신의 관점과 다른 결과를 나타낸 연구는 방법부터 잘못되었다고 평가했다.

우리는 이런 실험 결과를 통해 무엇을 알 수 있을까? 사람들은 자신이 현재 가지고 있는 가치관과 반대되는 행동이나 말을 접하면 막연한 거부반응을 일으킨다. 또 자신의 입장과 동일한 가치관이나 생각을 접하면 맹목적으로 신뢰하고 그 의견 자체를 높게 평가한다.

'확증 편향'이라고 불리는 이러한 현상은 주변에서 흔히 일어나는 일이다. 실험 대상자들이 평범한 학생이 아닌 객관적인 눈을 가져야 하는 전문가라고 해도 말이다.

심리학자 마이클 마호니는 행동주의 심리학자 75명을 대상으로 실험을 했다. 마호니의 실험 방식은 간단했다. 행동주의 심리학자들은 학술지에 게재될 예정인 논문 하나를 읽고 그 논문에 대한 평가만 하면 되었다. 그 논문은 아이들이 나무 퍼즐 놀이와 책읽기를 할 때 보상이 있느냐 없느냐에 따라 흥미 정도가 영향을 받는지에 대한 내용이었다.

행동주의 심리학자들은 당연히 그 논문의 결론이 '보상은 아이들의 흥미를 지속시킨다.'이길 바랄 것이다. 그 반대라면 자신들이 생각하는 가치관과 달라질 테니 말이다. 하지만 그들은 학자로서 양심에 따라 논문의 내용을 객관적으로 평가해야만 하는 위치에 있었다.

마호니는 주제와 실험 방법 등 모든 것이 동일하지만, 데이터를 약간 바꿔서 실험 결과를 다르게 조작했다. 행동주의 심리학을 지지하는 결과를 낸 논문을 1그룹에 보내고, 행동주의 심리학에 반대하는 결과를 낸 논문을 2그룹에 보냈다. 마호니는 학자들에게 45일 안에 논문의 퀄리티와 학술지 게재 여부를 평가하여 보내달라고 요청했다.

전문가들은 이 논문에 대해 과연 어떤 결과를 내놓았을까?

연구진은 행동주의 심리학자들의 논문 평가를 본 뒤 '전문가들도 확증편향에서 벗어나지 못한다.'고 결론을 내렸다. 분명히 객관적인 데이터를 포함한 동일한 논문이었음에도 불구하고, 학자들은 객관적인 결과를 내놓지 않았다.

행동주의 심리학자들은 자신들이 주장하는 의견과 동일한 결과를 낸 논문을 높게 평가하며 학술지 게재에 동의했다. 하지만 자신들의 의견과 반대되는 논문은 연구의 신뢰도를 낮게 평가했으며, 학술지에 게재해서는 안 된다고 말했다.

이처럼 확증편향은 일반인, 전문가 등 대부분의 사람들에게 널리 퍼져 있는 현상이다. 특히 확증편향이 심한 사람들은 자신의 생각과 맞지 않는 말은 들으려고조차 하지 않으며, 그런 말을 하는 사람 자체를 무시하고 낮게 보는 경향이 있다. 자신의 가치관과 상반되는 논문을 봤을 때 논문의 질 자체를 낮게 평가했던 것처럼 말이다.

이 결과를 통해 영업을 하는 사람들이 배울 수 있는 것은 무엇일까? 영업을 하는 입장에서 상대방의 확증편향에 영향을 받는다면 좋은 방향으로 받아야 마땅할 것이다. 누구를 막론하고 질이 낮은 사람과 거래를 하고 싶어 하지 않기 때문이다.

이와 관련하여 미국의 유명한 경영심리학자인 니콜 립킨은 확증편향에 의해 다른 사람의 조언을 무시하고 자신의 의견을 내려놓길 거부하는 사람들을 극복할 수 있는 좋은 방법이 있다고 말한다. 그는 저서 《사장은 왜 밤에 잠 못 드는가》에서 이렇게 말했다.

"**사람들은** 상대방의 말을 주의 깊게 들어주고 중간에 말을 자르거나 상대가 하려는 말을 성급히 가로채지 않을 정도로 상대방의 의견에 공감과 배려를 보이는 사람을 존경한다. 상대방의 말을 잘 들을 줄 아는 사람은 아무리 상대방이 180도 다른 시각을 가진 사람이라 해도 그 사람의 관점에 대해 맞장구도 쳐주고 칭찬도 자주 한다. 나와 다른 의견에 대해 사려 깊고 수용적인 접근을 하게 되면 자존심을 상하거나 존경을 잃지 않고 오히려 더욱 강하고 생산적인 인간관계를 유지할 수 있다."

상대방의 말을 잘 들어주고 칭찬을 해주는 것만으로도 그 사람의 존경을 받을 수 있다는 것이다. 많은 말을 하며 전문가로 인정받기 위해 노력하는 것보다 때로는 가만히 상대방의 말을 경청하며 적극적인 리액션을 해주는 것이 더 좋은 인상을 심어줄 수 있다.

'경청'은 사람들의 존중을 받기 위해 언제나 가장 중요한 요소로 손꼽힌다. 미국의 경제 전문 웹진 비즈니스 인사이더에서 '상대방의 존중을 받는 7가지 방법'을 소개했는데, 그중에서도 가장 많이 강조하는 첫 번째 내용을 보자.

"**상대가** 자신의 이야기를 하도록 잘 들어주어라. 사람들은 자신의 경험을 이야기할 때 그 얘길 들어주는 상대와 사회적 유대감을 갖기 쉽다. 때문에 상대에게 좋은 인상을 남기려면 그가 자신의 이야기를 하도록 내버려두는 것이 좋다. 자기 자랑이 지나친 사람의 말은 들어주기 어렵지만 그에게 좋은 인상을 남기고 싶다면 그 얘기를 잘 들어주는 것이 가장 좋은 방법이다."

사실 상대방의 말을 가만히 듣고만 있는 것이 결코 쉬운 일은 아니다. 특히 자신의 생각과 반대되는 말을 열심히 토해내고 있는 상대방을 보면 하나하나 반박해주고 싶은 마음까지 든다.

그런데 세일즈맨의 목적은 어디까지나 거래를 성사시키는 데 있다. 거기에 고객으로부터 존중을 받을 수 있다면 더할 나위가 없다. 그러나 '확증편향'을 가진 고객의 말에 섣불리 반대 의견을 펼치며 "저는 전문가입니다. 확실한 정보를 토대로 당신의 생각이 얼마나 잘못되었는지 알려드리죠." 따위의 반응을 보이는 것은 위험하다. 고객이 만약 당신의 완벽한 논리에 굴복당하더라도 이미 기분이 상할 대로 상해서 당신에게는 상품을 구매하지 않을지도 모르기 때문이다.

하지만 반대로 고객의 말을 진심으로 경청해주는 사람은 신뢰와 존중을 얻을 수 있다. 누구라도 자신의 말에 귀 기울여주는 사람을 좋아하기 때문이다. 당신의 전문성과 탁월한 논리는 그 후에 펼쳐야 더 큰 효과를 낼 수 있다.

아래의 데일 카네기의 사례는 경청이 말을 하는 사람에게 얼마나 긍정적인 영향을 미치는지 말해준다.

어느 날 카네기는 뉴욕의 한 출판사가 주최한 만찬회에 참석하여 꽤 유명한 식물학자를 만났다. 그는 만찬회에서 다른 손님들과 이야기를 나눌 수도 있었지만, 무려 몇 시간 동안 식물학자하고만 대화를 나누었다.

대화를 나누는 동안 카네기는 그의 말만 집중해서 들으며 거의 아무 말도 하지 않았다. 아니, 할 수 없었다. 그는 식물에 대해 아는 것이 전혀 없었기 때문이다. 식물학자는 자신이 하고 있는 품종 개발 실험에 대한 내용과 실내 정원에 대한 이야기 등 끊임없이 자신의 이야기만 쏟아냈다. 카네기는 간혹가다 자신이 갖고 있는 실내 정원에 대해 몇 가지를 질문할 뿐이었다.

어느새 자정이 되고 손님들은 다 집에 돌아가기 시작했다. 식물학자는 집에 돌아가기 전에 만찬회의 개최자와 마지막으로 대화를 나누었는데, 주로 카네기에 대한 칭찬이었다.

그런데 여러 가지 칭찬 중에서 주목할 만한 것은 '가장 재미있는 대화가'라는 것이었다. 뜻밖의 평가에 카네기는 내심 놀랐다. 몇 시간 동안 거의 아무 말도 하지 않은 채 식물학자의 말을 듣기만 했는데 '가장 재미있는 대화가'라니. 그는 저서 《카네기의 인간관계론》에서 이 사례를 들며 말했다.

"가장 재미있는 대화가라고? 그럴 리가 없다. 나는 거의 아무 말도 하지 않았다. 화제를 바꾸지 않고는 말을 하고 싶어도 뭐라고 할 말이 없었던 것이다. 왜냐하면 나는 펭귄의 구조에 관해서 만큼이나 식물학에 관해서 알고 있는 것이 없었기 때문이다. 그러나 나는 이 한 가지만 했다. 그의 이야기를 진지하게 들어준 것이다. 진심으로 흥미를 느꼈기 때문에 관심을 갖고 들었던 것이며 식물학자는 그것을 알고 있었다. 자연히 그가 기뻐할 수밖에 없었다. 이와 같이 진심으로 경청하는 태도는 우리들이 다른 사람에게 보일 수 있는 최고의 찬사 가운데 하나다.”

상대방에게 존중을 받기 위한 가장 좋은 방법은 내가 먼저 상대방을 존중하는 태도를 보여주는 것이다. 좀 더 구체적으로 말하면 상대방의 의견을 존중하는 것이다. 그러기 위한 방법으로 가장 좋은 것은 '진심 어린 경청'이다.

마지막으로 카네기의 말을 다시 한 번 새겨두자.

“진심으로 경청하는 태도는 우리들이 다른 사람에게 보일 수 있는 최고의 찬사 가운데 하나다.”

매출의 극대화를 위한
충격 요법

"말라리아는 1년에 100만 명이나 되는 목숨을 앗아가는데도 그 영향이 엄청나게 과소평가되고 있습니다. 2억 명이 넘는 인구가 살면서 한 번쯤은 말라리아로 고통을 받습니다. 말라리아가 창궐하는 곳에서는 경제가 돌아가질 않습니다. 말라리아가 될 일을 안 되게 뒤로 잡아 끌기 때문입니다. 말라리아는 모기에 의해 전염되는 병입니다. 여기 제가 모기를 좀 데리고 왔습니다. 여러분들도 겪어보시라고요. 잠깐 좀 풀어놔보도록 하죠. 가난한 사람만 말라리아로 고생하란 법은 없습니다. 지금 제가 푼 모기들은 깨끗하니 걱정 마세요."

모기가 진짜 말라리아모기인지, 그냥 모기인지는 중요하지 않았다. 청중들은 이 퍼포먼스에 꽤나 큰 충격을 받았다. 구글에서는 관련 검색만 50만 건 이상에 달했고, 테드 닷컴에 있는 영상은 조회수가 250만 건에 달할 정도였으니, 모기 몇 마리로 엄청난 영향력을 끼친 셈이다.

이 파격적인 퍼포먼스는 마이크로소프트의 회장인 빌 게이츠가 테드 강연 중에 갑자기 벌인 일이었다. 카민 갤로는 저서 《어떻게 말할 것인가 ─ 세상을 바꾸는 18분의 기적 TED》에서 빌 게이츠의 모기 퍼포먼스가 얼마나 효과적이었는지 말해주었다.

"게이츠가 강연한 시간은 18분이었다. 모기 연출 부분은 총 강연 시간의 5%도 되지 않았다. 하지만 지금도 사람들의 뇌리에는 모기에 대한 기억이 가장 크게 남아 있다. 사람들은 보통 강연이나 발표를 듣고 사무실로 돌아가기 전에 음료수 한 잔 마시면서 얘기하고는 곧 잊어버린다. 하지만 게이츠의 강연은 휘발되지 않았고 5년이 지난 지금까지도 회자되고 있다."

세계적인 광고회사 사치앤사치의 CEO인 케빈 로버츠는 사람들에게 무언가를 인식시키는 데 가히 천재적인 능력을 가지고 있었다. 1987년, 케빈이 펩시콜라 캐나다 법인의 사장으로 임명되었을 때 그가 직원들과 바이어, 언론 관계자가 모인 행사장에서 했던 행동을 생각해보면 이 사실을 부정할 수 없다.

당시 펩시는 캐나다 시장에서 매출 1위를 굳건히 지키고 있던 코카콜라를 이기기 위해 절치부심하고 있었다. 케빈은 행사장에서 간단한 연설을 한 뒤 기관총을 집어 들었다. 그가 다음에 한 행동은 무엇이었을까?

그는 무대 위에 미리 설치해둔 대형 코카콜라 자판기에 총알을 퍼

부었다. 당연히 행사장은 난장판이 됐지만 이 이벤트는 한동안 사람들의 대화에서 빠지질 않았다. 케빈의 기관총 사건을 통한 입소문 마케팅은 캐나다 시장에서 펩시가 코카콜라를 따라잡는 데 큰 도움이 된 것을 보면 매우 성공적이었다고 할 수 있다.

케빈의 괴짜 같은 행동은 여기에서 멈추지 않았다. 1989년, 그는 뉴질랜드의 주류 기업인 '라이온나탄'의 최고운영책임자로 일하게 되었다. 회의실에서 직원들을 처음 만나기로 한 날, 그가 보인 행동은 그야말로 상상을 초월하는 것이었다. 동물원에서 살아 있는 사자를 데리고 나타난 것이다. 이유를 묻자 그는 이렇게 말했다.

"이유는 간단했어요. 회사 이름에 라이온이 들어가는데, 사자가 빠지면 섭섭하잖아요?"

케빈은 이어서 말했다.

"내가 회사를 떠난 지금까지도 이 이야기가 신화처럼 전해지고 있다고 해요. 뭔가 독특한 경험을 통해 기업 내부의 창조성을 극대화하고자 하는 전략이었습니다."

토론토 대학의 심리학과 교수 레베카 토드는 연구를 통해 '인간은 감정적 흥분의 대상을 일상적인 것들보다 훨씬 더 명확히 본다.'는 사실을 밝혀냈다. 토드 교수는 그것이 긍정적 감정인지, 부정적 감정인지는 관계가 없다고 한다. 그저 얼마나 큰 자극을 받느냐가 중요하다는 것이다.

《신경 과학 저널》에 실린 아래의 연구 결과는 왜 수많은 광고 기획자들이 사람들에게 좀 더 파격적이고 놀라운 것들을 보여주려 하는 지 알려준다.

연구팀은 피험자들에게 세 가지 종류의 사진을 보여주었다. 첫 번째는 부정적 감정 자극 사진(이빨을 내보인 상어 등), 두 번째는 긍정적 감정 자극 사진(섹시한 이성의 모습 등), 세 번째는 평범한 일상 사진이었다.

연구팀은 이 사진들에 대한 내용을 얼마나 잘 기억하는지 비교하기 위해 사진을 본 후 45분 뒤와 일주일 뒤에 피험자들의 기억 정도를 확인했다. 결과는 어땠을까? 피험자들은 부정적, 긍정적 여부와 상관없이 높은 자극을 받았던 사진에 대해 훨씬 더 높은 기억률을 보였다.

빌 게이츠와 케빈 로버츠는 이 원칙을 적절히 적용하며 기업을 운영한다. 사람들에게 자극을 줄 수 있어야 브랜드가 오랫동안 좋은 기억으로 남기 때문이다.

그런데 당신이 원하는 것은 단순히 고객들의 기억에 오래 남는 것이 아니라 실질적인 매출 상승이다. 따라서 사람들에게 긍정적으로 자극을 줄 수 있는 무언가를 찾아내야만 한다.

황금마늘보쌈의 권세윤 대표는 영업의 핵심이 "얼마나 짧은 시간에 얼마나 임팩트 있게 다가가느냐."라고 말한다. 그는 '청국장&보쌈'이라는 이름의 첫 음식점을 출시했을 때 그만의 독창적인 방법으로 매출을 상승시켰다. 어떤 방법이었을까?

그의 저서 《식당으로 대박 내는 법》에 나와 있는 이야기를 들어보자.

"때는 2008년 12월, 나는 불특정 다수의 가망 손님들이 '지금껏 살면서 음식점에서 이런 모습은 본 적이 없다.'고 생각하게끔 만들 계획을 세웠다. 어쩌면 음식점 운영과는 전혀 상관없는 행동으로 보일 수도 있다. 24시간 운영하는 음식점이 아니었지만, 나는 새벽 6시에 출근해서 음식점 불을 다 켰다. 그 깜깜한 겨울의 어둠 속에서 환하게 불이 켜진 곳이라면 누구든 무의식적으로 보게 되어 있다. 호흡을 가다듬고 제자리 뛰기를 전속력으로 30초 정도 한다. 주먹을 힘껏 쥐고 온몸에 힘을 불어넣는다. 다시 호흡을 가다듬고 겨울 외투와 겉옷을 벗어 던지자마자 문을 밀치고 밖으로 나온다. 반팔 면티 차림이다. 이미 살은 칼로 베이는 듯한 느낌이 들지만, 호들갑 떨면 안 된다. 몸서리쳐서도 안 된다. 대빗자루를 들고 한쪽으로 쓱쓱 쓸기 시작한다. 절대 지나가는 차는 보지 않는다. 나중에 슬쩍 보면, 신호를 기다리는 차량마다 운전자들의 고개가 전부 내 쪽으로 돌려져 있다. 최소 20분 동안은 똑같은 방향으로만 청소한다. 나와의 싸움이기도 했고, 음식점 매출을 올리는 방법이기도 했고, 운동이라고도 생각했고, 인생 공부라고도 생각했다. 온갖 생각이 들면서도 30분 정도 지나면 추위에 익숙해지면서 약간 무아지경 상태가 된다. 음식점 앞을 아무리 쓸어봤자 그 공간이 얼마나 되겠는가. 이미 청소가 다 되어 있다. 하지만 청소가 다 되었는지는 멀리 있는 사람은 모른다. 고로, 신경 쓸 필요가 없다. 마음속으로 1번, 2번, 3번 구역으로 3등분한 뒤에 다시 각 구역을 반복해서 집중적으로 청소한다. '한겨울, 매일 같은 시간에, 반팔 면티를 입고 청소한다.'가 내가 세운 계획이었다. 정말 추웠지만 석 달 동안 단 하루도 거른 적이 없다. 비가 오나 눈이 오나 지켰다. 100일 기도를 한다고 생각하고 달력에 표시해가며 정확하게 100일을 진행했다. 이틀쯤 지나자 바로 반응이 왔다. 손님이 들어오시면서 대뜸 물었다. '이 날씨에 새벽에 반팔 입고 청소하는 사람을 봤는데, 누구요?', '아, 접니다. 보셨습니까?', '살다 살다 그 시간에 반팔 입고 청소하는 사람은 또 처음 봤습니다. 대단하십니다.'"

이런 방법으로 얻은 성과는 어느 정도였을까? 그가 반팔을 입고 청소를 시작한 지 2개월이 되었을 때는 하루 평균 100그릇을 더 팔았으며, 이로 인해 월 2,000만 원의 매출을 상승시킬 수 있었다.

권세윤 대표는 영업에 대한 노하우를 가지고 있었고, 자신의 방법에 대한 확신이 있었다.

"예상이 적중했다. 영업은 노력이고, 과학이고, 전략이다. 아무 곳에나 던지는 낚시질이 아니다. 포지션을 정확하게 잡아서 반복만 하면 무조건 먹힌다. 음식점에 오는 손님 중 하루에 최소 다섯 명 이상이 새벽 청소 이야기를 했다."

그의 말이다.

《창업자금 23만 원》의 전지현 대표는 편의점계의 이단아라고 볼 수 있다. 그녀는 밸런타인데이에 초콜릿 매출이 매년 줄어드는 것을 확인하고 새로운 방법을 써보기로 결심했다.

이런저런 고민 끝에 그녀가 생각해낸 방법은 무엇일까? 편의점 내부에서 벗어나 시선을 밖으로 돌리기로 한 것이다.

밸런타인데이는 2월 14일로 고등학교의 졸업식과 일정이 비슷하다는 사실을 알게 된 그녀는 '졸업식' 하면 떠오르는 꽃다발을 만들어보기로 했다. 일반적으로 졸업식장 앞에서 판매하는 생화가 아닌 로쉐 초콜릿으로 말이다! 당시만 해도 이런 아이디어는 아무도 도전한 적이 없는 획기적인 것이었다.

그녀는 새벽 2시까지 수십 개의 초콜릿 꽃다발을 만들어서, 새벽 6시에 인근 졸업식장을 찾아갔다.

결과는 어땠을까? 사람들은 단 몇 시간 만에 그녀가 준비해온 초콜릿 꽃다발을 모두 사갔다. 그 덕분에 그해 밸런타인데이에는 그녀의 편의점이 전국에서 가장 높은 매출을 올렸다. 이후에는 본사에서 대량으로 초콜릿 꽃다발을 제작해 가맹점에 공급할 정도였으니, 이 방법이 얼마나 효과적이었는지 알 만하다.

매장에 손님들이 들어오지 않는다고 해서 "왜 우리 매장에만 안 들어오지?"라고 불평해봐야 아무 소용이 없다. 밖으로 나가 전단지를 돌리든지, 소리를 지르면서 홍보라도 해야 하지 않겠는가.

권세윤 대표와 전지현 대표는 장사가 안 된다고 해서 불평만 하지 않았다. 한 겨울에 반팔만 입고 매장 앞을 청소하기도 했고, 초콜릿으로 꽃다발을 만들어 졸업식장을 찾아가기도 했다.

이들이 했던 공통적인 영업 전략은 무엇인가? 영업을 가게 안에서만 한다는 상식을 깬 것이다.

매장 밖으로 나가 외부의 고객들에게 새로움, 충격, 놀라움을 선물하고, 그로 인한 홍보 효과로 매출을 상승시킬 수 있었다.

매장 외부에서 할 수 있는 영업 방법은 어떤 것들이 있을까? 기본적으로 사람들의 이목을 끌 수 있어야 한다. 충격, 놀라움, 새로움 등을 느끼게 함으로써 오랫동안 기억에 남도록 하고, 손님 스스로가 입소문을 낼 만한 것을 기획해야 한다.

영업 시장의 치트키, 세미나 셀링

"세일즈는 숫자 놀음이다. 제품이나 서비스를 더 많은 사람들에게 설명할수록 당연히 매출은 늘어난다. 100명의 잠재고객을 만날 수 있는 시간에 한 명의 고객에게 열을 올려가며 팔 이유가 없다. 오늘날은 다른 어느 때보다도 1분 1초의 시간이 중요한 시대이다. 기존의 인적 네트워크에 의존해서 점심식사를 같이하면 새로운 고객을 얻을 수 있다는 희망에 부푸는 식은 너무 위험 부담이 크지 않은가?"

세일즈 매니지먼트 컨설팅업체인 비즈니스 인스티튜트의 설립자이자 회장인 폴 캐러식의 말이다. 그가 한 말은 너무도 당연해서 반박할 수가 없다. 그나마 다행인 것은 폴이 저서 《세미나 셀링》에서 이에 대한 해결책까지 제시해준 것이다.

"일반인이 고민하는 파이낸셜상의 문제 해결책을 중심으로 하는 세미나를 개최하라. 세미나 참가비는 무료 아니면 실비 정도만 받아야 한다. 그리고 세미나가 끝나갈 무렵, 세미나 참석자 개개인이 가진 특정한 고민거리에 대해서 여러분과 일대일로 컨설팅할 수 있는 기회가 있음을 넌지시 알린다. 세미나 참가자가 원하는 서비스를 해줄 수만 있다면, 여러분은 누구보다도 우선적으로 그들을 충실한 고객으로 만드는 일종의 권리를 확보하게 된다."

세미나 셀링은 소위 아는 사람들만 아는 영업 시장의 치트키라고 할 수 있다. 그 이유는 딱히 큰돈이 들지 않으면서도 최상의 효과를 낼 수 있는 전략이기 때문이다.

폴은 파이낸셜업계에 국한되어 말했지만, 사실 세미나 영업은 어떤 분야에서든 활용이 가능하다. 또 무료 세미나가 아니더라도 제대로 된 교육 프로그램을 만들어 합당한 비용을 받을 수도 있다.

세미나 셀링의 강점은 무엇일까? 세미나를 열면 동시에 여러 명에게 영업을 할 수 있다. 그리고 처음 보는 고객들에게도 쉽게 신뢰를 쌓을 수 있다. 일반적으로 영업사원 또는 가게 사장님 정도의 호칭으로 불리던 사람도 세미나를 통해 만난 고객들에게는 '강사님', '선생님' 등으로 불리게 된다. 세미나를 통해 기업의 이미지가 좋아지고, 연사의 전문성에 대한 엄청난 신뢰가 생기는 것이다.

아직 강연을 할 정도로 전문성이 높지 않다고? 고객들이 당신의 강연을 보고 실망할 것 같아 걱정된다면 다음의 사례를 보자.

1973년, 미국의 심리학자 나프툴린은 한 가지 실험을 진행했다. 그는 심리학자, 교육학자, 의사 등의 전문가들을 한 자리에 모아놓고 강연을 주최했다. 강연의 주제는 '수리 게임 이론을 물리학적 교육학에 응용하기 위해서'라는 내용이었다. 제목만 봐도 어려운 이 주제를 강연하는 연사는 해당 분야의 권위 있는 전문가로 소개된 폭스 박사였다. 강연이 모두 끝난 후 연구팀은 청중들에게 질문지를 나누어주었다.

"얼마나 이해할 수 있었습니까?"

이 질문에 청중들은 하나같이 긍정적인 반응을 보였다.

"만족스러웠습니다."

"많이 배웠습니다."

여기까지는 딱히 특이할 만한 것이 없다. 전문가들이 다른 분야의 전문가의 강연을 듣고 많이 배웠다고 하는 것은 당연하지 않은가. 하지만 여기에는 숨겨진 사실이 있다. 연구팀이 실험을 위해 연단에 세운 폭스 박사가 실은 배우였다는 것이다. 강연 내용도 모두 엉터리, 주제와 전혀 상관없는 논리들로 가득 차 있었다.

이처럼 사람들은 당신이 생각하는 것만큼 객관적이지 않다. 적절한 호칭만 있다면 연단에 서 있는 사람을 전문가로 느끼고 배울 것이 무척 많다고 느낀다. 심지어 실제로는 그 내용이 전혀 도움이 되지 않았다고 해도 말이다.

고객들에게 거짓말을 하라는 것이 아니다. 세미나를 준비하는 과정에서 당신은 진정한 전문가가 될 확률이 높다. 또 그렇게 되어야만

한다. 만약 당신이 고객에게 정말 도움이 될 만한 세미나를 주최한다면, 그들은 당신이 판매하는 상품이나 서비스에 무조건적으로 관심을 갖게 될 것이다.

세미나 셀링 말고도 대량 판매를 할 수 있는 방법이 하나 더 있다. 가격 정책 전문가이자 행동경제학자인 리 칼드웰이 초콜릿 티포트 회사의 파티에 초대받았던 일화를 보자.

"나는 차에 대한 그들의 반응은 물론 저녁 내내 테이블 위에서 벌어지는 상호작용을 지켜보았다. 그들은 잡담을 하며 다른 제품들을 맛보고 평가하는 한편 조심스럽게 누가 무엇을 샀는지를 언급하며 비교했다. 분위기는 역동적이고 매우 흥미로웠다. 모든 사람이 뭔가를 사야 한다고 느끼는 것으로 보였다. 조안(파티 주최자)은 부담 없이 어느 정도 돈을 쓸 수 있는 사람들만 초대했다고 내게 말했다. 그러나 나는 그저 형식적인 구매로 그칠 사람들도 있지 않을까 궁금했다. 하지만 그들은 모두 최소한 고급 다기 세트 하나와 그에 딸려 나오는 다양한 케이크를 원하는 듯했다. 누군가가 17만 원까지 쓰자 다른 사람들도 지갑을 더 열어 각자 8만 원 넘게 지출했다."

사람들은 자신만의 명확한 기준이 없는 상태에서 주변 사람들의 선택을 맹목적으로 따라가는 경향이 있다. 심지어 정확한 답을 가지고 있을 때도 주변의 반응에 따라 자신의 의견을 바꿔 표현하기도 한다. 파티 마케팅은 소비자들의 이러한 심리를 활용한 전략이다.

1950년, 사회심리학자인 솔로몬 애쉬는 한 가지 실험을 진행했다. 그는 피험자 9~10명을 한 집단으로 구성하여 한 방에 들어가게 했다. 그러고는 카드 두 장을 보여주었다. 한 장의 카드에는 선 한 개가 그려져 있었고, 나머지 한 장의 카드에는 A, B, C로 나눈 세 가지 길이의 선이 그려져 있었다.

실험은 단순했다. 첫 번째 카드에 있는 선과 길이가 동일한 선을 A, B, C 중에 선택만 하면 되었다. 피험자들은 너무나 쉽게 정답을 맞혔다. 정답을 맞히는 것이 몇 차례 반복된 후 연구팀은 본격적인 실험에 돌입했다.

사실, 한 방에 들어가 있는 피험자 9~10명 중 한 명을 제외한 나머지는 연구 보조 인원들이었다. 연구 보조 인원들은 어느 정도 시간이 지난 후 일부러 틀린 선을 선택했다. 진짜 피험자 한 명을 제외한 모두가 말이다.

그렇다면 9명이 틀린 답을 선택한 것을 본 이후 진짜 피험자는 어떤 선택을 했을까? 자신이 알고 있는 대로 제대로 된 정답을 선택했을까? 놀랍게도 1/4만이 자신의 소신을 지키며 정답을 선택했다. 나머지 3/4은 연구 보조자들이 선택한 틀린 답을 선택했다.

이 실험을 통해 우리는 많은 사람들의 의사결정이 생각보다 체계적이지 않다는 것을 알 수 있다. 주변 사람들의 공통된 행동은 자신이 오랫동안 믿고 지내왔던 것조차 바꾸게 만든다는 것이다. 그렇다면 이러한 사실을 세일즈에는 어떻게 활용할 수 있을까?

리 칼드웰은 저서 《9,900원의 심리학》에서 초콜릿 티포트 회사의 파티에 초대됐던 때를 회상하며 이렇게 말했다.

"당신의 고객 그룹들을 살펴보고 그들 중 누가 돈을 쓰려는 의지가 가장 강한지를 확인하라. 그리고 이 열성고객들을 아직 그 수준에 이르지 못한 사람들과 한 자리에 모이게 할 수 있겠는지 생각해 보라. 혹시 초콜릿 티포트 컴퍼니가 티 파티 형식으로 했던 것처럼 당신이 직접 그런 상황을 조성할 수 있겠는지도 고려해볼 만하다. 이런 행사에서 다양한 가격대의 제품을 선보이되 씀씀이가 큰 고객들에게 인센티브를 줌으로써 값비싼 제품을 구매할 수 있게 하라."

전문가들은 이런 현상을 '동조 효과', '동료 압력 효과'라고 말하기도 한다. 옆에 있는 사람들이 공통적으로 어떤 행동 양식을 보인다면, 자신도 그렇게 해야 한다는 무의식이 생긴다는 것이다. 비록 그것이 돈을 쓰고 상품을 사는 것일지라도 말이다.

세일즈에 있어서 대량 판매를 하는 것보다 효율적인 것은 없다. 그리고 세일즈 셀링과 파티 마케팅은 그것을 이루기 위한 최고의 전략이 될 것이다. 폴 캐러식의 말을 다시 한 번 마음속에 새겨두자.

"**세일즈는** 숫자 놀음이다. 제품이나 서비스를 더 많은 사람들에게 설명할수록 당연히 매출은 늘어난다."

나만의 맞춤
세일즈 스크립트 북

세일즈 스크립트 북이란 무엇인가? 말 그대로 세일즈맨이 고객과 대화할 때 상황에 맞춰 사용할 수 있는 세일즈 매뉴얼이다. 당신이 만약 "그런 건 콜센터에서나 사용하는 것 아닙니까?"라고 묻는다면 큰 착각을 하고 있는 것이다. 당신이 어떤 상품이나 서비스를 팔든, 그것을 어디에서 팔든 상관없다. 스크립트 북은 그 어떤 현장에서든 활용할 수 있다.

혹시 당신은 이렇게 말할지도 모른다.

"최고의 세일즈맨들은 그런 스크립트 따위 사용하지 않습니다. 고객과의 대화가 언제 어느 방향으로 튈지 모르기 때문이죠. 중요한 것은 상황 대처 능력입니다. 저는 임기응변에 강하고 말하는 것에 자신이 있으니 스크립트 같은 건 없어도 됩니다."

세계적인 세일즈 트레이너인 브라이언 트레이시, 지그 지글러, 토미 홉킨스는 세일즈 스크립트의 중요성에 대해 끊임없이 언급하고 있다. 만약 당신이 말하는 최고의 세일즈맨이 이들보다 뛰어난 사람들이라면 당신의 말이 맞을지도 모르겠다.

200명 이상에 달하는 미국 내 최고의 세일즈 슈퍼스타를 대상으로 '최면 세일즈'를 가르친 장본인이자, 인간성공협회의 회장이기도 한 도널드 J. 모인 박사는 자신의 저서 《최면 세일즈》에서 이렇게 말했다.

"스크립트 북을 제대로 이해하지 못하는 사람들은 그것들이 창의성이나 유연성을 해칠 것이라고 생각한다. 그러나 경험에 비추어보건대 절대 그렇지 않다. 우리는 실제로 스크립트 북을 사용하지 않는 세일즈맨들이 그것을 사용하는 세일즈맨들보다 덜 창의적이라는 사실을 알아냈다. 실제로 세일즈 스크립트 북은 유연성과 창의성을 키워준다. 왜냐하면 이런 스크립트가 없으면 반대나 질문을 다루는 두세 가지 방법밖에 생각하지 못하지만, 스크립트 북에는 최소한 15~20가지 방법이 들어 있기 때문이다. 선택 가능한 모든 접근법과 세일즈 스타일을 가지면 세일즈를 할 때 지겨워지거나 쉽게 지치지 않는다. 그보다는 자신의 업무를 신선하고 도전적인 것으로 받아들이게 된다. 세일즈 실적을 올릴 수 있는 강력한 세일즈 답변들을 결합하는 새롭고 창의적인 방법은 언제나 있기 마련이다. 여기서는 이 스크립트를 사용하고, 저기 있는 다른 것과 결합시키고, 나중에 그것들을 다시 다른 스크립트와 엮을 수도 있다. 상상력이 풍부하고

210

고객의 니즈가 다양한 이상 이런 결합은 무한대로 확장될 수 있다."

세일즈에 대한 고정관념은 많은 세일즈맨들을 어렵게 만든다. 어떤 분야의 일이든 매뉴얼이 있고 성공한 사례들이 있기 마련이다. 세일즈 스크립트는 세일즈 슈퍼스타들의 노하우를 자신에게 적용할 수 있는 최고의 방법임에도 불구하고, 왜 당신은 이것을 활용하지 않을까? 결국 고정관념 때문이다. 당신에겐 여전히 '영업을 잘하는 사람들은 말을 잘하고, 임기응변에 강한 사람들이야.'라는 식의 편협한 사고가 머릿속에 굳게 박혀 있다.

세일즈 스크립트가 얼마나 효율적인지에 대해 설명하기 위해 《최면 세일즈》에 나오는 스크립트의 예시를 보자.

섹션 17 "관심이 없어요."

17-1

"저희 상품이 어떻게 고객님에게 돈을 벌게 만들어드리고, 생산성을 증대시키며, 고객님의 문제 중 일부를 해결할 수 있는지를 보여드리기 전까지는 고객님께서 저희 상품에 관심을 가지셔야 할 하등의 이유가 없습니다. 저희가 고객님의 성공을 위해 무엇을 할 수 있는지 보여드려도 될까요?"

17-2

"○○○님, 지난 2주 동안 70개 업체의 임원들이 모두 관심이 없다는 이야기로 시작했지만 결국엔 이 상품을 구매했습니다. 그분들은 이 상품이 돈도 절약해주고 골치도 덜 아프게 만들어줄 것이라고 확신했기 때문에 이 상품을 구매했습니다. 그분들이 무엇을 확신하게 되었는지 알고 싶으십니까?"

17-3

"잠시 동안만 고객님 회사의 주 관심사가 무엇인지 여쭤도 되겠습니까? 저희 상품은 고객님께 돈을 벌게 해드릴 겁니다. 그 증거들을 봐주신다면 감사하겠습니다. 그러고 나서 그것을 구입하실지 아닐지에 대한 결정은 고객님의 판단에 맡기겠습니다."

17-4

"어째서인지 여쭤도 될까요?"

섹션 11 "저는 국산품만 구매합니다."

11-1

"콜롬비아산 커피나 프랑스 와인, 일제 오디오는 어떻습니까? 이 상품들 중에 사용하고 계신 것이 있나요? 아마도 그러실 겁니다. 우리 모두는 매일 여러 다른 나라에서 만들어진 상품들을 사용합니다."

11-2

"정부가 도둑놈 같다고 생각하십니까? 정부는 저희가 파는 모든 물건에 대해 두 번의 세금을 뜯어갑니다. 첫째는 수입 관세이고, 둘째는 영업세죠. 만일 정부에 이득이 되는 일이 아니었다면 저희는 이 상품에 대한 판매 허가를 받지 못했을 겁니다. 저희의 세일즈 실적은 모든 국민에게 이득을 줍니다!"

11-3

"저희 회사는 500명 이상의 내국인을 고용합니다. 저희는 이 나라에 수억 원을 세금으로 냅니다. 저희는 사용하는 부품의 20%를 국내에서 생산합니다. 외국어로 된 저희 회사 이름 때문에 속지 마십시오. 저희는 대부분의 '국산' 회사들보다 훨씬 더 국산적입니다."

섹션은 영업 현장에서 흔히 들을 수 있는 고객의 대답이다. 고객이 거부반응을 보이거나 구매를 망설이고 있을 때, 보통의 세일즈맨이라면 어떤 말을 해야 할지 고민하기 마련이다. 스크립트가 없다면 고객의 거절을 두려워하게 된다. 하지만 훌륭한 스크립트가 있는 세일즈맨들은 이런 상황을 두려워하거나 막연히 걱정하지 않는다. 세일즈 직전에 살펴봤던 스크립트의 한 섹션을 떠올리며 어떤 대답을 할지 선택할 뿐이다.

스크립트는 세일즈를 훨씬 쉽게 만들고, 무엇보다 스트레스를 압도적으로 감소시키는 데 도움을 준다.

그렇다면 최고의 세일즈맨들이 활용하는 스크립트를 그대로 따라 읽기만 하면 무조건 좋은 성과를 낼 수 있을까?

쇼핑호스트로 일할 때 홈쇼핑 방송 최대의 매출 기록을 수차례 갈아치운 황현진 씨는 저서 《세일즈, 말부터 바꿔라》에서 이렇게 말한다.

"대한민국의 거의 모든 보험사는 텔레마케팅 조직을 갖고 있다. 눈에 보이지 않는 '보험'이라는 상품을, 그것도 얼굴을 보지 않은 상태에서 오로지 말로 계약을 이끌어내야 하는 극강의 세일즈 화법 스킬이 필요한 업무다. 그리고 각 조직은 보험 상품마다 필살의 '스크립트'를 가지고 있다. 재미있는 사실은 똑같은 스크립트를 가지고 고객을 설득한다 해도 보험 설계사마다 실적은 천차만별이라는 것이다. 즉, 같은 상품과 서비스를 소개한다 하더라도 전달의 기술과 방법이 세일즈의 성과를 좌우한다는 것이다."

전달의 기술과 방법이란 무엇을 의미할까? 설득력 있는 이야기로 풀어나가는 것, 적절한 묘사로 이해하기 쉽게 설명하는 것 등이 될 수 있다. 하지만 가장 중요한 것은 '자신에게 맞춰 변형시키는 것'이다.

앵무새처럼 무언가를 읽고 있는 듯한 전화를 받아본 적이 있는가? 내가 받아본 전화 중에서 가장 심했던 것은 녹음된 말이 나오는 건지 실제 사람이 하는 말인지 헷갈리기까지 했던 전화다.

스크립트는 그야말로 매뉴얼이다. 당연히 본인의 말투에 맞게 변형시켜야 하며, 현장에서 실제로 사용하면서 끊임없이 업데이트시켜야 한다. 상품이나 서비스를 구매할 때 기계와 대화하고 싶은 고객은 없다.

당신의 업종에서 최고의 성과를 내는 세일즈맨들을 벤치마킹하여 스크립트로 만들고 현장에서 적용하며 당신의 평소 말투에 맞게 변형시켜라. 그리고 새로운 상황이 생길 때마다 스크립트를 업데이트하

라. 자신만의 맞춤형 스크립트를 가지고 있다는 것은 세일즈에 있어서 완벽한 준비를 하고 있다는 것이다.

마지막으로 헨리 포드가 한 말을 기억하길 바란다.

"자신감은 완벽한 준비에서 나온다. 무엇보다도 준비하는 것이 성공의 비결이다."

사업을 성장시키는
소상공인의 영업 비법

다윗이 골리앗을
이기는 법

"열 배의 병력이 있으면 적군을 포위하고, 다섯 배의 병력이 있으면 정면 공격을 가하며, 병력이 열세이면 도망가야 한다."

이 말은 중국의 유명한 병법서인 《손자병법》에 나오는 말이다. 이 법칙은 오랫동안 군사 전략의 진리처럼 여겨져 왔다. 소상공인은 대형 업체에 비하면 모든 면에서 열세에 있다. 위의 말대로라면 대형 업체와의 경쟁을 무조건 피해야만 할까? 아니, 이왕 사업이라고 시작했으니 한 번이라도 이겨봐야 하지 않을까?

1914년, 영국의 공학자인 프레더릭 란체스터는 제2차 세계대전 당시 연합군의 군사 작전에 많은 도움이 되었던 '란체스터 법칙'을 발표했다. 그는 1880년대부터 항공기에 대해 관심이 많았는데, 항공기가 전쟁에 처음 사용된 제1차 세계대전은 특히 그가 항공기에 관심을 갖게 된 결정적인 계기가 되었다.

그는 제1차 세계대전에서 일어났던 항공기 간의 전투를 유심히 관찰하며 이론적으로 분석하기에 이른다. 그가 첫 번째로 분석한 것은 이러한 내용이었다.

"성능이 비슷한 항공기 간의 일대일 공중전에서는 조종사의 전투 능력이 승패를 좌우한다. 하지만 비행기 성능에 차이가 있다면 성능이 뛰어난 비행기가 이기게 된다."

하지만 이런 그의 첫 번째 분석은 전문가가 아니더라도 꽤 단순하게 보인다. 란체스터 법칙은 그의 두 번째 분석부터 빛을 발하게 된다.

제1차 세계대전 후반기에는 항공기의 비중이 높아지면서 공중 단체전이 자주 일어나게 되었는데, 이 현상과 관련하여 그는 새로운 사실을 발견한다. 공중전에서 A국 전투기 5대, B국 전투기 3대가 맞붙었을 때 동일한 성능의 전투기들임에도 불구하고 A국의 전투기가 1대밖에 손실되지 않는 현상이 반복해서 일어나고 있었던 것이다.

란체스터는 이 현상을 수학적으로 규명하기 위해 온갖 노력을 다한 끝에 이런 분석을 내놓았다.

"일대일의 싸움에서는 뺄셈의 법칙이 적용되지만, 그룹전에서는 제곱의 법칙이 적용된다."

예를 들면, 이런 식이다.

Lenchester's Laws 1 일대일의 싸움에서는 뺄셈의 법칙이 적용된다
일대일의 전투 형태로 10명 대 5명이 싸우게 되면 10명인 쪽은 5명

이 남고 5명이었던 팀은 아무도 남지 않는다.

Lenchester's Laws 2 그룹전은 제곱의 법칙이 적용된다

집단 대 집단의 전투 형태로 10명 대 5명이 싸우게 되면, 10명인 팀은 10번의 공격을 하고, 5명인 팀은 5번의 공격을 하게 된다. 10명인 팀은 상대 팀으로부터 5번의 공격을 받는 반면, 5명인 팀은 10번의 공격을 받는다.

　－ 5번의 공격을 받는 10명인 팀 : 맞을 확률 50%
　－ 10번의 공격을 받는 5명인 팀 : 맞을 확률 200%(4배)

무기의 성능이 동일하다고 가정했을 때 두 배의 병력 차이가 나는 경우 실제로는 네 배의 공격력 차이가 발생하며, 세 배의 병력 차이가 날 때는 아홉 배의 공격력 차이가 발생하게 된다는 것이다.

당신은 란체스터 1, 2법칙을 통해 약자와 강자의 전략에 차이가 생긴다는 것을 알 수 있다. 병력이 적은 팀은 최대한 일대일로 싸우는 상황을 만들어야 하고, 병력이 많은 쪽은 단체로 싸우는 상황을 만들어야 한다는 것이 란체스터 법칙의 요점이다.

소상공인의 영업 비법을 알려주는 책에서 왜 갑자기 군사 전략을 말해주는 거지? 라고 생각할지도 모르겠다. 하지만 란체스터 법칙은 당신이 대형 경쟁 업체와 단체로 싸워서는 승산이 없다는 것을 증명해줌과 동시에 획기적인 해결책까지 제시해준다. 실제로 이 법칙은 원래 군사적인 목적으로만 사용되다가 최근에 들어서는 경영과 마케팅에 더 많이 활용되고 있다.

　당신은 스타트업의 기발한 아이디어들을 모방하는 대기업들의 사례를 본 적이 있는가? 이런 경우 대부분은 대기업에서 큰 이익을 보게 된다. 같은 성능의 상품을 판매할 때 광고와 마케팅 비용, 또는 가맹·대리점의 수가 차원이 다르기 때문이다.

　그래서 소상공인은 약자의 전투 방법을 배워야 한다. 그 방법은 단체전이 아닌 일대일 전투로 끌고 가는 것이다. 대기업이 여러 분야에 힘을 분산시키며 시장을 확장할 때 소상공인은 모든 전력을 한 분야에만 집중시켜야 한다.

　일본의 저명한 비즈니스 전략 컨설턴트인 스즈키 히로키는 저서 《전략의 교실》에서 이렇게 말했다.

　"란체스터 법칙을 경영에 응용할 경우 절대적으로 유리한 조건은 사실 '넘버원'이 되는 것이다."

　모든 분야에서 어중이떠중이가 되지 말고, 확실하게 한 분야에서 두각을 나타내는 1위가 되어야 한다는 것이다. 치열한 애드테크 Adtech(디지털, 모바일, 빅데이터 등 IT 기술을 적용한 광고 기법) 시장에서 살아남아 세계적인 기업이 된 크리테오처럼 말이다.

　크리테오는 현재 전 세계 애드테크 기업 중 최고로 꼽히는 회사다. 하지만 초창기부터 잘 나가는 기업은 아니었다. 크리테오는 세 명의 기술자가 모여 2005년에 창업한 회사로, 창업한 지 4년 뒤인 2008년 에야 겨우 처음으로 온라인 광고 상품을 내놓을 정도로 성장이 더딘 회사였다. 그렇다면 2008년 이후 대체 무슨 일이 있었기에 광고 전문 가도 아닌 기술자들이 만든 회사가 세계적인 광고 회사로 우뚝 설 수 있었을까?

크리테오가 속해 있는 애드테크 분야는 많은 대기업들과 수많은 스타트업들로 인해 치열한 경쟁이 벌어지는 시장이다. 대표적으로 페이스북과 구글 등이 압도적인 시장 점유율을 보이고 있으며, 이런 강력한 대형 경쟁 업체들은 자신들이 보유하고 있는 어마어마한 양의 데이터와 네트워크를 통해 새로운 경쟁사들의 진입을 쉽게 허용하지 않고 있다.

하지만 크리테오는 대기업과 정면으로 맞서지 않는 전략을 사용함 으로써 독자적인 포지셔닝을 구축할 수 있었다. 다양한 종류의 광고 를 진행하는 대기업에 비해 크리테오는 철저히 '리타겟팅(광고주의 웹 사이트에 방문한 경험이 있거나 웹사이트 내에서 특정 페이지를 열람한 경 험이 있는 고객에게만 다시 광고를 보여주는 방법)' 광고 하나에만 집중했 다. 그 결과 크리테오는 매체사들과 광고주들의 요구를 동시에 충족 시키며 30개국에 지사를 설립하는 폭발적인 성장을 이룰 수 있었다.

물론 대기업들도 리타겟팅 광고를 사용하지 않는 것은 아니었다. 하지만 크리테오는 모든 전력을 하나에 집중시켰기 때문에 '리타겟 팅' 분야에서만큼은 대기업보다 더 높은 입지를 구축할 수 있었다.

성공적인 스타트업으로 손꼽히는 기업, 데이블의 최고 보안 책임자(CSO)인 백승국 씨는 크리테오가 성공한 이유에 대해 이렇게 분석한다.

"본인들이 잘하는 분야로 전장을 집중하고 그 안에서 차별화함으로써 더 많은 기술 인력과 매체사 풀을 보유한 대형 애드테크 기업들을 넘어설 수 있었다고 생각한다. 이는 보유한 기술 인력과 자금 모두가 한정적이고 극도로 적은 스타트업일수록 대기업 또는 다른 경쟁사들보다 전장을 명확히 좁히고 해당 전장에 자원을 집중해 승리를 이룬 후에 다른 전장으로 이동하는 전략을 취해야 한다는 것으로 읽을 수 있다."

크리테오는 광고업계의 수많은 상품 중 '리타겟팅'이라는 상품 하나에 모든 자원과 기술력을 집중시켰다. 그 결과 리타겟팅을 대표하는 기업으로 불릴 정도로 확실하게 두각을 나타내게 되었다.

만약 크리테오가 다른 애드테크 기업들과 마찬가지로 광고 상품을 다방면에 걸쳐 추진했다면 지금의 위치에 올 수 있었을까? 어쩌면 모든 광고 상품에서 만년 꼴찌를 기록했을지도 모른다.

때로는 상품이나 고객들을 제한하고 한 가지에만 집중하는 것이 많은 고객들을 포기하는 것처럼 느껴질 수도 있다. 그러나 소상공인이 명심해야 할 것은 고객과 상품을 세분화하고 분야를 좁힐수록 전문가가 될 확률이 더 높아진다는 사실이다.

세계적인 브랜드 전문가인 빌 비숍은 저서 《핑크펭귄》에서 이렇게 말했다.

"우리는 수십 개의 산업 분야에서 수천 명에 달하는 중소기업 경영자 및 세일즈맨들과 손을 잡고 일해 왔다. 그러면서 그들이 더 많은 고객을 확보하고 더 많은 돈을 벌도록 돕는 전문가로 자리매김했다."

빌은 대기업이나 협회, 관청 등과는 절대 일을 하지 않는다. 중소기업 경영자(자영업자 포함)와 세일즈맨들을 대상으로 사업을 하기로 결정했기 때문이다. 엄청나게 많은 고객과 큰 시장을 자진해서 포기한 셈이다. 하지만 그는 이 결정이야말로 사업을 시작한 이후에 내린 최상의 결정이었다고 말했다.

빌은 처음부터 고객이 많아서 대기업과 일을 하지 않았던 걸까? 그렇지 않다. 비즈니스 전략가인 그는 **타깃의** 범위를 좁히는 것이야말로 오히려 고객을 늘리고 전문성을 빠르게 향상시킬 수 있는 가장 효율적인 방법이라는 사실을 알고 있었다.

당신은 혹시 아직도 '이것저것 다 팔아봐야지.'라거나, '최대한 많은 사람들한테 팔아야지.'라고 생각하고 있지는 않은가? 소상공인으로서 살아남기 위해서라도 이제 근시안적인 태도에서 벗어나 판매 상품을 제한하고, 타깃 고객을 세분화해야 한다. 철저히 한 분야에 집중해야 한다.

고객의 발걸음을
매장 안으로 돌리는 방법

날씨가 추워져서 옷을 사려고 백화점에 갔다. 무조건 옷을 사야겠다는 마음으로 간 것은 아니지만 마음에 드는 옷이 있다면 바로 구매할 생각이 있는 상태였다. 남성복 전문 매장이 모여 있는 곳을 두리번거리다가 눈에 띄는 옷이 있어서 잠시 들어갔다. 그러자 남자 직원이 다가와서 환한 웃음을 지으며 말했다.

"반갑습니다. 고객님. 혹시 찾으시는 옷 있으세요?"

나는 그냥 편하게 둘러보고 싶은 마음에 이렇게 대답했다.

"아니요. 그냥 둘러보러 왔어요. 감사합니다."

이 정도로 말하면 직원이 충분히 알아듣고 하던 일이나 계속할 줄 알았다. 하지만 착각이었다. 그 직원은 "알겠습니다. 편하게 구경하세요."라고 말하더니 바로 내 뒤에 붙어서 졸졸 따라다녔다. 재질이나 두께를 보기 위해 옷을 만지기라도 하면 직원은 마치 이 순간만을 기다렸다는 듯이 폭풍처럼 옷에 대한 설명을 쏟아냈다.

"지금 보시는 옷이 저희 매장에서 가장 인기 있는 상품입니다. 그 사이즈는 다 나가고 딱 하나 남았어요. 한 번 입어보세요."

필시 그 직원은 '편하게 구경하세요.'라는 의미를 잘 모르는 듯했다. 나는 결국 직원의 부담스러운 응대에 지쳐 절반도 둘러보지 못한 채 매장을 나왔다.

누구나 이런 경험을 해봤을 것이다. 이처럼 직원의 과도한 응대는 고객을 부담스럽게 만든다. 심지어 직원이 따로 응대를 하지 않아도, 직원의 존재만으로도 부담을 느끼는 고객도 있다.

그건 너무 소심한 사람들의 특성만 꼬집어서 이야기하는 것이 아니냐고? 천만의 말씀이다. 만약 당신이 정말 그렇게 생각한다면 세상에는 소심하지 않은 사람이 거의 없다고 보면 된다. 이 말이 믿기 어렵다면 일본에서 '인간의 행동'을 연구하고 있는 마부치 사토시 씨의 저서 《들어가기 쉬운 가게 잘 팔리는 가게》에 나와 있는 사례를 보자.

자동차 판매 회사에 근무하고 있는 A씨가 하코다테 지점장으로 부임해온 것은 5년 전이다. 당시 쇼룸은 어둡고 음침해서 어느 누구에게도 자동차를 판매하고 있는 곳으로 보이지 않았다. A씨는 곧 매장 안을 정리하고 포스터를 붙여보았지만 여전히 손님은 오지 않았다.

얼마 후 이 매장 앞을 오가는 사람이 전혀 없다는 사실을 안 A씨는 큰 도로에 있는 슈퍼마켓 앞에 새 차를 전시하기로 했다. A씨는 새 차 옆에 서서 "어서 오세요! 지금 캠페인 중입니다!"라고 힘껏 외쳤지만 사람들은 그 앞을 무심히 지나쳐갈 뿐이었다.

사람들의 무관심에 지친 A씨는 잠시 쉴 겸 매장 맞은편에 있는 커피숍에 갔다. 커피를 마시면서 멍하니 앉아 있는데, 지나가던 사람 몇 명이 차 앞에 잠시 멈춰 서서 구경을 하는 것이었다.

'가만히 있을 수 없지. 커피나 마시고 있을 때가 아니야.'

A씨는 반가운 마음에 서둘러 돌아왔지만 사람들은 어느새 사라지고 없었다.

혼자하기 때문에 일이 안 된다고 생각한 A씨는 새 차 옆에 책상 두 개를 놓고 직원들을 배치하여 그 앞을 지나가는 사람들에게 열심히 홍보하라고 시켰다.

그러나 여전히 사람들은 관심을 보이지 않고 빠른 걸음으로 지나쳐갔다. 다시 사람들의 눈길을 끌지 못하는 이유가 소리가 크지 않기 때문이라고 생각한 A씨는 이번에는 확성기를 이용해 있는 힘껏 소리를 질렀다.

"어서 오세요. 지금 캠페인 중입니다. 들러보세요!"

그러나 행인들은 멈춰 서기는커녕 오히려 더 속도를 내어 휙휙 지나가 버렸다. 실의에 빠진 A씨는 혼자 한쪽 구석에 앉아 조용히 책을 읽기 시작했다. 그러자 지나가던 사람 몇 명이 멈춰 서서 새 차 설명서를 열심히 보는 것이었다. 그제야 A씨는 '아아, 그렇구나!' 하고 깨닫고는 새로운 이벤트를 계획했다.

바로 퀴즈 이벤트였다. A씨는 전시되어 있는 새 차와 관련된 문제를 낸 뒤 매장 앞에 나누어준 퀴즈 응모 용지에 답을 적어낸 정답자 중에서 몇 명을 추첨하여 다양한 상품을 주기로 했다. 특히 A씨는 퀴즈의 힌트를 새 차 안에 숨겨두는 기발한 아이디어를 생각해냈다.

"힌트는 차 안에 있음!"

손님들은 운전석을 들여다보고, 트렁크를 열어보고, 타이어를 만져보면서 힌트를 찾았다. 손님들이 힌트를 찾기 위해 새 차의 구석구석을 살피는 모습은 마치 이 자동차가 아주 인기가 많아 꼼꼼히 살펴보는 것처럼 보였다. 그래서 퀴즈 응모자뿐만 아니라 차를 바꿀 예정인 사람들이 견적 상담을 하러 대거 찾아왔다. A씨는 이제까지 없었던 수많은 미래 손님을 이날 하루에 얻었다.

당신은 이 책의 사례에서 한 가지 교훈을 얻을 수 있다. 고객들은 직원의 존재 유무에 대해 매우 민감하다는 것이다. 그렇다면 대체 왜 고객들을 부담스럽게 만들고, 직원들도 힘들게 하는 이런 과잉 응대가 사라지지 않는 것일까?

고객이 매장으로 들어왔을 때 직원들은 대부분 무조건 달라붙어서 뭐라도 설명해야 마음이 편해진다. 사장의 눈치를 보기 때문일 수도 있고, 자기 스스로가 당연히 그래야 한다는 생각을 갖고 있기 때문일 수도 있다.

이런 생각을 가지고 있는 사장이나 직원들은 열 명의 고객을 응대해서 단 한 명에게라도 판매하는 데 성공하면 '역시 적극적으로 응대했기 때문에 상품을 팔 수 있었다.'고 믿는다. 그렇게 믿는 쪽이 마음이 편하기 때문이다. 당연히 과잉 응대의 악순환이 발생할 수밖에 없다.

하지만 이제는 진실을 깨우쳐야 한다. 만약 응대를 하지 않고 고객이 편하게 둘러볼 수 있도록 배려했다면 두 명 이상의 고객이 상품을 구매했을지도 모른다.

어떤 제품을 살지 확실하게 정하고 온 고객이라면 직원의 적극적인 응대를 반길 수 있다. 자신이 사고 싶어 하는 상품이 정말 좋은 상품인지 확인하고 싶기 때문이다. 그러나 지나가다가 호기심에 들른 고객은 굳이 직원의 도움 없이 편하게 매장 안을 구경하길 원한다. 이런 '산책형 고객'들에게는 적당히 신경을 끈 척하면서 거리를 두고 있는 것이 좋다. 이렇게 하면 물건을 사지 않더라도 고객이 매장에 머무르는 시간이 길어진다.

'아무리 그래도 고객이 들어왔는데 어떻게 아무 응대를 하지 않을 수가 있겠어? 그럼 직원이 무슨 필요가 있지?'라고 생각한다면, 일본의 의류 브랜드 '어반 리서치'의 사례를 참고하기 바란다.

어반 리서치는 자신들의 매장에 '말 걸기 필요 없음'이라고 써놓은 쇼핑백을 비치했다. 이 쇼핑백을 든 고객에게는 절대로 직원이 먼저 말을 걸지 않겠다는 뜻이다. 어반 리서치 측은 그 이유가 고객들의 불만을 해결해주기 위해서라고 말한다.

고객 설문조사 결과 오프라인 매장에서 상품을 구매하는 것보다 온라인 쇼핑을 선호한다고 말한 고객들이 그 이유에 대해 "내 페이스에 맞춰 물건을 사고 싶다.", "점원이 말을 걸면 오히려 긴장해서 마음대로 쇼핑을 할 수 없다.", "이미 인터넷을 통해 모든 정보를 파악하고 있어서 판매원의 도움이 필요 없다."라고 밝혔다는 것이다.

어반 리서치의 무언 접객 서비스에 대한 고객들의 반응은 한마디로 뜨거웠다. 이 서비스는 각종 언론에서 큰 이슈가 되었고, SNS상에서 찬반 투표가 진행되기도 했다. 과연 결과는 어떻게 되었을까? 설문조사에 참여한 사람들 중 무려 81%가 이 무언 접객 서비스에 찬성했다. 사람들은 무언 접객 서비스가 '소비자를 위한 또 하나의 배려'라고 느껴진다며 호의적인 반응을 보였다.

이런 현상은 비단 오프라인 매장에만 국한된 이야기가 아니다. 대부분의 사람들은 자신이 마음을 열지 않은 상대와 불필요한 대화를 하는 상황 자체를 부담스러워한다.

〈서울신문〉은 택시기사 102명과 승객 110명을 대상으로 '침묵택시'에 대한 찬반의견을 조사했는데, 무언접객 서비스와 비슷한 결과가 나왔다. 침묵택시에 대해 택시기사들은 32.4%가 동의한 반면, 승객들은 79.1%가 동의했다. 심지어 인터뷰를 한 사람들 중 "택시기사와 대화를 나누기 싫어서 택시만 타면 일부러 누군가와 통화를 한다. 침묵택시가 어서 도입됐으면 좋겠다."고 말하는 승객까지 있었다.

국내의 몇몇 기업은 벌써 이러한 고객들의 심리를 깨닫고, 한층 더 업그레이드된 서비스를 지향하고 있다.

화장품 브랜드인 이니스프리의 일부 매장 입구에는 '혼자 볼게요.'라는 바구니와 '도움이 필요해요.'라는 두 개의 바구니가 비치되어 있다. 직원의 응대가 부담스러운 고객과 직원의 도움이 필요한 고객 양쪽을 모두 배려한 것이다.

이니스프리 관계자는 최근의 인터뷰에서 "따로 홍보하지 않았는데 소비자들의 반응도 좋고 SNS상에서 화제가 되어 지금은 더 알려졌다. 직원들 사이에서도 예전에는 고객들한테 다가가야 하나 말아야 하나 판단하기 부담스럽다는 목소리가 있었는데 그런 갈등도 사라졌다."고 말했다.

그런데 굳이 위에서 든 예처럼 바구니를 비치하지 않아도 '침묵의 배려'는 가능하다. 국내 대표적인 헬스&뷰티 매장인 올리브영은 직원들의 고객 응대 매뉴얼에 "도움이 필요하면 말씀해주세요."라고만 말하고 고객 근처에 다가가지 않는 것을 원칙으로 해두었다. 이들은 상품을 구매할 확률을 높이는 방법이 '직원의 응대'가 아니라 '매장에 머무르는 시간'임을 알고 있었던 것이다.

고객이 부담 없이 매장을 둘러보게 하기 위해서는 과한 응대에서 벗어나야 한다. 고객이 매장으로 들어오면 적당한 거리를 두고 '도움이 필요하면 말씀해주세요.'라고 말함으로써 그들에게 서비스의 선택권을 주어야 한다.

대신 할 일이 없는 것처럼 의자에 앉아서 핸드폰만 들여다보고 있어서는 안 된다. 그것은 당신의 매장이 장사가 안 된다고 홍보하고 있는 것이나 마찬가지다.

고객이 부담 없이 매장을 구경하는 동안 당신은 가게 안을 활기로 채워야 한다. 상품을 포장하거나, 재배열하거나, 시끄럽지 않은 선에서 청소를 하며 움직여라. 고객은 당신에게 '침묵의 배려'를 느끼며 한결 편안한 쇼핑을 즐길 것이다.

오감을 만족시켜
고객의 감성을 자극한다

사업을 하다 보면 "소비자들의 감성을 자극하라.", "이제는 하이테크가 아닌 하이터치(감성)의 시대다."라는 말을 한 번쯤은 들어봤을 것이다. 커피가 맛있는 집보다 분위기가 좋은(감성적인) 카페에 사람들이 몰리는 것은 어제오늘의 일이 아니며, 상품을 살 때 성능보다 디자인을 우선시하는 것 또한 최근에 갑작스럽게 생긴 현상이 아니다.

그렇다면 이 '감성'이라는 것은 대체 무슨 의미를 가지고 있을까? 사전적인 뜻으로 감성은 '외부의 자극에 대한 어떤 느낌을 가지는 상태나 능력'을 말한다. 바꿔 말하면 '좋은 분위기(감성)'를 갖춘다는 것은 사람들에게 좋은 자극을 준다는 의미가 되기도 한다.

자극이란 기본적으로 인간이 느낄 수 있는 오감(시각, 후각, 촉각, 청각, 미각)에서 비롯된다. 따라서 이 오감에 좋은 자극을 줄 수 있다면 당신의 사업장(상품)은 고객들에게 좋은 이미지를 심어줄 수 있다.

미국의 색채 심리학자인 루이스 체스킨은 한 가지 실험을 했다. 그는 똑같은 성분의 중성세제를 용기의 색깔만 다르게 해서 종류가 세 가지인 것처럼 만들었다. 용기의 색은 노란색과 파란색, 파란색 바탕에 노란색을 뿌려놓은 것이었다.

체스킨은 이 세 가지 용기의 중성세제를 소비자들에게 사용토록 한 뒤 평가를 들었다. 소비자들의 반응은 어땠을까? 분명히 용기만 다른 동일한 성분의 세제임에도 불구하고 평가는 완전히 다르게 나타났다.

먼저 노란색 용기의 세제를 사용한 소비자는 "오염물은 잘 제거되지만 손이 거칠어진다."고 대답했고, 파란색 용기의 세제를 사용한 소비자는 "세탁 후에는 깨끗한 느낌이지만 오염물은 잘 제거되지 않았다."는 반응을 보였다. 그리고 마지막으로 파란색 바탕에 노란색이 칠해진 용기의 세제를 사용한 소비자는 "오염물이 놀라울 정도로 잘 제거되었다."는 반응을 보였다.

분명히 같은 세제인데 왜 이런 결과가 나왔을까?

루이스 체스킨은 이렇게 상품 자체보다 포장 용기에 따라 반응이 달라지는 것을 보고 비합리적 성향이라고 말했다. 세 번째 용기가 소비자들에게 호평을 받은 이유는 물을 연상시키는 파란색에 세제의 입자가 녹아드는 것처럼 노란색을 그려 넣은 디자인이 세탁이 잘될 것 같은 이미지를 연상시키게 했기 때문이라는 것이다. 이처럼 단순히 시각적인 효과만으로도 사람들은 상품에 대한 효과를 완전히 다르게 인식했다.

1940년, 체스킨은 이 실험 결과를 토대로 마가린 회사의 매출을 올리기 위해 새로운 포장 디자인을 기획했다. 그는 똑같은 마가린에 '임페리얼 마가린'이라고 이름을 붙여서 금색 호일로 감싸고 포장에는 푸른색 왕관을 그려 넣자고 회사에 건의했다.

그는 기존의 마가린 디자인과 새로운 디자인에 대한 효과를 검증하기 위해 실험을 진행했다. 두 개의 마가린 포장(기존의 디자인, 새로운 디자인)을 같이 꺼내놓고, 사람들이 각각의 마가린을 빵에 발라먹은 후 맛을 평가하도록 했다. 실험 결과는 임페리얼 마가린의 압도적인 승리였다.

체스킨의 실험 결과는 사업을 하는 사람들에게 자신의 사업에 무엇을 적용해야 하는지 알려준다. 단순히 상품의 품질에만 신경 쓸 것이 아니라 용기의 디자인, 매장의 인테리어와 같은 겉으로 드러난 부분에도 많은 신경을 써야 한다는 것이다.

많은 신경을 쓴다는 것이 꼭 많은 비용을 투자해야 한다는 뜻은 아니다. 기존 건물의 느낌을 그대로 살리면서 빈티지한 감성으로 변화를 줄 수도 있고, 작은 소품이나 용기의 디자인을 바꾸는 것만으로도 충분히 좋은 반응을 얻을 수 있다. 자신이 괜찮은 인테리어나 디자인을 볼 줄 아는 안목이 없다면 장사가 잘되는 매장들을 벤치마킹하는 것도 좋은 방법이다.

이번에는 후각과 관련된 다른 연구 결과를 보자. 미국 뉴저지 주 럿거스 대학의 쟈넷 박사는 향기와 사람들의 행동에 대한 연관성을 실험했다. 연구팀은 실험 대상자들을 두 팀으로 나누고 팀별로 각각 다른 방에 들어가게 했다. 그런 다음 한쪽 방에는 샤넬 NO.5 향수를 뿌리고, 다른 방에는 아무 향수도 뿌리지 않았다.

이들은 연구팀의 지시에 따라 자신의 과거와 현재에 일어난 일, 미래에 벌어질 일들에 대해 글을 썼다. 또 연구팀은 실험 대상자들이 글을 다 쓴 뒤 무언극을 연기하는 배우들이 있는 방에 들어가 자신의 이야기를 몸으로 표현하는 방법을 배우게 했다.

이 두 팀에는 과연 어떤 일이 벌어졌을까? 샤넬 NO.5 향수를 뿌린 방에 있던 사람들은 향수를 뿌리지 않은 방에 있던 사람들보다 '행복'에 관련된 단어를 무려 세 배 이상 많이 사용했다. 또 자신의 이야기를 몸으로 표현할 때는 다섯 배 이상 적극적인 행동을 보였다.

이 연구 결과는 좋은 향기가 사람들의 생각과 행동에 미치는 긍정적인 영향을 객관적으로 보여준다. 이를 비즈니스에 적용하면 매출을 올리기 위해서는 상품이나 매장에서 좋은 향기가 나도록 신경 써야 한다는 말이다. 후각에 예민한 사람들은 단지 냄새 하나만으로도 상품이나 매장의 모든 것을 미리 판단해버리기도 한다. 사업을 하는 입장에서 사소하다고 생각하는 것들이 어떤 고객에게는 매우 민감한 부분일 수 있다.

1986년, 미국의 잡지 《소비자 연구》에서 학자 밀리만은 음악의 템포와 소비자 행동의 연관성에 대해 실험했다.

그가 한 실험은 인구 15만 명이 사는 도시의 한 슈퍼마켓에서 진행되었다. 밀리만은 같은 음악을 두 개의 템포로 만들어서 슈퍼마켓에 있는 사람들에게 들려주었다.

실험을 하는 동안 빠른 템포(1분에 93박)와 느린 템포(1분에 73박)의 음악을 튼 상태, 음악이 아예 나오지 않는 상태에서 모두 소비자의 행동을 관찰했다. 밀리만은 실험을 위한 특정 구역을 정해놓고 음악의 템포에 따라 사람들이 지나가는 시간이 어떻게 다른지, 판매량에 변화가 생기는지를 면밀하게 측정했다.

구분	느린 음악	빠른 음악	음악 없음
고객들이 지나간 시간(초)	127.53	108.93	119.86
평균 판매액(달러)	16,740	12,112	계산된 바 없음

실험 결과, 음악의 템포가 빠를수록 사람들은 빠르게 움직였고 체류시간이 짧았다. 이에 따라 상품의 판매액은 자연스레 줄어들었다.

그렇다면 슈퍼마켓에 방문했던 사람들은 이 사실을 알고 있었을까? 밀리만은 매장의 출구에서 사람들에게 물었다.

"매장에서 들었던 음악이 기억나시나요?"

하지만 사람들은 매장 안에서 무슨 음악을 들었는지, 매장에 음악이 나왔는지, 나오지 않았는지조차 인지하지 못했다.

밀리만의 연구 결과에 따르면 상품을 진열해놓고 파는 매장에서는 주로 느린 템포의 음악을 들려줌으로써 고객이 여유를 갖고 천천히 매장을 둘러보게 만들 수 있다. 체류시간이 늘어나면 자연스레 매출도 같이 상승할 확률이 높고, 장사가 잘되는 가게처럼 보여 더 많은 고객들을 불러 모으게 될 것이다.

촉각에 대한 흥미로운 연구 결과도 있다. 심리학자인 해리 할로우 박사는 조지아 대학의 교수로 근무하던 시절 한 가지 실험을 진행했다. 그는 좀 더 자극적인 실험이 가능하도록 유전자 구조가 인간과 94% 유사한 붉은 털 원숭이를 실험 대상으로 삼았다.

할로우 박사는 갓 태어난 원숭이를 어미로부터 격리시켜서 각각 네 마리씩 다른 두 우리에 집어넣었다. 한쪽 우리에는 헝겊으로 덮여 있는 어미(모형)가 있고, 다른 쪽은 철사로 만들어졌지만 우유가 나오는 어미(모형)가 있었다.

이렇게 두 우리에서 키워진 원숭이들은 나중에 두 어미 중 한 마리를 고를 수 있는 선택권이 주어졌을 때 망설임 없이 헝겊으로 씌운 어미를 택했다. 어떤 우리에서 자랐든 마찬가지였다. 이들은 배가 고프면 철사 어미에게 가서 우유를 먹고는 금방 다시 헝겊 어미한테로 돌아왔다. 심지어 헝겊 어미에게 다가가는 원숭이들에게 차가운 물을 끼얹거나 뾰족한 물건으로 찌르는 자극을 주어도 그들은 헝겊 어미 쪽을 선택했다.

이런 현상을 '접촉 위안'이라고 한다. 차갑고 딱딱한 것보다 부드럽고 포근한 것에 훨씬 더 편안함을 느끼는 현상이다.

당신은 고객들에게 고급 가죽이나 카펫, 푹신한 소파, 쿠션 등 부드럽고 포근한 소품들을 이용해 단순히 편안함뿐만 아니라 심신의 위안까지 같이 제공할 수 있다. 만약 이런 소품들을 활용하기 어렵다면 따뜻한 커피나 차를 한 잔 제공하는 것도 훌륭한 대안이 될 수 있다.

미국 콜로라도 대학의 로렌스 윌리엄스 박사와 예일 대학의 존 바그 박사의 연구에 따르면 '따뜻한 물건을 손에 쥔 사람은 마음까지 따뜻해지며, 앞에 있는 사람을 좋게 파악하는 경향이 있다.'고 밝혀졌기 때문이다.

연구진은 본격적인 실험을 시작하기 전에 실험 대상자들이 차가운 커피와 따뜻한 커피를 잠시 들고 있게 했다. 이후 실험실에 들어온 사람들에게 A라는 가상의 인물에 대한 간단한 설명을 해준 뒤, 그들이 A에 대해 평가하도록 했다.

결과는 어땠을까? 따뜻한 커피를 들고 있던 대부분의 사람들은 A가 관대하고 배려심이 깊으며 온화하다고 평가한 반면에 차가운 커피를 들고 있던 사람들은 A가 과민하고 비사교적이며 이기적이라고 평가했다.

이 실험은 따뜻하거나 차가운 물건을 만지는 등의 일시적인 '온도' 차이가 사람들의 행동과 기분에 엄청난 변화를 일으킨다는 사실을 알려준다.

감성을 자극한다는 것은 굉장히 모호한 표현이 아닐 수 없다. 차라리 고객들의 오감에 기분 좋은 자극을 주는 것이라고 표현하면 좀 더 이해하기 쉬울지 모른다. 오감을 기분 좋게 자극한다는 것은 다시 말해서 '고객에게 편안함을 제공하면서 일상에서 벗어난 행복을 느끼게 하는 것'이라고 정리할 수도 있다.

서울대 행복연구 센터장 최인철 교수는 사람을 행복하게 하는 수많은 행동 중에서도 단일행동으로는 여행이 압도적인 행복감을 준다고 말하며 이렇게 덧붙였다.

"여행을 좀 더 자주 가십시오. 여행을 가면 행복감을 느낄 수 있는 것은 여행이 기본적으로 '벗어나는 경험'이기 때문입니다. 뭔가로부터 떨어져보는 경험은 상당한 행복감을 줍니다."

아무리 편하게 꾸며놓은 매장이라도 집에 있는 소파와 침대보다 편할 수는 없다. 그런데도 우리가 분위기 좋은 카페에서 집보다 더 강하게 여유로움을 느끼는 이유는 '일상에서 잠시 벗어난 느낌'을 받기 때문이다.

마지막으로 '기분 좋게 오감을 자극하는 방법'에 대해 다시 한 번 확인해보자.

Check Point 1 상품의 디자인이나 매장의 인테리어와 같이 겉으로 드러나 보이는 부분에도 신경 쓴다. 사람들은 시각을 통해 얻은 정보로 모든 것을 판단하는 경

향이 있다.

Check Point 2 매장이나 상품에서 좋은 향기가 나도록 강구하자.
좋은 향기는 좋은 인상을 심어줄 수 있다.

Check Point 3 느린 템포의 음악은 사람들에게 여유를 느끼게
하여 매장에 좀 더 오래 머무르게 만든다.

Check Point 4 부드럽고 포근한 촉감, 따뜻한 온도는 사람의 마
음을 열어준다.

명심하자. '감성을 자극한다는 것'은 고객들에게 편안함을 선물
하면서도 일상에서 벗어난 행복감을 느끼게 하는 것이며, 그러기 위
해서는 사람들의 오감을 기분 좋게 만족시켜야 한다.

일본에서 1,400여 곳의 츠타야 매장을 운영하는 CCC(컬처 컨비니
언스 클럽 주식회사)의 사장 겸 최고경영자인 마스다 무네아키는 저
서 《지적자본론》에서 이렇게 말했다.

"사실은 '편하다'라는 단순한 감각이 매우 중요합니다. 인터넷을 통
해 사람과 사람이 연결되는 사회에서 물리적인 장소에 사람을 모으
려면 인터넷상에는 절대로 존재하지 않는 것을 의식적으로 도입하는
수밖에 없습니다."

회전율을 높여야
가게가 산다

스타벅스가 유독 한국에서만 폭리를 취하고 있다는 말이 돈 적이
있다. 이에 대한 근거는 스타벅스의 국가별 커피 가격이었다. 2016년
1월 20일 소비자시민모임이 발표한 전 세계 주요 도시별 스타벅스의
커피 가격은 충분히 그런 오해를 불러일으킬 만했다.

스타벅스 아메리카노 톨 사이즈의 도시별 가격이 파리는 3,773원,
도쿄 3,475원, 뉴욕이 2,821원인 데 비해 서울은 무려 4,100원이니
말이다. 각 나라들의 물가와 평균 임금을 생각해보면 분명히 네 나
라 중에서 가장 저렴한 가격이어야 맞다. 그렇다면 정말로 스타벅스
는 한국에서만 폭리를 취하고 있는 것일까?

이번에는 이것과 정반대의 자료를 살펴보자. 2016년의 스타벅스
코리아는 매출액의 정점을 찍어 드디어 1조 원의 벽을 넘어섰다. 그
러나 스타벅스 코리아의 2016년 손익계산서를 보면 매출액이 1조 원

에 달한 것에 비해 영업 이익은 853억 원에 불과했다. 영업 이익률이 8.5%에 그친 것이다.

그에 반해 미국 스타벅스의 2016년 손익계산서를 보면 매출액 213억 달러(약 22조 원) 대비 영업 이익은 42억 달러(약 5조 원)이다. 영업 이익률이 20%를 넘었다. 아무리 해외에서 들여올 때의 수수료를 감안한다고 해도 아메리카노가 2,821원인 것에 비하면 굉장히 높은 영업 이익률이다.

우리나라와 가까운 일본은 어떨까? 도쿄의 아메리카노 가격은 3,475원으로 우리나라보다 무려 600원 이상이 더 저렴하지만, 일본 스타벅스의 영업 이익률은 매년 우리나라보다 2% 이상 높다.

만약 스타벅스 코리아가 정말 다른 나라들에 비해 폭리를 취하고 있다면 영업 이익률이 상대적으로 훨씬 높아야 한다. 하지만 실상은 오히려 그 반대다. 이것은 다시 말해서 한국의 특성상 커피 가격을 높이지 않고는 도저히 운영이 불가능하다는 이야기다.

전문가들은 이 기이한 현상에 대해 두 가지 원인을 제시한다. 첫 번째는 스타벅스가 주로 포진해 있는 한국 번화가의 높은 임대료가 원인이고, 두 번째는 한국 소비자들의 특이한 성향 때문이라는 것이다.

하지만 첫 번째 원인에 대해서는 의구심이 생기지 않을 수가 없다. 뉴욕과 도쿄 또한 임대료가 엄청나게 비싼 편이기 때문이다. 따라서 이것만으로 영업 이익률의 차이를 설명하기엔 너무 빈약하다. 우리는 이 기이한 현상을 두 번째 이유를 통해 이해할 수 있다.

미국의 스타벅스는 한국의 스타벅스에 비해 매장의 평균 면적이 작다. 한국은 대부분이 $231m^2$(약 70평) 이상으로, $132 \sim 165m^2$(약 $40 \sim 50$평)인 미국에 비해 꽤 차이가 난다. 이 이유에 대해서 스타벅스 코리아 측은 이렇게 설명한다.

"미국 등 서구에선 테이크아웃 문화가 발달한 반면 우리나라는 매장에서 대화나 업무를 하는 문화가 강해 넓고 쾌적한 공간이 필요하다."

의자에 한 번 앉으면 도무지 일어나지를 않는 한국 사람들의 성향 탓에 한국의 카페들은 회전율이 매우 낮은 편이다. 회전율이 낮아지면 받을 수 있는 고객이 줄어들기 때문에 매출이 감소할 수밖에 없다. 그러다 보니 기업의 입장에서는 매출 감소를 상쇄하기 위해 가격을 올려야만 하는 상황인 것이다. 스타벅스 코리아는 폭리를 취하는 것이 아니라 살아남기 위해 가격을 높게 잡았을 뿐이다.

한국인들의 이러한 성향 때문에 어려움을 겪는 가게는 꽤 많다. 맛있는 음식을 저렴하게 제공하면 손님들이 몰려서 줄을 서는데, 한번 앉은 손님들이 나갈 생각을 안 하는 것이다. 맛있는 음식을 계속해서 저렴한 가격에 제공하기 위해선 회전율이 높아야 하지만, 손님들이 이런 사장의 마음을 알아줄 리가 없다.

그렇다면 회전율을 높이기 위해 효과적인 방법이 있을까? 어떤 전문가들의 책에서는 이렇게 말하기도 한다.

"빠른 음악을 틀고, 고객을 불편한 의자에 앉혀라."

오래 앉아 있기 불편한 의자와 여유를 느낄 수 없는 음악을 틀어서 빨리 음식만 먹고 나가게 만들라는 것이다. 물론 이 방법이 효과가 전혀 없는 것은 아니다. 우리가 잘 아는 맥도날드가 정확히 이런 방식으로 매장의 회전율을 높이고 있기 때문이다.

맥도날드에는 푹신한 의자가 없다. 또한 많은 매장에서 빠른 템포의 음악을 틀곤 하는데, 이 또한 회전율을 높이기 위한 전략 중 하나다. 맥도날드는 여기에서 한 발 더 나아가 인테리어에도 세심한 신경을 썼다. 노란색과 빨간색으로 도배를 하고, 심지어 종업원들의 옷까지 원색으로 만들었다. 고객들의 눈에 피로감을 주어서 얼른 먹고 나가고 싶어지게 하려는 것이다.

이 모든 것은 고객들이 전혀 눈치 채지 못하는 사이에 하나씩 영향을 준다. 기업은 고객에게 만족을 주는 것이 기본자세인데 너무한 것 아니냐고? 어쩔 수 없다. 대부분의 사람들은 패스트푸드점에서 한 시간을 있든 20분을 있든 햄버거 한 세트만을 먹기 때문이다.

맥도날드의 방법으로 회전율을 높이면서 장사가 잘되는 경우는 특이한 케이스라고 볼 수 있다. 패스트푸드점에 가는 사람들은 빨리 먹고 나오는 것이 주된 목적이다. 그래서 패스트푸드가 아닌가.

하지만 당신이 만약 섣불리 이런 방식으로 회전율을 높이려 한다면 단골고객마저 잃는 수가 있다. 다음의 사례를 보면 한국의 소비자들을 대상으로 회전율을 높이려는 시도가 얼마나 위험하고 힘든 일인지 알 수 있다.

일본에서 몇 년 전부터 급성장하고 있는 '오레노 프렌치'라는 가게가 있다. 이 가게는 일류 요리사가 고급 프랑스 요리를 만들어 파는데 가격이 황당할 정도로 저렴하다.

고급 레스토랑에 가면 10만 원 정도는 내야 먹을 수 있는 요리들을 오레노에서는 1만 원에서 3만 원 사이에 먹을 수 있다. 그래서인지 원가율은 대략 60~80%에 달한다. 보통 30% 정도인 다른 가게에 비하면 압도적으로 높은 원가율로, 이렇게 해서 운영이 되는지 걱정될 정도다.

게다가 오레노는 임대료가 비싼 번화가에 지점을 낸다. 어떻게 이런 방식으로 장사를 할 수 있을까?

오레노는 매장을 찾은 손님들의 회전율을 높이는 전략으로 수익을 내고 있었다. 회전율을 높이기 위해 스탠딩석을 도입했는데, 손님들이 매장에 들어와 서서 음식을 먹는 것이다. 또 먹는 시간에도 제한을 뒀다. 매장에 들어온 지 1시간 50분이 지나면 음식을 다 먹지 못해도 무조건 나가야 한다. 마지막으로 매장을 작게 만들어서 손님들이 줄을 설지언정 절대로 테이블이 비지 않게 했다.

일본에서 오레노의 이런 작전은 완벽하게 성공했다. 하루 저녁에 4회전 이상을 하며 박리다매의 전략이 제대로 먹혀 들어간 것이다.

일본 자영업계의 스타 컨설턴트이자 채러티사의 대표이사인 다카

이 요코는 인터뷰에서 오레노 프렌치의 성공 사례를 예로 들며 회전율을 높이는 방법에 대해 조언했다.

"일반 음식점에선 원가율이 30%를 넘어가면 대부분 손해가 난다. 만약 음식에 자부심이 커서 원가율을 높이고 싶다면 회전율도 높여야 한다. 일본에서 인기 있는 프랑스 식당 '오레노 프렌치'는 푸아그라 등 고급 식재료로 만든 음식을 3,000엔(약 3만 원) 이하로 판매한다. 원가율이 80%에 달한다. 그래서 스탠딩석을 도입했다. 서서 고급 프랑스 음식을 먹는 것이다. 또 시간제한을 뒀다. 원가율이 높은 대신 회전율도 같이 높이기 위한 방법이다."

오레노는 일본에서 큰 성공을 거두었다. 그리고 일본의 유명한 컨설턴트는 오레노 프렌치의 사례를 예로 들며 회전율을 높이는 방법을 소개하기까지 했다.

그럼 이 방법을 우리나라에서 적용하면 어떨까?

오레노는 이태원에 직영점을 내면서 우리나라에서 영업을 하기 시작했다. 물론 일본과 동일하게 서서 먹는 시스템과 시간제한을 도입했다. 좌석을 두긴 했지만 추가 요금을 받았다.

우리나라에서도 이 방법이 과연 일본과 같은 효과를 보았을까?

2016년부터 한국에 있는 오레노 매장들은 서서 먹게 하는 전략을 포기하고 좌석제를 운영하고 있으며 시간제한도 포기했다. 한국 소비자들과 일본 소비자들의 성향이 완전히 달랐기 때문이다. 우리나라 사람들은 앉아서 먹는 것을 선호했고, 시간에 쫓기면서 먹는 것을 원치 않았다.

그렇다면 우리나라에서 회전율을 높일 수 있는 방법은 없는 것일까? 아니다 우리나라에서도 손님들의 기분을 상하게 하지 않으면서도 회전율을 높일 수 있는 효율적인 방법이 있다. 최근 가구 기업 이케아가 푸드코트의 회전율을 높이기 위해 도입한 전략이다.

이케아의 푸드코트는 저렴한 가격에 다양한 음식을 제공하며 손님들에게 엄청난 인기를 끌고 있었다. 하지만 가구 쇼핑을 마친 후 오래 앉아 있는 손님들이 너무 많아 회전율이 떨어지는 것이 유일한 고민이었다. 이케아는 결국 회전율을 높이기 위해 새로운 전략을 도입했다. 다음은 최근에 나온 기사의 내용이다.

"일본 트위터 이용자 마츠오카 아츠시는 지난 6일 '엄청 붐비는 이케아 푸드코트에서 이런 종이를 받았다.'며 사진 한 장을 게재했다. 그는 '30분 안에 좌석을 비워주면 소프트아이스크림으로 교환해준다는, 혼잡을 피하기 위한 대책.'이라고 설명을 덧붙였다. 이케아에서 나눠준 종이에는 '영수증에 인쇄된 시간부터 30분 이내에 다른 손님에게 자리를 양보해주신 분께 소프트아이스크림 쿠폰을 드립니다.'라고 적혀 있다. 레스토랑 직원에게 영수증을 제시하면 교환권을 받을 수 있다는 설명도 나와 있다."

이케아는 의자를 일부러 불편하게 만들지도 않고, 손님들을 서서 먹게 하지도 않고, 빠른 음악을 틀지도 않았다. 다만 고객들을 진심으로 위하면서도 회전율을 높일 수 있는 최선의 방법을 찾아냈다.

음식점을 운영하는 사람이라면 이와 같은 이케아의 방법을 적극적으로 도입해볼 만하다. 푸드코트와 같이 선불제가 아닌 후불제로 계산하는 음식점도 "한 시간 내에 다 드시고 나가는 손님에게는 음식 값의 10%를 할인해드립니다."와 같은 식의 윈윈 전략을 사용할 수 있다.

효과적인
벤치마킹이란?

오클라호마의 가난한 가정에서 태어난 샘 월튼이 가진 것은 오직 성실함과 열정뿐이었다. 그는 어렸을 때부터 백화점에서 주급을 받으며 일했다. 얼마 지나지 않아 관리자로 진급한 그는 상점을 운영하면서 평생 동안 도움이 될 습관 하나를 만들었다. 그것은 경쟁 업체를 찾아다니며 그들의 장점을 배워오는 것이었다.

일을 하지 않는 날에는 도서관에 앉아 소매업 관련 서적을 모조리 찾아 읽거나 근처 백화점, 유통업체를 쉬지 않고 돌아다녔다. 그는 누구에게나 배울 것이 있다고 생각했다. 책을 읽고 경험을 쌓는 것 외에도 다른 사람들이 하는 말 또한 허투루 흘려듣지 않았다.

1945년, 샘은 2차 대전 시기의 군복무를 마치고 저축해놓은 돈과 장인에게 빌린 돈을 합쳐서 본격적인 사업을 시작했다. 우여곡절 끝에 본인만의 상점을 갖게 된 그는 탁월한 경영 수완으로 꾸준히 매상을 올렸다. 하지만 그는 여기에서 멈추지 않았다.

이미 궤도에 오른 상점의 운영을 매니저에게 일임하고, 자신은 새로운 아이디어와 정보를 구하러 다니기 시작했다. 당시 샘의 가게는 계산대 뒤에 물건이 진열되어 있고, 고객이 원하는 물건을 점원이 가져다 주는 방식이었다. (우리가 담배를 살 때처럼 모든 물건을 그런 식으로 판매했다.) 이런 방식으로 운영하다 보니 가게 점원이 혼자 모든 일을 감당하기에는 역부족이었다. 인건비가 더 들더라도 추가로 직원을 더 뽑아야만 하는 상황이었다.

그러던 어느 날 샘은 미네소타의 한 상점을 보고 큰 충격을 받았다. 그 상점은 당시 보편적으로 활용되던 계산 방식과 완전히 다른 방식을 취하고 있었다. 점원이 고객의 상품을 가져오는 것이 아니라 고객이 직접 상품을 골라 입구 근처에 있는 중앙 계산대에서 일괄적으로 계산하는 것이었다.

샘은 그 모습을 본 순간 직감적으로 깨달았다.

'중앙 계산대 시스템은 점원이 직접 물건을 가져올 필요가 없으니 인건비가 절약된다. 또 손님들의 입장에서는 여유롭게 상품들을 둘러보고 한 번에 계산할 수 있으니 편리하다.'

샘은 이 '중앙 계산대' 모델을 바로 벤치마킹해서 자신의 상점에 적용했다. 그리고 샘이 업그레이드시킨 이 체계는 훗날 '월마트'가 성공하는 토대가 되었다.

미국의 최대 할인마트인 월마트의 창업자 샘 월튼은 자신의 자서

전에서 이렇게 말했다.

"나는 아이디어로 충만한 사람이 아니다. 내가 한 일의 태반은 다른 사람을 모방한 것이다."

또 그가 월마트의 성공 비결을 묻는 기자에게 "난 그저 남을 따라 했을 뿐이네."라고 말한 것을 보면 그가 생각하는 성공 전략의 핵심이 무엇인지는 단번에 파악할 수 있다.

경제학자 에드윈 맨스필드가 동료들과 조사한 연구 결과에 따르면 모방 기업이 새로운 제품을 내놓는 데 걸리는 시간은 혁신 기업이 제품을 개발하는 시간의 70%에 불과하다. 또 이들은 화학, 처방 약품, 전자 및 기계 산업의 48개 제품을 혁신하는 비용에 대해 연구했는데, 평균적으로 모방 기업은 혁신 기업이 지출하는 비용의 65%만을 지출했다는 사실을 밝혀냈다. 모방 기업이 혁신 기업보다 비용 측면에서도 효율적이라는 것이다.

모방 전략이 비단 기업 경영에만 적용되는 것은 아니다. 모방은 기본적으로 우리 삶의 모든 부분에서 활용되고 있다.

과학자들은 실험을 진행하다가 막다른 벽에 부딪히게 되면 '동종유추'를 통해 문제를 해결하곤 한다. 동종유추는 과학자가 진행하고 있는 실험과 비슷한 실험들을 비교해보는 방법이다. 수많은 연구자들, 대학원생들이 쓰는 논문은 어떤가. 논문 작성의 기본은 일단 자신이 정한 주제에 대해 선행 연구(과거에 진행되었던 연구)를 참조하는 것이다.

심지어 제품을 개발할 때는 인간이 아닌 동물이나 사물을 모방하기도 한다. 디자이너 피오나 페어허스트는 새로운 수영복을 개발하기 위해 물속에서 빠르게 움직이는 모든 것을 유심히 살폈다. 그 결과, 그녀는 상어의 피부에서 영감을 받아 '패스트 스킨'이라는 새로운 재질의 수영복을 만들었다.

수영복의 효과가 어땠냐고? 2000년 시드니 올림픽에서 메달을 딴 수영 선수들 중 83%는 패스트 스킨 수영복을 착용했다. 결국 이 수영복은 성능이 너무 좋다는 이유로 올림픽 착용이 금지되었다.

과학자, 연구자, 디자이너들은 대표적으로 새로운 사실을 발견하거나 창조해내야 하는 사람들이다. 아리스토텔레스는 "모방은 창조의 어머니."라고 말했으며, 피카소는 "훌륭한 예술가는 모방하고 위대한 예술가는 훔친다."고 말했고, 스티브 잡스는 "애플은 위대한 아이디어를 훔치는 것에는 수치심을 느끼지 않는다."고 말했다.

이처럼 새로운 것을 창조해내는 것은 0에서 시작되지 않는다. 그렇다면 벤치마킹은 언제나 훌륭한 결과만을 낳을까? 반드시 그렇지만도 않다.

한때 전 세계적으로 일본의 이세탄 백화점을 벤치마킹하려는 기업들이 많았다. 불황에 빠져 있던 다른 유통업체들에 비해 이세탄 백화점은 홀로 승승장구하며 나날이 발전하는 모습을 보이고 있었기 때문이다.

특히 오다큐 백화점은 이세탄의 사장 출신인 가케이와 주요 임직원들을 과감히 스카우트하며 이세탄 방식을 그대로 모방하기 위해 노력했다. 그 결과는 어땠을까? 이를 시작한 지 4년 만에 이세탄 출신 임직원들이 모두 사표를 내며 벤치마킹은 큰 실패로 끝났다.

이런 일은 벤치마킹을 하는 기업들 사이에서 꽤 비일비재하게 일어나는 일이다. 이런 실패에는 복합적인 이유가 있지만, 결국 핵심은 '벤치마킹 포인트와 자신이 하는 사업의 접합점을 잘못 이해한 것'이다.

이세탄 백화점은 입지 여건이 열악하고 자본이 넉넉하지 못한 탓에 모든 임직원들이 악바리 정신으로 똘똘 뭉쳐 있었다. 이에 따라 직원들은 '우리가 열심히 하지 않으면 백화점이 망할지도 모른다.'는 생각에 제품 진열부터 서비스까지 완벽함을 갖추기 위해 스스로 애썼다.

또 '머천다이징 노트'를 개발하여 고객이 원하는 상품이 무엇인지 알아내기 위해 끊임없이 고민했다. 이에 따라 이세탄 백화점은 '고객의 마음을 가장 잘 알아주는 백화점'이라는 명성을 얻을 수 있었다.

핵심은 직원들의 마인드였음에도 불구하고, 벤치마킹을 한 대부분의 기업들은 '제품 진열이 잘 되어 있는 모습'과 같이 눈에 보이는 결과만을 모방하기 위해 애썼다.

하지만 철밥통 문화로 유명한 오다큐 백화점의 직원들은 아무리 경영진이 바뀌고 '머천다이징 노트'를 도입한다고 해도 그렇게까지 열심히 할 마음이 없었다.

이처럼 벤치마킹 포인트를 자신의 사업에 맞게 변형하지 못하고 그대로 따라하려고만 하면 실패로 돌아갈 수밖에 없다.

그렇다면 대체 어떻게 해야 우수한 기업들의 사례를 자신의 사업체에 적절히 융화시킬 수 있을까?

독일 킬 대학교 교수들의 연구는 이에 대한 해답을 알려준다.

대부분이 교수들로 이루어진 이 연구팀은 독일 중견 기술 회사의 주요 의사결정들을 평가했다. 이 회사는 18개월 동안 83건의 주요 사안에 대해 토론을 하고 의사결정을 했다. 의사결정들 중 약 40%는 가부 결정(찬반 결정)이었으며, 약 55%는 양자택일, 이외의 5%는 세 가지 대안을 가지고 있었다.

연구팀은 경영진과 함께 오랜 토론을 거쳐 83개의 의사결정을 '매우 훌륭함', '양호함', '형편없음'의 세 가지 성과에 따라 나누었다. 이렇게 모든 의사결정들을 평가한 뒤, 연구팀은 새로운 사실을 알게 되었다.

가부 결정에서 '매우 훌륭함'을 받은 평가는 6%에 그친 반면에 두 개 이상의 대안을 갖고 의사결정을 한 사례들에서는 무려 40%가 '매우 훌륭함'이라는 평가를 받은 것이다.

이 연구 결과를 통해 단순히 선택안을 늘리는 것만으로 훨씬 더 나은 의사결정을 할 수 있다는 사실을 알 수 있다. 따라서 벤치마킹을 할 때는 아래의 원칙에 따를 것을 권한다.

'**최대한** 다양한 곳을 둘러보고 그중 자신의 사업에 모방하기에 가장 적합한 것을 찾아낼 것.'

물론 통찰력이 있는 성공한 사업가들은 벤치마킹을 할 때 '저런 좋은 점은 이렇게 변형해서 우리 조직에도 적용해봐야겠다.'라는 판단이 정확히 선다. 하지만 이런 사업가들은 이미 수없이 많은 경험과 시행착오를 겪은 사람들이다.

이제 막 사업을 시작한 사람들은 최대한 많은 경험을 통해 다양한 시도를 해보는 과정이 반드시 필요하다. 그래야만 벤치마킹도 효과가 있고, 새로운 것도 창조할 수 있다.

설문조사를 활용하여
고객의 만족도를 높인다

당신은 기존 고객을 지켜내는 것이 기업을 경영하는 데 얼마나 효율적인지 알고 있는가? 대강 추측은 하겠지만 실감은 나지 않을 수도 있다. 컨설팅 기업과 대기업들은 이런 데이터를 정확히 분석하고, 매출을 올리기 위해 노력하고 있다.

맥켄지 컨설팅은 신규 고객 창출이 기존 고객을 유지하는 데 드는 비용보다 약 5배가 더 들어간다는 연구 결과를 밝혔으며, 굿맨 리포트에서는 불만 고객의 91%가 1명당 20명의 신규 고객 유입을 방해한다고 말한다. HP에서는 상품과 서비스에 만족한 고객 1명이 6~8명의 고객을 소개하지만, 불만족한 고객 1명은 무려 10명에게 부정적인 영향을 끼친다고 말했다. 제록스는 고객이 어느 정도 만족하면 1회 반복 구매를 하고, 엄청나게 만족하면 여섯 번의 반복 구매를 한다고 밝혔다.

기존 고객을 만족시키는 일은 어떤 기업을 막론하고 중요한 일이지만, 소상공인들에게는 특히 생계가 걸려 있는 일이다. 신규 고객을 창출하기 위해서는 불가피한 마케팅 비용이 발생하기 때문이다.

그렇다면 기존 고객의 만족도를 높이기 위해 어떤 방법을 취할 수 있을까?

세계에서 가장 큰 낙농제품 매장인 스튜 레오나드의 입구에는 기업 철학이 새겨진 4톤짜리 돌이 있다. 이 돌에 새겨진 글을 보면 얼마나 고객 중심적인 철학을 가지고 있는 회사인지 가늠이 된다.

"우리의 신조, 규칙 1 고객은 항상 옳다. 규칙 2 만약 고객이 옳지 않다면 '규칙 1'을 다시 읽어라."

창업자인 스튜 레오나드가 처음부터 이런 철학을 가지고 있었던 것은 아니다. 그는 사업을 시작한 지 얼마 되지 않았을 때 뼈저린 교훈을 얻었다.

어느 날, 할머니 한 분이 매장으로 찾아왔다. 전날 사간 달걀이 상했다며 반품하러 온 것이다. 하지만 상품 관리를 기업의 첫 번째 원칙으로 삼고 있던 스튜는 오히려 할머니에게 따져 물었다.

"할머니가 계란을 잘못 보관하신 것 아닙니까? 저희는 절대 그런 물건을 팔지 않습니다."

그러자 할머니는 이렇게 대답했다.

"내가 거짓말을 하려고 12마일이나 떨어진 곳에 왔겠나! 내 눈에 흙이 들어가기 전까지는 절대 이 가게에 오지 않겠네!"

스튜는 이 일을 교훈 삼아 기업의 철학을 상품 관리에서 고객 중심으로 완전히 바꿨다. 그는 고객을 단 한순간이라도 의심한다면 상품을 판매하는 사람으로서 자격이 없다고 생각했다.

스튜 레오나드는 이 철학을 토대로 모든 고객들의 의견과 직원들의 제안을 24시간 이내에 반영하는 '24시간 고객 만족 시스템'을 운영하고 있다.

이 시스템의 대표적인 성과로는 생선 진열 사례가 있다. 매장에는 매일 새벽 배달된 신선한 생선들이 진열되어 있었다. 하지만 주부들은 이상하게 "생선이 신선해 보이지 않는다."는 의견을 공통적으로 내놓았다. 이 피드백에 대해 "매일 새벽에 가져오는 신선한 생선입니다."라고 말로 때울 수도 있었지만, 스튜 레오나드는 그들의 의견을 진지하게 받아들였다.

신선한 생선이 왜 신선하게 보이지 않는지 이유를 찾아본 끝에 진열대의 생선이 랩으로 포장되어 있어서 얼음 위에 놓여 있을 때보다 신선해 보이지 않는다는 사실을 깨달을 수 있었다. 문제점을 발견한 이후, 그다음 날부터는 투명 진열대 안에 얼음을 채워 넣고 그 위에 생선을 올려놓았다. 고객들의 피드백을 즉시 받아들이고 개선한 결과는 성공적이었다. 생선의 판매량이 두 배 이상 올랐기 때문이다.

세계적인 기업일수록 고객의 말에 귀를 잘 기울인다. 이것은 장사가 잘될 때도 마찬가지다. 많은 기업들이 기존 고객은 신경 쓰지 않고, 마케팅에 돈을 들이며 신규 고객을 창출하기 위해 애쓴다. 이런 행위가 밑 빠진 독에 물붓기라는 사실을 깨닫지 못하기 때문이다.

그렇다면 고객이 말해주는 피드백을 반영하기만 하면 기존 고객을 유지하는 데 문제가 없을까? 안타깝게도 대부분의 고객들은 자신의 불만사항에 대해 적극적으로 표현하지 않는다. 그냥 다시 안 찾을 뿐이다. 그 고객들은 당신의 상품과 서비스에 어떤 불만이 있었는지에 대해 당신이 아닌 그들의 지인들에게만 말할 것이다. 따라서 당신은 고객들이 그들의 지인이 아닌 당신에게 불만을 토로할 수 있도록 방법을 강구할 필요가 있다.

하지만 그렇다고 해서 모든 고객들을 하나하나 붙잡고 "상품에 만족하시나요?", "개선을 요청하고 싶은 것이 있으신가요?"라고 물어볼 수도 없는 노릇이다. 그래서 대부분의 기업들은 이 문제를 해결하기 위해 고객 만족도 설문조사를 활용한다. 상품을 재구매할 의향이 있는지, 어떤 부분이 좋았고 어떤 부분을 개선했으면 좋겠는지 등을 묻는 것이다.

설문조사의 질문에 특별히 제한을 둘 필요는 없다. 하지만 기본적으로 지켜야 할 사항들은 있다. 세계 최대 온라인 설문조사 서비스업체 서베이몽키의 조사 결과에 따르면 설문조사 참여자의 45%는 설문조사를 위해 최대 5분을 할애할 수 있으며, 약 30%만이 최대 10분까지 할애할 의향이 있다고 밝혔다. 설문조사의 시간은 최대한 짧게 설정하는 것이 좋다. 고객들은 당신의 상품과 서비스를 구매하러 온 것이지, 기업의 매출에 도움을 주기 위해 온 것이 아니기 때문이다.

또 설문조사를 할 때 긴 시간 외에도 공통적으로 쉽게 저지르는 실수가 있다. 고객에게 피드백을 받기 위해 너무 부정적인 질문만 적어놓는 것이다.

예를 들어 "어떤 것이 가장 마음에 들지 않았나요?", "혹시 종업원이 실수한 것이 있나요?", "가장 아쉬웠던 점을 적어주세요."와 같은 질문들이다.

설문조사에 이런 질문만 가득 넣는 것은 고객에게 "우리 상품과 서비스가 얼마나 최악이었나요?"라고 묻는 것과 다름없다. 만족해서 가는 고객에게 굳이 "안 좋았던 점을 하나라도 찾아주세요! 바로 고치겠습니다."라고 말할 필요는 없다. 고객에게 억지로 안 좋았던 기억을 떠올리게 하는 것만큼 멍청한 짓은 없다.

설문조사의 질문은 최대한 긍정적인 방향으로 하는 것이 좋다. 유타 주 헌츠먼 대학원의 부교수인 스털링 본은 자신의 동료들과 함께 일곱 가지 연구의 결과를 발표했는데, 이 연구들의 결론이 흥미롭다. 고객에게 피드백을 받는 과정을 어떻게 하느냐에 따라 고객의 만족도 자체가 달라질 수 있다는 것이다.

고객에게 부정적인 대답을 유도하는 질문을 하면 고객 만족도가 떨어지고, 긍정적인 피드백(칭찬)을 유도하면 고객 만족도가 올라갔다. 연구진은 "우리 회사를 방문했을 때 잘된 점은 무엇이었나요?"와 같은 칭찬을 요청했을 때 고객들의 만족도가 올라가는 것을 확인할 수 있었다. 뿐만 아니라 이런 질문을 했을 때 고객들의 재구매 가능성과 소비 금액은 더욱 올라갔으며, 심지어 고객충성도까지 높아졌다.

"사람들은 긍정적인 면에 초점을 맞출 때 더 행복해하지만, 기업들은 이런 기회를 거의 주지 않죠."

스털링 교수의 말이다.

그렇다면 무작정 모든 설문조사에 긍정적인 질문만 하는 것이 이득일까? 결론부터 말하자면 그렇지는 않다.

스털링 교수와 일곱 건의 연구논문 중 일부를 공동 저술한 크리스틴 데티엔 교수는 중요한 사실을 간과해서는 안 된다고 말한다. 고객에게 최악의 서비스 또는 상품을 제공해서 매우 기분이 안 좋은 상태이거나 상황에 맞지 않는 긍정적인 질문은 오히려 역효과를 낼 수 있다는 것이다.

"우리는 장례 서비스의 어떤 요소가 우리를 기쁘게 하느냐는 질문을 받고 싶지 않을 테니까요."

크리스틴 교수의 말이다.

2009년부터 2011년까지 제트블루 항공사의 고객의 소리 프로그램을 이끌었던 버크 파워스의 《하버드 비즈니스 리뷰》 인터뷰는 우리가 고객에게 긍정적인 대답을 이끄는 설문조사를 할 때 어떤 마음가짐을 가지고 있어야 하는지 알려준다.

"기업이 고객의 인식을 바꾸는 데 사용할 수 있는 심리적 기교가 많지만, 제대로 사용하지 않으면 신뢰를 무너뜨리게 됩니다. 현실이 존재하고 인식이 뒤따라야 한다는 것은 인식을 일시적으로는 바꿀 수 있지만, 항상 현실로 되돌아간다는 것입니다. 고객 서비스가 지속해서 형편없으면 이런 속임수는 통하지 않겠죠. 설문지 양식의 표현을 바꾼다고 해서 사람들이 당신을 좋아할 것으로 생각할 수 없잖아요? 먼저 스스로 사랑스러운 사람이 돼야 합니다."

아무리 고객의 심리를 꿰뚫고 있어도 기본이 갖춰지지 않는다면 소용없다. 아무리 좋은 설문조사를 준비한다고 해도 스스로가 사랑스러워지기 위해 노력하지 않는다면 아무 의미가 없다.

설문조사에서는 당신이 원하는 어떤 질문이든 할 수 있다. 대신 이 세 가지만 명심하면 당신은 고객의 긍정적인 피드백을 받으며 꾸준히 성장해 나갈 수 있다.

Tip 1 설문조사로 고객의 시간을 많이 빼앗지 마라.
Tip 2 긍정적인 대답을 유도하는 질문을 하라.
Tip 3 설문조사 이전에 스스로 사랑스러워지기 위해 노력하라.

장사에 머무르지 말고
사업을 경영하라

1954년, 레이 크록은 밀크셰이크용 믹서를 팔기 위해 전국 방방곡곡을 돌아다녔다. 아무리 설득해보아도 번번이 거절만 당하던 어느 날, 갑자기 밀크셰이크 믹서를 여덟 대나 한꺼번에 구매하겠다는 가게가 나타났다.

호기심이 생긴 크록은 직접 가게로 찾아갔다. 대도시도 아닌 작은 동네에서 밀크셰이크 기계를 여덟 대나 한꺼번에 산다고 하는 것은 굉장히 이례적인 일이었기 때문이다.

가게에 도착해보니 사람들이 줄을 서서 기다리고 있었다. 오래 기다려야겠다고 생각하고 있던 그에게 앞에서 기다리던 사람이 말했다.

"금방 빠질 거예요."

그는 언뜻 이해가 가지 않았다. 당시만 해도 햄버거 가게에서는 최소 30분 이상 기다리는 경우가 대부분이었기 때문이다. 그러나 그는 얼마 지나지 않아 방금 전에 들은 말이 사실이라는 것을 알 수 있었다. 주문을 하자마자 30분이 아닌 30초 만에 햄버거 세트가 나온 것이다.

크록은 직감적으로 사업 시스템이 뭔가 다르다는 것을 느꼈다. 그래서 그는 창업자인 맥과 딕 형제에게 부탁해 매장을 좀 더 찬찬히 둘러볼 수 있는 기회를 얻었다.

이곳에서 파는 햄버거는 가격이 저렴하면서도 맛있었다. 또 서비스가 친절하고 패티를 굽는 것에서부터 소스를 바르고 포장하기까지, 주문을 받고 손님에게 햄버거가 전달되는 데 30초밖에 걸리지 않았다.

이 모든 사실을 직접 확인한 크록은 창업자 형제에게 프랜차이즈 사업을 제안했다. 하지만 창업자인 맥과 딕 형제는 품질관리, 직원관리 등의 문제를 예로 들며 반대했다. 지금도 충분히 잘되고 있는데 굳이 모험을 할 필요가 있느냐는 것이었다.

하지만 크록은 끈질기게 매달렸다. 결국 새로 가게를 열게 해주면 총 판매액의 0.5%를 지불하겠다는 조건을 제시하자 형제는 그의 제안을 받아들였다.

이 햄버거 가게의 이름이 맥도날드다. 장사가 잘되는 작은 동네의 햄버거 가게가 이제는 전 세계인이 사랑하는 햄버거 기업이 된 것이다.

우리는 맥도날드의 사례에서 장사와 사업의 결정적인 차이를 배울 수 있다. 맥도날드 형제는 분명히 장사에 있어 뛰어난 재능이 있었다. 30초 만에 햄버거가 나올 수 있는 가장 효율적인 주방을 만들기 위해 끊임없이 연구했고, 결국 성과를 거뒀다. 하지만 맥도날드 형제는 장사가 잘되는 것만으로도 충분히 만족하고 사업을 하려고 하지 않았다. 그로 인해 매일 쉬지도 못하고 출근해서 직원들과 햄버거의 품질 상태를 확인해야만 했다.

하지만 우리가 알고 있는 지금의 맥도날드를 만든 레이 크록은 애초부터 햄버거를 팔려고 하지 않았다. 형제들이 만들어놓은 '30초 만에 햄버거가 나오는 시스템'을 잘 정리하고 다듬어서 파는 것이 목적이었다. 이런 목적을 달성하기 위해 크록이 가장 집중한 것은 무엇이었을까?

그는 직원들을 교육할 수 있는 '매뉴얼'에 자신의 모든 힘을 쏟아부었다. 실제로 그가 만든 맥도날드의 운영 매뉴얼은 엄청난 두께를 자랑하며 그 안에는 약 5만 개의 내용이 담겨 있다. 매뉴얼에는 매장을 열고 닫는 시간, 직원들의 복장, 행동, 매장의 밝기, 화장실 점검 요령 등 맥도날드의 운영에 관련된 내용이라면 모든 것이 기재되어 있다. 심지어 초등학생이라도 이 매뉴얼만 있으면 동일한 맛의 햄버거를 만들 수 있을 정도다.

크록이 매뉴얼에 이토록 집착한 것은 장사가 아닌 사업을 하기 위해서였다. 자신이 직접 일하지 않아도 시스템이 알아서 회사를 키워나가도록 만드는 것이 목적이었다. 그의 노력은 성공적이었다. 현재 맥도날드는 전 세계 3만 5,000개 이상의 매장을 거느리고 있지만, 사장이 직접 그 많은 매장들을 돌아다니며 일을 하지는 않는다. 사장이 해야 할 역할을 매뉴얼이 훌륭하게 대체해주고 있기 때문이다.

장사가 충분히 잘되고 돈도 잘 버는데 시간이 없는 사장들이 많다. 이런 사람들은 자신이 없으면 회사가 제대로 돌아가지 않을 거라고 확신한다. 물론 실제로도 그렇다. 사장이 자리를 비우면 즉시 매출이 줄어드니 도저히 자리를 비울 수가 없다.

만약 이런 상황에 처해 있다면 당신은 사업이 아니라 자영업을 하고 있는 것이다. 자영업은 사장이 없으면 일이 제대로 돌아가지 않는다. 의사가 없으면 병원이 운영을 못하는 것처럼 말이다.

그러나 사업은 사장이 없어도 시스템에 의해 평소와 다름없이 돌아간다. 그때그때 사장의 지시가 아닌 정해진 매뉴얼에 따라 일하기 때문이다. 따라서 만약 당신이 자리를 비워도 회사가 문제없이 돌아가게 만들고 싶다면 반드시 매뉴얼을 만들어야 한다.

세상에서 가장 큰 도시락 회사 스노우폭스를 창업한 김승호 회장은 저서 《김밥 파는 CEO》에서 이렇게 말했다.

"내가 직접 코너를 분양받아 김밥을 팔 때 좋은 매장이라면 1만 달러를, 작은 매장이라면 3,000달러 정도를 벌 것으로 예측했다. 혼자서 한 개 이상의 매장을 운영할 수는 없었다. 그러나 시스템을 만든다면 하나의 매장에서 1,000달러 정도밖에 벌 수 없을지라도 대신 수십 개의 매장을 혼자서도 운영할 수 있다. 그러면 수입은 자연스럽게 늘어날 것이라고 생각했다. 나는 즉시 성공적으로 김밥 매출을 올렸던 경험을 체계화하고 여러 매장을 운영하면서 얻은 정보를 데이터화했다. 이러한 데이터 덕분에 나는 각 매장과 각기 다른 고객들의 성향에 따라 변화하는 매출의 변동폭을 찾아낼 수 있었다. 운영 기법 역시 모든 것을 체계화했다. 덕분에 회사는 이제 김밥이 아닌 시스템을 팔고 있다."

김승호 회장은 2005년에 스노우폭스를 창업하여 현재는 전 세계 1,340개가 넘는 도시락 매장을 운영하고 있다. 그의 회사가 하루에 파는 도시락의 개수는 10만 개가 넘으며, 연간 3,500억 원 이상의 매출을 올린다.

그의 업무는 아침 일찍 일어나 잠시 출근해서 중요한 보고 사항을 확인하고, 직원들이 출근할 때가 되면 퇴근하는 것이 전부다. 나머지 시간은 온전히 자신이 하고 싶은 것에 시간을 쓰며 산다. 돈이 많아서 그런 시스템을 만들 수 있는 것 아니냐고? 김승호 회장은 오히려 그 반대라고 말한다. 시스템을 만들어서 자신이 직접 일하지 않는 경영 방식을 택했기 때문에 돈을 많이 벌 수 있었다는 것이다.

우리는 맥도날드와 스노우폭스의 사례를 통해 매뉴얼을 만들어야 하는 이유에 대해 충분히 이해했다. 그런데 매뉴얼만 잘 갖춰놓는다면 사장이 정말 마음 편히 자리를 비울 수 있을까?

유럽에서 5,000억 원의 매출을 올린 켈리델리의 켈리 최 회장은 2016년에 가족들과 함께 17개국을 여행했다. 무려 13개월 동안이나 말이다. 처음 그녀가 13개월간의 여행을 떠나겠다고 했을 때 사람들은 미쳤다고 말했다. 하지만 그녀는 여행을 감행했고, 이후 인터뷰에서 자신의 사업철학에 대해 명확히 밝혔다.

"성공한 여성 사업가라면 가정을 포기하고 독하게 살아야 한다는 고정관념을 깨고 싶었어요. 저는 행복하기 위해 사업을 합니다. 다섯 살 딸이 크는 모습을 보는 순간은 지금뿐이라는 생각이 들었어요."

그녀가 사업을 하면서도 마음 놓고 장기간의 여행을 다닐 수 있었던 이유는 어디에 있을까? 파리에서 사업을 시작하고 얼마 되지 않아 한창 바쁘던 시절, 그녀는 남편의 강력한 의사에 따라 몽펠리에로 이사를 가게 되었다.

파리는 몽펠리에와 대략 700킬로미터나 떨어져 있었다. 아무리 빠른 기차를 타도 최소 세 시간 반 이상 걸리는 거리였다. 월요일부터 목요일까지 파리에 있다가 목요일 저녁에 다시 몽펠리에로 가서 일요일까지 머무는 방법밖에는 없었다. 사업 초창기부터 일주일의 절반을 출근하지 못하게 된 상황이었다.

어쩌면 사업을 지속하기 어려운 상황이었음에도 불구하고 그녀는 이 위기를 새로운 기회로 만들었다. 그녀가 사무실을 비우면 직원들이 알아서 의사결정을 내릴 수 있도록 교육을 실시한 것이다.

물론 처음에는 금요일만 되면 직원들의 전화가 빗발치는 등 시행착오가 많았다. 하지만 어느 정도 시간이 지나자 직원들은 더 이상 전화를 하지 않았다. 회사와 먼 거리로 이사를 가게 된 덕분에 어쩔 수 없이 직원들을 교육시킨 것이 5,000억 원의 매출을 올리는 켈리델리의 시작이었다.

켈리 최 회장은 회사가 자동으로 성장하게 만들기 위해서는 매뉴얼뿐만이 아니라 '인재'가 필요하다고 말한다. 실제로 그녀가 여행을 떠나 회사를 비운 동안 그녀의 빈자리는 네 명의 CEO가 든든하게 채워주었다. 그녀는 정말 중요한 사안이 있을 때에만 화상통화로 회의를 진행했다.

시스템으로 돌아가는 대기업에선 특히 인재를 중요시한다. 심지어 뛰어난 인재를 발굴하기 위해 비싼 대가를 치르고 헤드헌터에게 의뢰하기까지 한다. 하지만 소상공인의 경우 대기업과는 상황이 다르다. 헤드헌터에게 수수료까지 지불해가며 인재를 채용하기엔 그 규모가 너무 작을뿐더러, 막상 비싼 대가를 치르고 데려왔는데 회사와 맞지 않는 인재인 경우도 있기 때문이다.

따라서 소상공인에게 가장 합리적인 방법은 최대한 체계적으로 매뉴얼을 만들어놓고 직원들이 구체적인 의사결정 능력을 키울 수 있을 때까지 하나하나 교육시키는 것이다. 시간을 두고 관찰하다 보면 직원들 중에서도 능력이 뛰어난 인재는 눈에 띌 수밖에 없다. 그런 인재들을 관리자로, 경영자로 교육시켜야 한다.

성공한 사업가들은 모두 이 사실을 잘 알고 있다. 오죽하면 "성공한 사업가들은 동시에 훌륭한 교육자들이다."라는 말이 있을 정도니 말이다.

진심으로 장사꾼이 아닌 사업가로 거듭나고 싶다면 켈리 최 회장이 저서 《파리에서 도시락을 파는 여자》에서 말했던 것을 다시 한 번 곱씹어보길 바란다.

"**사장이** 자리에 없을 때도 회사가 성장하려면 크게 두 가지가 필요하다. 바로 '시스템'과 '인재'다. 시스템은 사장이 장기간 자리를 비워도 매끄럽게 회사가 돌아가도록 만들고, 이런 시스템은 결국 사람을 통해 실현되기 때문이다."

위기를 기회로,
기회를 성공의 발판으로

최선의 서비스가 아닌
최상의 이득을 제공하라

　많은 사람들이 착각한다. 자신이야말로 고객에게 정말 최선의 서비스를 제공하고 있다고. 하지만 전 세계 3대 컨설팅업체 중 하나인 베인 앤 컴퍼니는 그 생각이 얼마나 막연한지 객관적인 수치를 통해 말해준다.

　그들이 362개 기업을 대상으로 조사한 결과에 따르면, 기업의 경영진 95% 이상이 '우리는 고객 중심적'이라고 대답했다. 또 80%에 달하는 직원들이 "고객에게 우수한 경험을 제공한다."고 말했다. 하지만 진짜 중요한 것은 기업의 경영진과 직원들의 생각이 아니다. 바로 고객의 생각이다.

　그렇다면 고객들은 이에 대해 어떻게 생각할까? 압도적인 비율로 "고객 중심적인 생각으로 우수한 경험을 제공한다."고 말했던 기업 임직원들의 생각에 비해 고객들의 반응은 냉정했다. 고작 8% 정도만이 기업의 서비스에 긍정적인 반응을 보인 것이다. 이러한 기업과 고객의 생각 차이는 흔히 '전달 오차'라고 불린다.

기업이 막연히 '최선의 서비스를 제공하고 있다.'고 생각하는 것에 비해 고객은 냉정하다. 그렇다면 기업의 입장에선 고객과의 전달 오차를 줄이기 위해 어떤 방법을 택해야 할까?

대부분의 기업들은 새로운 상품이나 서비스를 판매하기 전에 '소비자 설문조사'라는 것을 실시한다. 그들이 하는 설문조사의 방법은 굉장히 다양하다. 하지만 기대만큼의 성과를 거두지 못하는 경우가 대부분이다. 아래의 사례처럼 말이다.

한 잡지사는 주부들을 대상으로 설문조사를 실시했다. 설문조사의 질문은 총 세 가지였다. 첫 번째 질문인 '현재 시중에 나온 여성 잡지에 대한 불만이 무엇인가?'에 대한 대답으로 다양한 의견이 나왔다.

① 광고가 너무 많다.

② 지나치게 두껍다.

③ 가십거리가 너무 많다.

④ 루머나 스캔들 따위의 쓸데없는 내용들이 많다.

⑤ 아이들이 볼까 두려울 정도로 선정적인 장면이 많다.

간단히 말해서 대부분의 여성잡지가 주요 내용으로 다루는 세 가지(섹스, 스캔들, 루머)가 불편하다는 뜻이었다. 잡지사의 사장은 중요한 핵심을 알아낸 듯한 느낌이 들었다. 그는 새로운 잡지를 만들 때 설문조사의 두 번째 질문이었던 "당신이 보는 잡지가 주로 어떤 내용을 다루길 원하는가?"에 대한 대답을 참고하기로 했다. 바로 '육아, 인테리어, 리모델링'과 같은 내용들을 위주로 하고 사람들이 싫어하는 것 세 가지(섹스, 스캔들, 루머)를 철저히 빼기로 결정한 것이다.

설문조사의 세 번째 질문은 "싫어하는 것 세 가지를 빼고 유익한 정보들을 제공한다면 정기구독을 신청하겠는가?"였다. 설문 대상자의 95%는 이 질문에 그렇다고 대답했다. 결국 1989년에 이 설문조사를 토대로 기존의 여성잡지와는 완전히 차별화된 '건전한' 여성잡지인 《마리안느》가 창간되었다.

고객들의 의견을 철저히 반영한 《마리안느》는 과연 사장의 생각대로 성공할 수 있었을까? 이론적으로만 생각하면 이 잡지사는 무조건 잘되어야 했을 것이다. 하지만 《마리안느》가 간과한 사실이 하나 있었다.

설문조사에 응한 사람들은 건전한 잡지를 원한다고 대답했지만, 사실상 자극적인 글과 사진 때문에 잡지를 구독하고 있었던 것이다. 이 사실을 깨닫지 못한 《마리안느》는 결국 창간 17호 만에 부도가 났다.

이 사례에서 반드시 명심해야 할 것이 있다. 고객들의 의견이나 설문조사를 맹신해서는 안 된다는 것이다. 대부분의 사람들은 자신이 원하는 것이 무엇인지 정확히 모른다. "설문조사도 믿지 못하면 어떻게 고객들의 의견과 기업의 생각을 좁히라는 겁니까?"라고 따져 물을지도 모르겠다. 이에 대한 대답은 다음의 사례에서 찾아보자.

세계적인 자기계발 전문가이자 성공한 사업가인 크리스 길아보는 〈트래블 닌자〉라는 이름의 프로젝트를 진행했다. 그는 당시 150개국 이상을 여행하며 매년 20만 마일 이상 비행기를 탔기 때문에 세계 곳곳을 알뜰하게 여행하는 노하우를 알고 있었다.

〈트래블 닌자〉는 그 노하우를 상세하게 전달해주는 서비스였다. 전 세계의 항공권을 예매하는 방법부터 항공사 귀책 요금을 활용하는 방법 등 다양한 정보가 담겨 있었다. 길아보는 〈트래블 닌자〉를 시작하기 전에 지인과 예상 고객들의 반응을 조사했는데, 사람들의 반응은 호의적이었다. 대부분은 〈트래블 닌자〉에 담긴 서비스의 내용이 흥미롭고 유용하다고 생각했다.

길아보는 사람들의 긍정적인 반응에 힘입어 서비스를 진행하기로 결심했다. 그는 〈트래블 닌자〉가 출시되는 날 아침 일찍 일어나서 사이트를 업데이트하고 긴장된 마음으로 주문이 오기를 기다렸다. 그렇다면 과연 사전 조사에서 사람들이 보인 호의적인 반응만큼 상품은 많이 팔렸을까?

첫 날의 주문량은 기대에 훨씬 못 미치는 수준인 100부에 그쳤다. 또 설문조사 당시 긍정적인 피드백을 보냈던 사람들은 정작 서비스가 출시되자 구매를 하지 않았다. 길아보는 고민을 거듭하던 끝에 마침내 문제점을 찾아낼 수 있었다. 사람들이 알고 싶어 하는 것은 단순히 싼 티켓을 구할 수 있는 방법이지 항공사의 복잡한 규정이 아니었다.

이 사실을 알고 난 후 그는 〈트래블 닌자〉를 다른 여행 상품과 함께 패키지로 묶어서 다시 구성했다. 새롭게 구성된 〈항공사 단골 승객 마스터〉에서는 다른 설명을 최소화하고 티켓을 싸게 살 수 있는 방법만 구체적으로 제공했다. 길아보의 생각은 적중해서 이 제품은 〈트래블 닌자〉와 달리 출시 당일 500부가 팔렸다.

이 사례에서는 길아보의 깨달음이 핵심이다. 사람들이 진정으로 원하는 서비스는 그들이 호의적인 반응을 보인 다양한 정보가 아니라, 단순히 싼 티켓을 사는 방법이었다. 그는 고객들조차 모르는 진짜 그들이 원하는 것을 꿰뚫어보았다. 그는 저서 《100달러로 세상에 뛰어들어라》에서 이렇게 말했다.

"내가 탈 비행기가 만석인 데다 좌석은 여러 명이 앉는 줄의 정중앙인 경우가 있다. 바로 뒷좌석에서는 아이가 큰 소리로 울고 있다. 결코 편안한 비행이 될 수 없는 상황. 조금 더 편안한 좌석을 제공받을 수 없는 것인지 불만이 터져 나온다. 수년 동안 많은 승객들이 혼잡한 기내와 비좁은 좌석에 대한 불만을 꾸준히 제기했지만 항공사 측은 이를 계속 무시해왔다. 왜일까? 승객들은 항상 좁은 좌석에 대해 불평을 하지만 그렇다고 조금 넓은 좌석에 앉는 것이 추가 비용을 지불할 정도로 가치가 있다고 생각하지는 않기 때문이다. 대신 승객들에게 더 중요한 것은 공간이야 어떻든 가장 싼 가격의 항공권을 구매하는 일이다. 항공사들은 이런 고객들의 심리를 잘 파악하고 있다. 그래서 사람들이 실제로 원하는 것만 제공하고, 그들이 원한다고 말만 하는 것은 제공하지 않는다. 즉, 제안은 사람들이 진정으로 원하는 것과 기꺼이 돈을 지불할 의지가 있는 것에 대해 해야 한다."

이처럼 기업에선 단순히 설문조사에 의존할 것이 아니라 '고객도 모르는 고객이 진짜 원하는 것'을 찾기 위해 끊임없이 고민해야 한다.

세계적인 마케팅 전문가 빌 비숍은 '고객도 모르는 고객이 진짜 원하는 것'을 한 단어로 '최상의 이득'이라고 표현했다.

빌은 그의 클라이언트인 장례식장 사업자에게 최상의 이득을 찾는 방법을 알려주었다. 빌의 조언을 듣기 전에 사업자는 장례의 사전 계획 서비스와 다양한 장례 용품, 직원들이 제공하는 전문적인 서비스에 대해 강조하며 고객들을 모으고 있었다. 그가 제작한 팸플릿과 웹사이트 등 모든 마케팅 도구에는 그런 내용들이 담겨 있었다.

빌은 이 모든 것을 고객의 입장에서 '최상의 이득'으로 바꿔야 한다고 생각했다. 그가 생각하는 장례식장에서의 최상의 이득은 '위로와 보살핌'이었다. 훌륭한 장례 용품, 전문적인 서비스는 기본에 불과했다. 정말 중요한 것은 고객이 슬픔을 달래고 위로와 보살핌을 더 많이 느끼는 것이었다.

사업자는 빌의 조언에 따라 장례식장 사진으로 도배돼 있던 마케팅 도구들을 모두 고객의 사진으로 바꾸어놓았다. 또 장례 준비를 보다 빠르고 쉽게 할 수 있도록 능률화했다. 뿐만 아니라 심리치료사를 고용해 고객이 힘들 때 도움을 줄 수 있게 조치했다. 고객들이 세심한 배려에 감동하고 진심 어린 도움에 고마워했음은 물론이다.

최상의 이득을 찾는 것은 고객의 마음속에 숨겨져 있는 진실을 파악하는 것이다. 실제로 장사, 세일즈의 대가들은 사람들의 말투와 행동, 표정에서 이 모든 것을 한 번에 읽어낼 줄 안다. 그들이 원한다고 말하는 것과 진짜로 마음속에서 원하는 것이 어떻게 다른지를 말이다.

필립 델프스 브러턴의 저서 《장사의 시대》에 나오는 모로코 상인 마지드는 고객이 진짜로 원하는 것이 무엇인지 본능적으로 알아낸다. 책에 나오는 그의 사례를 들어보자.

마지드는 멀리 텍사스에서 온 어느 손님의 이야기를 들려주었다. 그 손님은 양탄자를 여러 개 만져보면서 시큰둥하게 가격을 물었다. 그러고는 휴스턴 집에 깔 양탄자를 찾는다면서 최고로 좋은 물건을 달라고 했다.

마지드는 그 손님에게 '최고'라는 말은 '가장 비싸다'는 의미라는 것을 단박에 꿰뚫어보았다.

마지드는 그에게 장난 삼아 아주 비싼 양탄자가 몇 장 있긴 한데 손님이 생각하는 물건이 맞을지 모르겠다고 넌지시 던졌다. 손님은 군침을 삼켰다.

"맞아요, 내가 찾는 물건이 맞아요."

마지드는 마지못해 꺼낸다는 투로 양탄자 여러 장을 꺼내서 보여주었다. 손님은 마지드가 미안하다는 투로 너무 비싼 물건이라고 말한 양탄자를 가리켰다.

"바로 그거요."

그 남자는 당장 양탄자 값을 치렀다.

마지드가 '최고'라는 말을 가장 질 좋은 물건이라는 뜻으로 이해했다면 그 손님을 진정한 양탄자 감정가로 대하느라 시간을 허비했을지 모른다. 하지만 경험에서 우러난 서술적 지식 덕분에 곧장 본론으로 들어갈 수 있었다.

그 손님은 품질과 가격을 동격으로 보고 무엇보다도 집에 놀러 온 손님들에게 모로코 최고의 양탄자를 샀다고 자랑하고 가격을 증거로 제시하고 싶었을 뿐이다.

이 경우 고객이 원한다고 말한 것은 '가장 좋은 양탄자'지만, 최상의 이득은 '집에 놀러 온 손님들에게, 자랑할 만한 것'이다. 마지드는 이 사실을 꿰뚫어보고 있었기 때문에 손쉽게 물건을 팔 수 있었다.

고객에게 최선을 다해 서비스를 제공해도 고객이 만족하지 못하는 경우가 있다. '고객도 모르는 고객이 진짜 원하는 것'을 제공하지 못했거나 '고객이 차마 말할 수 없는 고객이 진짜 원하는 것'을 짚어주지 못했기 때문이다.

이에 대한 해결책은 한 가지밖에 없다. 바로 고객의 최상의 이득을 찾아 제공하는 것이다.

고객의 변심이나 후회를
사전에 예방하라

　고객에게 자신의 상품을 판매했다고 해서 아직 완전히 성공한 것은 아니다. 단순 변심으로 인해 환불을 요청할 수도 있고, 구매할 때는 몰랐던 불만족스러운 부분이 발견될 수도 있다.

　전설적인 세일즈맨인 조 지라드는 고객의 변심과 후회에 대해 이런 말로 주의를 주었다.

　"당신의 고객의 심리가 어떤지, 그리고 후회할 가능성이 있다는 것을 늘 염두에 두어야만 한다. 그리고 이 점도 잊지 말아야 한다. 취소당한 주문은 판매된 것이 아니라는 사실을! 당신도 알다시피 세일즈맨은 많은 시간과 노력을 판매 프레젠테이션을 하는 데 들인다. 그런데도 판매를 성사시키고 난 다음에 취소를 당한다는 것은 정말 유감스러운 일이다. 고객의 구매 취소 행위는 당신의 주머니에서 돈이 나가는 일일 뿐만 아니라 당신의 긍정적인 사고방식을 갉아먹는다. 취소된 판매는 마음도 상하게 하기 때문에 아예 판매가 안 되느니만 못하다."

지라드는 매일같이 수많은 차를 판매하지만, 모든 고객들에게 과도할 정도로 감사 표현을 한다. 굳이 그렇게까지 해야 하나 싶기도 하지만, 지라드는 자신이 과도하게 감사 표현을 할 때마다 고객의 입장에서는 '지라드에게 차를 사길 잘했다.'고 생각하는 결정적인 계기가 된다고 말한다.

그에게 차를 구매하는 고객들은 예외 없이 지라드의 감사 편지를 받는다. 편지의 내용을 보면 지라드가 고객을 어떻게 대하는지 알 수 있을 것이다.

"친애하는 메리 제인에게, 당신이 차를 사주신 것에 감사를 드리며, 멋진 새 차를 갖게 된 것을 축하드립니다. 그 차를 타보시면 분명히 즐거우실 것입니다. 다시 한 번 말씀드리지만 필요하실 때는 언제라도 전화해주십시오. 저한테서 차를 사셨을 때는 조 지라드도 같이 사신 것입니다. 여러 해 동안 즐거운 마음으로 봉사할 수 있기를 기대합니다. 진실한 마음을 담아, 조 지라드."

꼭 환불이 아니더라도, 단골고객을 잡아야 하는 소상공인의 입장에서는 고객이 상품 구매를 후회하는 것은 꽤 치명적이라고 볼 수 있다. 반복 구매로 이어지지 않는 것은 물론 좋은 입소문이 돌아다녀도 모자랄 판에 안 좋은 소문이 날 가능성을 배제할 수 없기 때문이다.

네덜란드 틸버그 대학의 조지 녹스 부교수와 노르웨이 BI 경영대학의 룻거 반 오이스트 부교수는 '고객 불만'과 '서비스 회복'에 대한 한 가지 연구를 진행했다.

이들은 고객의 기업에 대한 불만족을 '고객 불만'이라 정의하고, 고객과의 좋은 관계를 유지하기 위해 기업이 취하는 조치들을 '서비스 회복'이라고 정의했다. 연구팀은 본격적으로 연구를 시작하기 전에 세 가지 가설을 설정했는데, 우리가 특히 유심히 봐야 할 가설은 세 번째 가설이다.

'현재 점포에 대해 불만을 가진 고객에게 서비스 회복 조치를 취한다면 고객 이탈 가능성이 낮아진다.'

연구팀은 이 가설을 증명하기 위해 2011년 초부터 2013년 6월 30일까지 약 2년 반에 걸쳐 미국에 있는 2,000여 개의 전자 상거래 유통업체와 카탈로그 유통업체의 약 2만 명에 달하는 고객 데이터를 확보했다.

결과는 어땠을까? 불만을 가지고 있는 고객에게 서비스 회복 조치를 취했을 때 고객의 잔존 가치는 100달러가 되는 반면, 회복 조치를 취하지 않았을 때의 잔존 가치는 58달러로 대폭 감소했다.

불만 고객에 대해 서비스 회복 조치를 하는 것은 굉장한 시간과 노력이 들어가기 마련이다. 언제나 가장 좋은 방법은 고객이 구매를 한 것에 대해 후회하지 않도록 미리 방지하는 것이다. 그러기 위해서는 어떤 방법이 가장 효율적일까?

크리스 길아보는 고객들이 구매 후 불안을 느끼지 않도록 먼저 대처하는 것이 무엇보다 중요하다고 말한다. 그가 사용하는 방법을 들어보자.

"불안을 해결해주는 아주 간편하고 빠른 방법 중 하나는 고객이 돈을 지불한 제품이나 서비스의 혜택을 신속하게 누릴 수 있도록 조치하는 것이다. 그리고 더 나아가 고객에게 더 많은 것을 주며 이런 불안을 해소시켜줄 수도 있다. 자필로 쓴 깜짝 감사 편지를 우편으로 보내도 좋고, 형식이야 무엇이든 당신의 사업 분야에서 납득할 만한 방식을 사용해서 고객들의 구매 체험의 수준을 한 단계 더 높여주는 것이다."

길아보의 방법은 지라드가 했던 방식에서 크게 벗어나지 않는다. 세일즈의 대가들은 상품만 판매하고 나서 모든 과정이 끝났다고 생각하지 않는다.

지그 지글러 또한 저서 《당신에게 사겠습니다》에서 "이미 고객이 된 사람이나 고객이 될 사람들이 불만을 갖게 하지 않으려면 문제가 생기기 전에 미리 고품질의 서비스를 제공해야 한다."라고 말한 바 있다.

이들은 고객이 상품을 구매한 것을 후회하지 않도록 불안을 해소하는 과정까지 세일즈의 한 단계로 삼는다. 그렇다면 그들이 활용하는 '후회를 미리 예방하는 행동'은 과연 이론적으로도 말이 되는 이야기일까?

이와 관련해서는 캘리포니아 대학의 교수이자 인간 기억 전문가인 엘리자베스 로프터스가 테드에서 강연한 '기억의 허구성'에 대한 내용을 참고해보자.

제가 일했던 법정 사례에 대해서 말씀드리고자 합니다. 스티브 타이터스라는 남자의 이야기입니다. 타이터스는 식당 관리인이었어요. 서른한 살이었고 워싱턴 주 시애틀에 살았습니다. 그레첸과 약혼한 사이였지요. 이제 곧 결혼할 그녀는 그에게 일생의 사랑이었습니다.

어느 날 밤, 두 사람은 멋진 식당으로 저녁을 먹으러 나갔습니다. 집으로 돌아오는 길에 한 경관이 그들의 차를 세웠습니다. 타이터스의 차가 그날 이른 저녁 한 여성 편승자를 강간한 남자가 몰던 차와 비슷하다는 것이었죠. 게다가 타이터스가 그 강간범과 약간 닮았는가 봅니다.

경찰은 타이터스의 사진을 찍어 포토라인에 끼워 넣은 다음 피해자에게 보여줬습니다. 그녀는 타이터스의 사진을 지목했습니다. 그녀는 "그가 가장 비슷해요."라고 했죠. 경찰과 검찰은 재판을 진행하기로 했고 스티브 타이터스가 강간 사건의 재판에 회부되었을 때 그 피해자는 증언대에 서서 이렇게 말했습니다.

"저 사람이 맞다고 절대적으로 확신합니다."

타이터스는 유죄 판결을 받았죠. 그는 자신의 무죄를 주장했고, 가족은 배심원들을 향해 소리쳤습니다. 그의 약혼자는 소리 내어 울며 바닥에 쓰러졌고 타이터스는 수감되었습니다.

이 시점에서 여러분은 어떻게 하셨을까요? 무엇을 할 수 있었을까요? 타이터스는 법 제도에 대한 믿음을 완전히 잃었지만 따로 생각이 있었습니다.

그는 지역 신문에 전화를 했고 한 수사 기자의 관심을 얻어냈습니다. 그리고 그 기자가 진범을 찾아냈어요. 진범은 결국 범죄를 자백했습니다. 그는 그 지역에서 50번의 강간을 범했던 것으로 보입니다. 이런 정보가 판사에게 전달되자 판사는 타이터스를 석방했습니다.

엘리자베스 교수는 피해자의 말이 어떻게 '가장 비슷한 사람'에서 '분명하게 저 사람이었다고 확신한다'로 바뀌었는지 알아내기 위해 수많은 사례를 검토했다. 그 결과, 미국에서 억울하게 유죄 판결을 받은 300명의 수감자들 중 3/4이 잘못된 기억과 거짓 기억에 의한 증언 때문이었다는 사실을 알게 되었다.

그녀는 테드 강연에서 이 연구 결과에 대해 한 문장으로 정리했다.

"이런 연구가 말하는 바는 예전에 겪었을 수 있는 어떤 경험에 대해서 사람들에게 잘못된 정보를 제공하면 사람들은 자신의 기억을 왜곡하거나 혼동하거나 바꿀 수 있다는 겁니다."

그녀가 밝혀낸 사실이 사업을 하는 사람들에게 시사하는 바는 무엇일까? 그것은 바로 고객의 기억이 연약하기 그지없다는 것이다. 현재의 상황이 어떤지에 따라 상품을 구매한 순간을 안 좋은 기억으로 떠올릴 수도 있고, 그 반대로 현재의 상황이 만족스럽다면 과거의 기억들을 미화시킬 수 있다는 것이다.

그렇다면 여기서 사업자로서 해야 할 것은 무엇일까?

'정말로 잘 산 게 맞나?' 하고 흔들리고 있는 고객에게 한 번 더 확신만 주면 된다. 이미 상품을 구매한 고객에게 확신을 주는 것은 그다지 어려운 일이 아니다. 고객들은 이미 자신이 산 물건에 대해 '잘 산 게 맞아. 좋은 조건으로 산 거야.'라고 믿기 위해 노력하고 있기 때문이다.

1950년, 미국의 심리학자인 레온 페스팅거는 저서 《인지적 부조화 이론》을 통해 이 사실을 증명했다. 그는 피험자들에게 매우 지루하게 반복되는 활동을 하게 한 후, 다른 사람들에게 실험에 대해 거짓으로 설명하게 했다. 실제로는 지루한 행동을 재미있게 느낀 사람이 아무도 없었음에도 불구하고, 레온은 피험자들에게 "굉장히 재미있어."라고 말하라고 요구했다.

이후 레온은 피험자들을 두 그룹으로 나누어 한 그룹에는 거짓말 실험에 대한 보상으로 1달러를 주고, 나머지 한 그룹에는 20달러를 보상으로 주었다. 연구팀은 피험자들에게 모든 실험이 끝났다고 설명한 뒤 '실제로 실험은 재미있었습니까?'라는 설문조사를 진행했다. 어떤 결과가 나왔을까?

20달러를 받은 그룹에서는 "재미있었다."고 말한 사람들이 거의 없었던 반면, 1달러를 받은 그룹에서는 "재미있었다."고 말하는 사람이 압도적으로 많았다.

레온은 이 연구에 대한 결과가 '인지부조화' 때문이라고 말한다.

인지부조화란 '자신이 믿는 신념과 실제 겪게 되는 결과가 다를 때

머릿속에서 혼란을 겪는 과정'이라고 말할 수 있는데, 대부분의 사람들은 인지부조화를 느낄 때 그것을 메꾸기 위해 '자기합리화'를 한다는 것이다.

위의 실험에서 20달러를 받은 그룹은 재미없는 실험에 참가한 보상으로 20달러를 받았다고 생각했기 때문에 인지부조화의 영향을 받지 않았다. 하지만 1달러를 받은 그룹은 터무니없이 적은 보수 때문에 재미없는 실험에 대한 인지부조화에 빠지게 되었다. 그 결과 자신들이 한 거짓말을 '자기합리화'하기 위해 실험이 재미있었다고 대답한 것이다.

엘리자베스 교수와 레온의 연구에 의하면 사람들의 구매 기억 또한 '좋은 방향'으로 조정할 수 있다. 심지어 '자기합리화'의 도움을 받으면 굉장히 쉬운 일이 아닐 수 없다. 상품을 판매한 직후 고객에게 만족할 만한 서비스를 '미리' 제공해주는 것이 그 방법이다. 구매 다음 날 전화를 해도 되고, 지라드와 길아보의 경우처럼 감사 편지를 보내도 된다. 쇼핑호스트들이 홈쇼핑 방송의 말미에 가장 자주 하는 말이 무엇인지 아는가? 앞으로는 당신의 물건을 구매한 고객에게 해주어야 할 말이다.

"정말 잘하셨습니다."

"지혜로운 선택입니다."

"좋은 상품 구매하신 것을 진심으로 축하드립니다."

고객의 거절로부터
자유로워져라

　세일즈맨에게 고객의 거절은 높은 벽이자 꼭 넘어야 할 산이기도 하다. 물론 완벽한 상품과 포지셔닝을 통해 고객들이 알아서 찾아오도록 만드는 게 가장 좋은 방법이겠지만, 그렇지 않은 경우가 더 많을 것이다. 그러다 보니 일부 전문가들은 세일즈맨에게 "거절을 즐겨라.", "거절은 YES의 또 다른 표현이다."와 같은 조언을 하기도 한다.

　하지만 솔직히 말해서 필자는 이런 류의 조언들이 세일즈맨에게 도움이 된다고 생각하지 않는다. 너무나 뜬구름 잡기 식의 방법일뿐더러, 가능한지도 의문이기 때문이다. 거절은 거절일 뿐 YES가 아니다. 그리고 사람이 어떻게 거절을 즐길 수 있겠는가? 거절은 언제나 기분 좋은 일이 아니다.

　다만 우리는 생계를 위해, 또는 자신의 꿈을 이루기 위해 비록 기분이 좋지는 않더라도 거절을 이겨내야 할 때가 있다. 그러기 위해 지아 지앙이 얻은 교훈은 분명히 우리에게 도움이 될 것이다.

지아 지앙이 어렸을 때 그의 담임선생님은 교실에 있는 학생들에게 누군가를 칭찬해주고, 칭찬을 받은 사람은 선물을 하나씩 가지고 가라고 말했다.

40명의 학생들은 모두 자신과 친한 누군가를 지목한 뒤 칭찬했고, 칭찬을 받은 학생들은 선물을 들고 자리로 돌아갔다. 시간이 흐르면서 칭찬을 받길 기다리는 학생들의 수는 점점 줄어들었다. 마침내 칭찬이 멈추었을 때는 세 명의 학생이 아직 선물을 받지 못한 상태였다. 그리고 지아는 그 세 명 중 한 명이었다.

이 사건은 어린 소년에게 큰 충격이었으며, 그는 사람들로부터 거절당하는 것에 대한 트라우마를 갖게 되었다.

이 일이 일어난 지 약 8년 후 지아가 열네 살이 되었을 때 그는 우연히 빌 게이츠의 연설을 듣게 되었다. 빌 게이츠의 연설에 감동을 받은 그는 가족들에게 "세계에서 가장 큰 회사를 만들어서 그 돈으로 마이크로소프트 회사를 사겠다."고 편지를 보냈다.

그리고 또다시 시간이 흘러 그는 서른 살이 되었다. 그는 꿈을 이룰 수 있었을까? 아마 그랬다면 우리는 그의 이름을 진즉에 기사로든 뉴스로든 알게 되었을 것이다.

그는 컴퓨터 공학을 공부하고 MBA 과정을 밟은 뒤 억대 연봉을 받는 회사에 취직했다. 나름대로 자신의 인생을 위해 열심히 살았고,

또 그에 걸맞은 결과를 낸 것은 분명해 보였다. 그러나 그는 남들이 부러워하는 직장에 다니면서도 내내 가슴 한구석이 찜찜했다. 무언가가 그의 가슴을 꽉 짓누르고 있는 듯 답답했다.

그는 기업가가 되겠다는 꿈을 잊고 살았다는 사실을 깨닫고, 출산을 앞둔 아내에게 자신의 생각을 털어놓았다. 아내는 그런 그의 생각을 막지 않았다.

"그럼 약속해줘. 6개월 동안 당신이 하고 싶은 창업을 시도해보고, 대신 6개월 이내에 투자 유치 등 가시적인 성과가 없다면 다시 직장으로 돌아가서 일하겠다고."

아내의 허락과 함께 들뜬 마음으로 직장을 그만두고 창업을 준비한 지 약 4개월이 지났을 때 그는 이메일 한 통을 받고 크게 낙심했다. 지난 몇 개월간 공들여온 투자자로부터 이유 없이 투자를 할 수 없다는 거절의 메시지를 받은 것이다.

이제 아내와 약속한 시간은 2개월밖에 남지 않게 되었다. 그는 남은 2개월간 무엇을 더 할 수 있을지 도무지 감을 잡을 수 없었다. 캄캄한 동굴 속에 갇힌 것처럼 앞날이 전혀 보이지 않았다.

그렇게 모든 걸 포기하려던 순간 생각지도 못한 아내의 응원을 받고 다시 시작하게 된 그는 우연한 기회에 '거절 테라피'라는 것을 접하게 된다. 그러고는 '매일 한 번씩 100일 동안 거절당하기'라는 새로운 목표를 세우기에 이른다.

거절을 버티고 이겨내는 능력이야말로 창업자의 꿈을 이루기 위해 반드시 필요한 능력이고, 자신에게 가장 부족한 능력이라고 느꼈기 때문이다. 결국 그는 이 목표를 성공적으로 이룰 수 있었다. 또한 이 경험들을 토대로 테드에서 '100일간의 거절을 통해 배운 것들'이라는 강의를 하고, 《거절당하기 연습》이라는 제목의 책을 출간하기도 했다.

그렇다면 그가 말하는 100일간의 거절을 통해 배운 것들은 과연 무엇이었을까?

그가 도전했던 프로젝트들은 일부러 거절당하기 위해 만든 프로젝트였다. 처음 본 사람에게 가서 100달러를 빌려달라고 하고, 패스트푸드점에서 햄버거를 리필해달라고 요청하는 등 누가 봐도 불가능한 것들뿐이었다.

하지만 그는 프로젝트를 몇 가지 실행하고 나서 깨달음을 얻게 된다. 일부러 거절을 당하기 위해 실행한 프로젝트 또한 성공할 수 있다는 사실을 말이다. 다음은 테드 강연에서 그가 한 말의 일부를 발췌한 것이다.

"많은 것을 배웠습니다. 수많은 비밀도 발견했고요. 예를 들어 제가 물러서지 않는다면 거절을 당해도 '아니오'를 '네'로 바꿀 수 있다는 겁니다. 비결은 '왜'라는 단어에 있습니다. 어느 날 손에 꽃나무를 들고 낯선 집에 가서 문을 두드리고 물었습니다. '저기요. 이 꽃을 댁의 뒤뜰에 심어도 될까요?' 대답은 '아니오.'였습니다. 하지만 그가 뒤돌아서기 전에 물었습니다. '그런데 왜 안 되는지 알 수 있을까요?'

그는 설명했습니다. '내가 개 한 마리를 키우는데 이 개가 뒤뜰에 뭔가를 심기만 하면 다 파헤쳐버려요. 당신의 꽃만 낭비될 거요. 꽃을 심고 싶다면 길 건너 코니에게 가봐요. 코니는 꽃을 좋아해요.' 알려주는 대로 했습니다. 길을 건너 코니네 집 문을 두드렸죠. 저를 보고 너무 반가워하더라고요. 그리고 30분 후 꽃나무는 코니의 집 뒤뜰에 심겼습니다."

그가 100일간의 거절당하기 프로젝트를 진행하면서 얻은 가장 큰 교훈은 거절에 대한 막연한 두려움을 버리고 상대방이 '왜' 거절하는지 물어보면 생각보다 쉽게 해결할 수 있는 문제들이 많다는 것이었다. 그는 거절에 대한 두려움을 없애는 것과 동시에 거절에 대한 이유를 물어보는 것에 대한 두려움도 같이 없앨 수 있었다.

"만약에 제가 처음 거절을 당했을 때 떠났더라면 온갖 추측을 다 했을 겁니다. '그 남자가 날 믿지 못해서 그랬던 거야. 내가 미쳤던 거지. 옷을 제대로 입지 않았거나 너무 못생겨서 그런 거야.' 이런 이유들 때문에 거절한 게 아니었습니다. 제가 제공하는 것이 그 사람에게 맞지 않았기 때문이었죠. 실은 그분은 저에게 앞집을 추천해줄 만큼 절 믿었습니다. 판매 용어를 사용하자면 그런 거죠. 거절을 추천으로 바꾼 겁니다."

세일즈맨 중에는 거절당하는 것에 대한 두려움 때문에 고객에게 세일즈를 시도하지도 않거나, 거절당했다는 실망감에 왜 거절했는지 그 이유를 들으려는 노력조차 하지 않고 쉽게 포기해버리는 사람이 있다. 시도하기도 전에 미리 거절에 대해 두려워할 필요도, 거절당했다고 해서 과도하게 실망할 필요도 없다.

당신이 정말 고객에게 도움이 될 만한 상품이나 서비스를 판매하고 있다면 당신은 고객에게 도움을 줄 수 있는 사람이다. 그런 상황에서 당신은 잠재고객에게 도움이 될 만한 제안을 할 수 있고, 그들은 그 제안을 거절할 수 있을 뿐이다. 또 당신은 상대방의 거절 의사를 존중하면서 거절하는 이유를 물어볼 수도 있다.

지그 지글러는 저서 《당신에게 사겠습니다》에서 베테랑 세일즈맨이 되기 위해 잠재고객이 거절하는 진짜 이유와 가짜 이유를 찾아내야 한다고 말한다. 그는 잠재고객들이 가짜 이유를 들면서 세일즈맨의 제안을 거절하는 현상을 보고 '고릴라 흙먼지'라고 부르는데, 이 흙먼지를 걷어내기 위한 간단한 테스트를 알려주었다. 바로 고객에게 거절하는 이유를 물어보라는 것이다.

"오늘 이 제안을 받아들이시지 못하는 다른 이유가 있나요?"

이 질문은 고객으로 하여금 거절하는 이유를 전부 다 말하게 하는 데 목적이 있다. 그리고 고객이 거절하는 이유로 내세운 문제가 만약 당신이 해결할 수 있는 것이라면 아래 예시처럼 질문하여 확답을 받아라.

"○○가 해결되면 구매하시겠습니까?"

질문을 통해 고객이 거절하는 진짜 이유를 확인하면 이를 해결해주어서 거래를 성사시키면 된다. 하지만 고객이 원하는 조건을 충족

시켜줄 수 없다면 굳이 그 한 명의 고객에게 매달릴 필요는 없다. 고객이 당신의 제안을 거절할 수 있듯이, 당신도 고객의 조건을 거절할 권리가 있기 때문이다. 정중히 거절하고 더 좋은 조건을 제공할 수 있을 때 연락을 주겠다고 말하자.

만약 고객이 끝까지 자신이 거절하는 이유를 말하지 않고 얼버무린다면 역시 구질구질하게 매달릴 필요가 없다. 그럴 시간에 차라리 다른 잠재고객을 찾아보는 것이 낫다. 세일즈맨에게 자신이 거절하는 진짜 이유를 말하지 않으려는 고객은 이미 구매할 의향이 없다고 보는 것이 현명하기 때문이다.

이와 관련하여 전 세계 자동차 판매 기네스북에 오른 세일즈의 천재 조 지라드의 말을 참고하자.

"가짜 거부 반응을 알아차리는 가장 좋은 방법은 그 거부 반응을 제거할 만한 분명한 대답을 해주고 난 다음에 그들의 반응을 살펴보는 것이다. 일반적으로 사리가 분명한 대답을 듣고도 반응이 없으면 그들이 진짜 이유를 감추고 있다는 좋은 단서다. 또한 서로 관련 없는 여러 가지 거부 반응을 드러낼 때도 단서가 된다. 사람들은 대부분 살 수 없는 진짜 이유를 그렇게 많이 갖고 있지 않다. 모든 방법을 동원해도 진짜로 거절하는 이유를 모르겠다면 솔직하게 물어보라."

이 말은 많은 것을 내포하고 있다. 세계 최고의 세일즈맨조차 고객이 거절하는 진짜 이유를 물어보기 전까진 모른다는 것이다. 당신은 여태까지 고객들이 거절하는 이유를 멋대로 상상하지 않았는가.

명심하자. 당신은 고객에게 도움이 되는 제안을 할 수 있고, 그들은 거부할 수 있는 권리가 있다. 여기에서 당신이 해야 할 일은 고객의 거절에 마음이 상할 것이 아니라 고객이 거절하는 진짜 이유를 찾아서 해결해주는 것이다.

노쇼 고객 방지법
진상 고객 대처법

"노쇼No-show 때문에 망하는 식당도 있어요."

최근의 한 인터뷰에서 최현석 셰프가 한 말이다.

노쇼는 고객들이 가게에 예약을 하고 아무 연락 없이 오지 않는 것을 말한다. 그가 운영하는 레스토랑에도 하루에만 6~8명의 노쇼 고객이 있는데, 이에 대한 피해액은 어마어마하다. 고객 1인당 10만 원의 가치가 있는 레스토랑이다 보니 피해액은 하루 80만 원, 한 달이면 무려 2,400만 원이다. 그나마 최현석 셰프가 운영하는 레스토랑과 같이 규모가 큰 곳은 매출액이 상당해서 피해액이 어느 정도 상쇄되지만, 작은 식당들은 한두 명의 노쇼 고객에도 치명타를 입는다.

노쇼 고객은 아니지만 그와 비슷한 진상 고객도 있다. 예약 시간보다 한참이나 늦게 온 주제에 자리를 내놓으라고 무턱대고 떼를 쓰는 애프터쇼Aftershow 고객이다. 고객이 갑이라는 생각이 깊게 박혀 있는 이런 사람들은 가게에서 떼를 쓰면 사장이 결국 자신의 말을 들어줄 것이라고 생각한다.

그럼 예약을 안 받으면 되지 않느냐고? 물론 그렇게 하면서도 장사가 잘된다면 이보다 더 좋은 방법은 없다. 하지만 예약과 매출이 높은 상관관계를 보이는 장사를 하고 있다면 차선책을 알아봐야만 한다. 이와 관련해서 대부분의 사장들이 노쇼를 방지하기 위해 통상적으로 쓰는 방법은 위약금이나 예약금을 받는 것이다.

2009년, 샌프란시스코의 '코이'라는 레스토랑을 운영하는 패터슨 씨는 노쇼 고객들에게 신용카드로 미리 결제한 금액 중 50~100달러(약 6~12만 원) 정도의 위약금을 청구했다.

그가 이 방법을 택한 이유는 예약을 해놓고 오지 않는 고객들이 무려 20%에 달했기 때문이다. 물론 위약금 제도에 항의하는 고객들도 있었지만, 노쇼를 줄이기 위한 목적이었다면 결과는 꽤 성공적이었다. 위약금 제도를 시작하고 3년이 되었을 때 코이의 노쇼 비율이 절반으로 줄어든 것이다.

항공업계는 특히 위약금 제도를 가장 잘 활용하는 분야다. 대한항공은 2016년부터 기존에 국내선에만 적용하던 예약 부도 위약금 제도를 국제선까지 확대했다. 위약금 제도를 확대한 이후 예약 부도율이 41% 감소한 것을 보면 매우 효과적인 방법이다.

하지만 아무리 위약금이나 예약금을 받는 것이 합리적이라는 사실을 알고 있어도 적용하기는 쉽지 않다. 최근 노쇼에 대한 사회적 인식이 확산되면서 일부 고객들은 예약금을 받는 것에 찬성하기도 하지만 여전히 거부 반응을 일으키는 고객이 대부분이기 때문이다.

실제로 예약을 하려고 전화를 걸었다가도 예약금 얘기를 꺼내면 바로 전화를 끊는 고객들이 많다. 위약금 제도를 사용하지 못하고 노쇼에 당하고만 있는 이유는 바로 이런 문제들 때문이다. 기업의 입장에서 '위약금으로 돈을 벌려는 것이 아니라 제대로 된 서비스를 제공할 수 있도록 약속을 지켜달라는 것'이라고 아무리 말해봤자 고객들은 귀 담아 듣지 않는다.

그렇다면 혹시 위약금 제도를 쓰지 않고 노쇼 고객을 줄이는 방법은 없을까?

1988년, 척 템플턴은 온라인으로 식당을 예약할 수 있는 '오픈 테이블'을 창업했다. 그가 이 사업을 시작했을 때만 해도 온라인 예약 개념은 크게 보편화되어 있지 않은 시스템이었다. 때문에 오픈 테이블의 사업 초창기에는 '익명으로 예약하는 것과 다를 것이 없다. 노쇼가 상당히 늘어날 것이다.'라고 우려하는 사람들이 많았다.

템플턴은 이 문제를 해결하기 위해 몇 가지 규칙을 만들었는데, 그 중 가장 눈에 띄는 것은 예약 전날 손님들에게 확인 이메일을 보내는 것이었다. 위약금을 물지 않아도 되는 상황일 경우 사람들은 대부분 예약 취소 연락을 하지 않기 때문이다.

오픈 테이블은 예약 이후 마음이 바뀌거나 일정에 변화가 생긴 고객들에게 미리 대처하기 위해 이 방법을 사용했다. 물론 예약 하루 전에 취소하는 것도 사장에게는 피해가 갈지 모르지만, 그래도 당일 예약 시간이 임박해서 아는 것보다는 훨씬 낫다. 하루 전이라도 고객의 일정 변화를 알게 되면 새로운 고객의 예약을 받을 수 있고, 예약을 하지 않은 고객을 받을 수도 있기 때문이다.

소상공인은 이 방법을 이메일 대신 문자나 전화에 적용할 수 있다. 실제로 많은 병원들과 호텔, 고급 레스토랑 등이 주로 이런 방법을 사용한다.

통상적으로 예약 당일 일주일 전에는 문자를 보내고, 하루 전에는 전화를 해서 육성으로 확답을 듣는 것이 가장 좋다.

문자나 전화를 하며 일일이 연락하지 않아도 고객이 적극적으로 약속을 지키게 만드는 방법도 있다.

사회과학자 델리아 치오피와 랜디 가너는 약속과 관련된 한 가지 실험을 했다. 그들은 대학생 자원봉사자들에게 지역 학생들을 대상으로 하는 에이즈 교육 프로그램에 참여해달라고 부탁했다.

연구팀은 자원봉사자들을 두 팀으로 나누었다. 그런 다음 한 팀에게 "신청서를 작성하지 않아도 된다."고 말하고, 다른 한 팀에게는 "지원하고 싶다면 신청서를 작성해서 제출하라."고 말했다. 대학생 자원봉사자들의 대부분은 이 제안에 흔쾌히 동의했으며, 교육 프로그램을 돕겠다는 학생들의 비율은 양 팀 모두 비슷한 양상을 보였다.

하지만 며칠 후 연구팀은 놀랄 만한 결과를 받아들였다. 지원서를 작성한 팀은 49%가 약속을 지키기 위해 약속 장소로 나온 반면, 지원서를 작성하지 않은 팀은 고작 17%만이 약속 장소에 나와 있었다. 이 결과를 통해 알 수 있는 것은 **사람들은** 약속을 하는 것에 적극적인 행동(지원서를 쓰는 등)을 개입시키게 되면 약속을 지킬 확률이 훨씬 높아진다는 것이다.

이와 비슷한 예로 '매몰 비용'을 들 수 있다. 당신은 사법고시와 수능에 투자한 시간이 아까워서 재수, 삼수를 하는 수험생들에 대해 들어본 적이 있는가? 매몰 비용은 '이미 지출하여 되돌릴 수 없는 비용'을 말한다.

많은 사람들은 자신이 들인 시간과 노력, 돈이 이미 사라졌음에도 불구하고 포기하지 않는다. 이미 사라진 것들에 대한 아쉬움에 본전을 뽑기 위해서라도 끝까지 해서 결과를 봐야겠다는 마음을 갖게 되기 때문이다.

위약금은 '돈'을 매몰 비용으로 사용하는 것이다. 이와 마찬가지로 고객들이 '시간과 노력'을 들이는 것도 매몰 비용이다.

이와 같은 매몰 비용을 활용하는 방법은 교육과 컨설팅, 서비스 업종에 특히 큰 효과가 있다.

고객이 도움을 받고 싶은 것이 무엇인지, 얻고자 하는 것이 무엇인지 적어서 메일로 보내게 하는 방법이 그중 하나인데 답변자들이 전문가로 구성되어 있다면, 더 많은 도움을 받기 위해 고객은 문의할 내용을 최대한 상세하고 길게 적을 것이다.

이 방법은 교육과 컨설팅을 할 때도 큰 도움이 되지만 고객이 예약을 지키게 하는 것과 매출을 올리는 데도 직접적인 도움이 된다.

지금까지 말한 방법들보다 좀 더 쉽고 간단한 방법을 원한다면 '공개선언 효과'를 적용하는 것도 좋은 방법이 될 수 있다.

심리학자 스티븐 헤이스는 대학생들을 대상으로 한 가지 실험을 진행했다. 그는 학생들을 무작위로 세 집단으로 분류해서 각각의 집단에 다른 지침을 주었다.

첫 번째 집단의 학생들에게는 시험에서 받고 싶은 목표 점수를 다른 학생들에게 공개하라고 말했다. 두 번째 집단에는 목표 점수를 속으로만 생각하도록 했으며, 세 번째 집단에는 목표 점수에 대해 아무 언급도 하지 않았다.

이후 스티븐은 이 세 집단의 학생들의 시험 점수를 확인했다. 목표 점수를 다른 학생들에게 공개한 첫 번째 집단은 다른 두 집단의 학생들보다 훨씬 더 높은 점수를 받았다. 하지만 머릿속으로만 생각했던 두 번째 그룹과 목표 점수에 대해 아무 생각도 하지 않았던 세 번째 그룹은 별 차이가 없었다.

심리학자 모튼 도이치의 실험은 스티븐의 연구 결과와 비슷한 결과를 나타냈다.

모튼은 대학생들을 세 집단으로 나눴다. 그는 각 집단의 학생들에게 직선을 보여주며 길이를 예상하게 했다. 그런 다음 첫 번째 집단에 예상 길이를 종이에 적어 제출하라고 말하고, 두 번째 집단에는 예상 길이를 화이트보드에 적게 한 뒤 남들이 보기 전에 지웠으며, 세 번째 집단에는 예상 길이에 대해 마음속으로만 생각하게 했다.

이후 모튼은 실험에 참가한 모든 학생들에게 예상치가 틀렸다는 것을 알렸다. 학생들은 어떤 반응을 보였을까?

예상 길이를 종이에 적어 제출한 학생들은 자신이 틀렸다는 것을 인정하기 힘들어 하며 심지어 자신의 생각을 계속해서 밀어붙이는 경향을 보였다. 하지만 다른 사람들에게 보여주지 않거나 마음속으로만 생각한 학생들은 망설임 없이 예상치가 틀렸다는 것을 인정했다.

소상공인이라면 이러한 스티븐과 모튼의 연구 결과를 어떻게 활용할 수 있을까? 고객들과 예약을 잡을 때 보통은 이런 식으로 예약이 진행된다.

"혹시 ○○일 저녁 ○시에 예약이 가능한가요?"

"네. 예약하실 수 있습니다. 성함과 연락처를 알려주시겠어요?"

"○○○입니다."

"네, 예약 되셨습니다. 고객님, 감사합니다."

이 상황에서 질문 하나만 더 추가하면 된다.

"고객님, 혹시 일정에 변동이 생기면 미리 전화로 알려주실 수 있겠습니까?"

어느 심리학자가 제공한 이 간단한 아이디어는 레스토랑의 예약 취소율을 30%에서 10%로 급감시켰다.

대부분의 고객들은 예약을 취소하게 되면 전화를 해주어야 한다는 사실을 인식하고 있다. 하지만 자신의 입으로 직접 말하지 않으면 이 사실을 대수롭지 않게 생각하거나 적극적으로 행동에 옮기지 않을 뿐이다.

이런 고객들은 단순한 질문 한 번으로 약속을 지키게 만들 수도 있다. 이 정도의 노력이라면 당장 해볼 만한 가치가 충분하지 않을까?

혼자 구매 결정을
내리지 못하는
고객에 대응하는 방법

판매하는 상품과 서비스의 가격이 올라갈수록 고객이 단독으로 구매 의사를 결정하는 경우가 줄어들게 된다. 기업을 상대로 영업할 때는 특히 더 그렇다. 담당자가 직접 구매 의사를 결정하는 경우보다, 담당자의 선에서 구매가 합리적이라고 판단되면 상사에게 보고하고 승인을 받아야 하는 경우가 대부분이다.

기업이 아닌 일반 소비자들을 대상으로 하는 영업에서도 마찬가지다. 결혼한 사람들은 배우자에게 동의를 얻는 경우가 많고, 하다못해 친구나 직장 동료, 부모형제의 의견을 물어본 뒤 구매하는 경우도 많다.

만약 당신이 판매하는 상품과 서비스가 고객이 혼자 결정하기 힘든 가격대라면 진짜 의사결정권자에 대한 생각을 할 필요가 있다.

골드만삭스의 전 사장이었던 도키 다이스케는 저서 《왜 나는 영업부터 배웠는가》에서 이렇게 말했다.

"**영업을** 할 때는 시작 단계에서 미리 최종 의사결정권자가 누구인지를 파악해야 한다. 이는 고객과 신뢰를 구축하고 중요한 정보를 전달하며 최종적으로 결정을 내리게 하는 데 아주 중요한 포인트가 된다."

당연한 말이다. 아무리 열심히 설명해봐야 그 대상이 혼자 구매 결정을 내릴 수 없는 사람이라면 헛수고일 뿐이다. 그 고객에게서 마지막에 나오는 대답은 기껏해야 "상사에게 말씀드려보겠습니다.", "배우자랑 상의해보겠습니다." 등이 될 확률이 높다. 이렇게 혼자 구매 결정을 내리지 못하는 고객에겐 어떻게 대응해야 할까?

지라드는 고객의 성향을 기가 막히게 잡아내며 고객에 맞는 세일즈를 자유자재로 구사한다.

예를 들어 사내대장부 타입의 고객에게는 "당신은 뭘 아시는 분이군요. 자기 뜻대로 결정지을 줄 아는 사람과 거래하는 것은 참으로 멋진 일이죠. 요새는 마누라한테 꽉 잡혀서 사는 친구들이 아주 많거든요."라는 말을 하고, 남편을 동반하지 않고 여성 혼자 온 경우에는 "일일이 남편의 승낙을 얻지 않고 구매 결정을 내릴 수 있는 여성들은 정말 대단해요."라며 치켜세우는 식이다.

이런 방식이 통하지 않는 고객에게는 두 번째 방법을 사용한다. 바로 이런 식이다.

"일단 주문서를 작성하시고 집에 가서 말씀해보시지요. 아니면 더 좋은 방법은 부인께 이곳에 잠시 들르라고 전해주시는 겁니다. 자, 여기에 서명을 하시고 계약금으로 100달러만 내시면 됩니다. 만약 부인께서 반대하신다면 계약금을 돌려드리겠습니다."

이 방법은 세일즈맨이 헛된 기대에 빠져 있지 않도록 정확히 고객을 구분해내는 방법이 되기도 한다. 지라드는 계약금을 걸지 않고 나가는 고객에게는 친절하게 대하되 판매에 관해서는 신경 쓰지 않았다. 지라드가 사용한 전략을 다시 한 번 정리해본다.

Step 1 고객의 특성을 파악하고, 단독으로 결정할 수 있도록 유도한다.

Step 2 의사결정권자를 직접 만나게 해달라고 요청한다.

Step 3 계약금을 받음으로써 거래를 계속해나갈지 더 이상 신경 쓰지 않을지 구분한다.

계약금을 받게 되면 당신은 한 가지에 집중할 수 있다. 고객이 진짜 의사결정권자를 설득할 수 있도록 돕거나, 아니면 당신이 의사결정권자를 만나서 설득하는 것이다.

닐 라컴은 대형 세일즈(거래금액이 큰 영업)일수록 한 번의 만남에서 성공 또는 실패로 결정되기는 어렵다고 말했다. 때문에 그는 고객과의 첫 만남에서 '의사결정권자를 만나게 해주겠다'는 약속을 받아내는 것은 세일즈의 '진전'이라고 했다. 그리고 이 '진전'이 첫 만남에서는 꽤 성공적인 세일즈 성과라고도 했다.

"고객과의 상담이 성공 아니면 실패로 결정될 확률이 매우 낮은 대형 세일즈에서는 상담 한 건 한 건의 성공을 판단하기가 어렵다. 예를 들어 여러분이 필자에게 재고관리를 할 수 있는 컴퓨터 패키지 시스템을 판매하고 있다고 가정해보자. 상담 마지막에 필자가 '귀사의 재고관리 시스템이 제가 필요로 하는 시스템이라는 확신을 얻었습니다. 그렇지만 그런 중요한 결정을 저 혼자 내릴 수는 없습니다. 다음 주 중에 생산관리부장을 만날 수 있도록 기회를 마련해보죠.'라고 말했다. 이 경우 상담을 통해 무언가를 성취한 것은 확실하다. 그렇지만 아직 성공이나 실패로는 결정되지 않은 상태다. 하지만 그것은 또 다른 만남에 대한 약속이 이루어진 것이기 때문에 우리는 그 상담을 성공적이라고 본다."

만약 당신이 의사결정권자를 직접 만나기는 곤란하고, 고객이 의사결정권자를 직접 설득해서 구매해야 하는 상황이라면 이야기는 달라진다. 이 경우는 눈앞에 있는 고객에게 판매를 하는 것이 아니라 보이지 않는 '누군가'에게 상품을 판매해야 하기 때문이다. 판매하는 상대방이 누구냐에 따라 영업 방식은 완전히 달라진다.

따라서 당신은 '누구'에게 상품을 파는 것인지 정확하게 인지하고 있어야 한다. 이 경우 눈앞에 있는 고객을 설득한 뒤, 진짜 의사결정권자가 누구인지를 듣고 그 사람을 설득할 수 있는 내용까지 설명해주어야 한다.

홈쇼핑 판매 기네스 최고기록 보유자인 장문정 씨의 이야기를 들어보면 '누구'에게 파는지를 확실히 아는 것이 세일즈에서 얼마나 중요한지 알 수 있다.

"쇼핑호스트로 근무할 당시 참 많은 상품군들을 다루었다. 농담처럼 '집하고, 사람하고, 여자 속옷'만 빼고 어지간한 상품은 다 팔아봤다고 할 정도였으니 말이다. 다양한 상품의 방송을 준비하며 가장 신경 썼던 부분은 '무엇'을 팔 것인가보다 '누구'에게 팔 것인가였다. 남성용 팬티는 남편에게 팔아서는 안 된다. 어차피 홈쇼핑의 주 고객층은 아내이기 때문이다. 아내에게 남편의 팬티를 팔 땐 절대 섹시한 디자인으로 승부해서는 안 된다. 차라리 잘 마르는 소재가 주는 편리함, 빨래 갤 때 발견된 남편 팬티의 구멍을 이야기해야 팔린다. 100만 원이 넘는 학습지를 팔 때도 아이를 고객으로 생각해서는 안 된다. 그 아이를 자녀로 둔 엄마가 진짜 고객이다. 어르신들을 위한 마사지 기계를 팔 때도 어르신을 고객으로 생각해서는 안 된다. 친정 엄마 생각에 가슴 뭉클해지는 딸이 진짜 고객이다."

지라드와 닐 라컴, 장문정 씨의 공통적인 세일즈 전략은 무엇일까? 세일즈의 천재라고 불리는 이들은 단독으로 구매 결정을 내리지 못하는 고객들을 상대로도 역시 뛰어난 영업 수완을 발휘했다. 그들은 '진짜 구매 결정권자'를 알아내는 데 집중했으며, 눈앞에 보이는 고객이 아닌 진짜 고객에게 상품을 판매하는 데 성공해왔다.

"배우자와 상의해볼게요.", "상사에게 말해볼게요.", "우리 팀원들과 의논해볼게요."라는 말을 듣고 "네. 천천히 생각해보시고 연락주세요."라며 그냥 고객을 보냈던 적은 없는가? 물론 고객의 부담을 덜어주고 장기적인 세일즈를 생각했을 수도 있다. 하지만 이렇게 생각해보면 어떨까? 고객이 진짜 당신의 상품이나 서비스를 구매하고 싶은 마음이 간절하다면 고객이 가지는 부담은 당신과의 대화가 아닌 진짜 의사결정권자를 설득시키는 데 있다고.

당신은 독단적으로 의사결정을 할 수 없는 고객의 '진짜' 부담을 덜어주기 위해서라도 어떤 액션을 취해야 한다. 닐 라컴이 말한 '진전'처럼 말이다. 고객이 의사결정권자를 설득할 수 있도록 도움을 주거나, 아니면 당신이 직접 의사결정권자를 만날 수 있게 도와달라고 말하자. 닐 라컴의 저서 《당신의 세일즈에 SPIN을 걸어라》에 나오는 톱 세일즈맨 프레드처럼 말이다.

면담자　"상담 목표는 무엇이었습니까?"

프레드　"저는 어떤 액션을 원했습니다. 왜냐하면 이미 경쟁사가 나타난 것을 알았고, 그들보다 경쟁우위에 있길 원했기 때문입니다."

면담자　""어떤 액션을 말하는 겁니까?"

프레드　"상담이 가치를 갖기 위해서는 뭔가가 있어야 됩니다. 어떤 방향으로든지 진전이 있어야 하죠. 그렇지 않으면 저와 고객, 모두의 시간 낭비일 뿐이에요."

면담자 "액션을 보여주는 예를 들어본다면?"

프레드 "제가 원했던 것은 기술 팀장을 우리 공장으로 초대해 기술 파트의 사람들과 실질적인 대화를 나누도록 하는 것이었습니다. 그래야 상담이 진전되니까요. 그리고 고객이 우리와 대화를 진행하고 있는 동안은 다른 경쟁사와 시간을 보낼 수 없을 테니까요."

면담자 "상담은 성공적이었습니까?"

프레드 "그렇기도 하고 아니기도 합니다. 내부적인 문제 때문에 저는 그 기술 팀장을 초대하는 데 성공하지 못했습니다. 그런 측면에서 보면 저는 실패했습니다. 하지만 상담 도중에 다른 분야에서 진일보할 수 있는 가능성을 발견했습니다. 저는 그 고객으로부터 남동부 지역에 새로운 공장을 건설하기 위한 준비 작업을 하고 있다는 정보를 입수했습니다. 그들은 프로젝트 팀을 구성해 공급업체를 선정하고 있었습니다. 그래서 저는 그에게 프로젝트 팀의 엔지니어에게 대신 전화를 걸어 저와의 만남을 주선해줄 것을 부탁했습니다."

면담자 "그 사람이 그렇게 해주었습니까?"

프레드 "예. 23일에 그 엔지니어와 만나기로 했습니다."

면담자 "그로부터 무슨 진전이 있을 것이라고 생각하십니까?"

프레드   "물론입니다. 저에게 아주 좋은 기회가 될 것입니다. 23일에
그 사람을 만나서 우리 회사를 펌프와 파이프 공급업체로
지정해달라고 강력하게 어필할 예정입니다."

프레드는 '진전'에 대한 뚜렷한 신념을 가지고 있었다. 그는 눈앞에
있는 고객이 진짜 구매 결정권자가 아니라는 사실을 정확히 알고 있
었고, 그보다 상위에 있는 사람을 만나기 위해 끊임없이 제안했다.
'네. 천천히 생각해보시고 연락주세요.'와 같이 예의바르게 대화를
마무리 짓지 않았다. 그렇기 때문에 고객에게도 좋고, 자신에게도 이
익이 될 만큼의 확실한 목표를 성취할 수 있었다.

고객에게 실수했을 때는
어떻게 대처할까?

조 지라드가 자동차 세일즈를 시작한 초창기의 일이다. 한 자수성
가한 사업가가 사무실을 찾아왔다. 그는 최고 모델의 차량을 구매하
길 원했다.

판매 절차를 순조롭게 밟으며 거래가 반쯤 진행되었을 때 갑자기
그는 미시건 대학 외과대학에 다니는 아들을 자랑하기 시작했다.

지라드는 사업가가 아들 자랑을 하는 것을 열심히 경청하는 듯 고
개를 끄덕였지만, 사실은 사무실 바깥에 정신이 팔려 있었다. 사무
실의 문이 열려 있었고, 한 무리의 세일즈맨들이 그날따라 유난히
큰 목소리로 웃으며 대화를 하고 있었기 때문이다.

지라드가 다시 정신을 차리고 사업가의 이야기에 집중하려고 했을
때는 이미 늦은 상황이었다. 그는 갑자기 일어서더니 이렇게 말했다.

"지라드 씨, 이야기 잘 나눴소. 그럼, 수고하시오."

지라드는 도대체 어떻게 된 영문인지 이해할 수가 없었다. 분명히 판매는 잘 진행되고 있었기 때문이다. 지라드는 대체 무엇 때문에 그가 떠났는지 알아보기 위해 전화를 걸었다.

"왜 그렇게 나가 버리셨습니까?"

지라드의 물음에 그는 이렇게 대답할 뿐이었다.

"아무 일도 없었소. 단지 다른 사람에게서 차를 샀을 뿐이오."

"네? 제가 제시한 조건은 엄청나게 좋은 조건이었는데요."

지라드는 다시 부드럽게 물었다.

"제가 뭘 잘못했는지 말씀해주시겠습니까?"

"그렇게 묻는 이유가 뭐요?"

"네, 저는 항상 좀 더 잘하려고 노력하고 있고, 저의 행동이 선생님의 기분을 상하게 만들었다면 그것이 무엇인지를 알아서 다시는 그런 실수를 반복하지 않기 위해서입니다."

"그럼, 당신이 뭘 잘못했는지 말해주겠소. 당신은 연신 문 밖을 쳐다보면서 다른 사람들의 우스갯소리에 몰두했소. 분명히 당신은 내 얘기보다 거기에 더 관심이 있는 듯했소. 나는 그 점 때문에 화가 났던 거요!"

지라드는 자신의 실수를 깨닫고, 바로 다시 대답했다.

"선생님 말씀이 전적으로 옳습니다. 그리고 한 말씀 더 드리자면 저는 선생님과 거래할 자격도 없습니다. 하지만 잠깐 전화를 끊기 전에 이것만은 알아주십시오. 선생님의 아드님은 정말 자랑하실 만합니다. 제가 듣기에 아드님은 정말 훌륭한 젊은이이고, 꼭 좋은 의사가 될 겁니다. 그리고 제게 솔직하게 말씀해주셔서 정말 감사합니다. 아주 귀중한 교훈을 얻었습니다. 나중에라도 혹시 저에게 다시 한 번 기회를 주신다면 감사하겠습니다."

　지라드는 진심으로 자신의 실수를 인정하고 용서를 구할 줄 아는 사람이었다. 그리고 그는 자신의 잘못에 대해 진심으로 사과함으로써 실질적인 이득까지 취할 수 있었다. 이 사건이 일어나고 2년 후 그 사업가가 다시 지라드의 사무실을 찾아왔고, 자신의 차와 아들의 차까지 구매해간 것이다.

　사람은 누구나 실수를 한다. 하지만 자신의 실수를 곧바로 인정하고 용서를 구하는 사람은 많지 않다. 그러나 지라드는 자신의 실수를 인정하고 진심으로 용서를 구한 덕분에 다시 기회를 얻을 수 있었다.

　작정하고 온 악성 고객이 아닌 이상 웬만한 사람들은 진심 어린 사과에 약하다. 자신이 저지른 실수에 대해 고객이 말하기 전에 먼저 실수를 인정하고 진심으로 사과한다면 고객과의 관계는 더욱 공고해질 것이다.

　또 사람은 자기 자신에 대한 중요감을 만족시키고 싶어 한다. 이 자기 중요감은 상대방이 실수를 인정하지 않을 때는 상대를 굴복시킬 때 충족된다. 하지만 상대방이 자신의 실수를 먼저 인정하면 그를 용서함으로써 충족된다.

이와 관련된 또 하나의 사례를 보자.

데일 카네기는 자신의 애견 '렉스'를 데리고 공원을 산책하고 있었다. 렉스는 성격이 온순한 데다 사람을 물지 않는 개였기 때문에 카네기는 렉스에게 마스크를 씌우거나 따로 목줄을 묶지 않았다. 또 렉스와 자주 공원을 산책했는데도 사람들을 마주친 적이 거의 없었기 때문에 이것에 대해 별로 신경 쓰지 않았다.

그러던 어느 날 카네기와 렉스는 공원에서 경찰관을 만나게 되었다. 경찰관은 그에게 말했다.

"공원에서 개를 마스크나 목줄도 없이 풀어놓으면 어떻게 하시겠다는 겁니까? 위법 행위라는 걸 모르십니까?"

카네기는 경찰관의 말에 부드럽게 대답했다.

"물론 알고 있습니다만 우리 개는 아무런 피해도 주지 않을 거라 생각했습니다."

"피해를 주지 않을 거라고요? 법은 당신이 생각하는 것과는 달라요. 저 개는 다람쥐를 죽이거나 아이를 물지도 모릅니다. 이번 한 번은 봐주겠지만, 만약 저 개가 또다시 마스크나 목줄 없이 돌아다니는 것이 적발되면 그때는 판사한테 가봐야 할 겁니다."

이 일이 있고 나서 얼마 동안 카네기는 경찰관과의 약속대로 렉스에게 마스크를 씌우고 다녔다. 하지만 얼마 지나지 않아 긴장이 풀린 그는 경찰관의 말을 무시하기로 했다. 다시 마스크를 씌우지 않고 공원에 나가기 시작한 것이다.

한동안은 아무 일이 없었다. 하지만 다시 그 경찰관과 마주치게 되었고, 이제는 빼도 박도 못하는 상황이었다.

그러나 카네기가 누구인가. 그는 어떻게 해야 경찰관으로부터 용서를 받을 수 있는지 알고 있었다. 카네기는 경찰관과 마주치자마자 먼저 이야기를 꺼냈다.

"저를 현행범으로 체포하시겠군요. 제가 법을 어겼습니다. 알리바이도 변명거리도 아예 없습니다. 지난주에 또다시 개한테 마스크를 채우지 않고 데리고 다니면 벌금을 물리겠다고 경고하셨지요?"

카네기의 말에 경찰관은 어떻게 반응했을까? 정말 벌금을 물렸을까? 놀랍게도 그는 그렇게 하지 않았다. 오히려 카네기의 행동을 이해한다는 듯 부드럽게 대답했다.

"글쎄올시다. 저런 조그만 개라면 아무도 없을 때 밖으로 데리고 나와 달리고 싶은 유혹도 생길 것 같군요."

카네기는 다시 한 번 말했다.

"분명 그런 유혹이 생기지만 위법 행위는 위법 행위지요."

카네기는 경찰관과의 첫 만남에서 했던 대화를 기억하고 있었다. 그래서 경찰관이 해야 할 말을 먼저 해버린 것이다. 이미 자신이 해야 할 말을 카네기가 먼저 해버리자, 그가 선택할 수 있는 '자기 중요감을 채울 수 있는 방법'은 카네기를 멋지게 용서하는 것뿐이었다. 경찰관은 카네기에게 말했다.

"그렇지만 뭐, 이렇게 작은 개는 누구에게도 해를 주지 않겠어요. 자, 선생은 이 문제를 너무 심각하게 생각하시는 것 같군요. 이렇게 하면 어떻겠습니까? 언덕 저편까지 개를 달리게 하세요. 그러면 제 눈에도 띄지 않고 우리 모두 이 일을 잊어버릴 것 아니겠습니까?"

놀랍지 않은가? 이 사례에서 우리가 배워야 할 것은 자신의 잘못을 먼저 인정하고, 상대방이 할 말을 먼저 해버리라는 것이다. 상대방이 할 말을 해버림으로써 우리는 그들과 대립하지 않고 순식간에 같은 편이 될 수 있다. 같은 편이 되었다는 느낌이 드는 순간, 적대감은 눈 녹듯이 사라지게 된다.

이 방법은 사람의 감정을 획기적으로 바꿔놓는다. 오죽하면 '같은 편 만들기'를 이용한 범죄 심문 전략도 있다.

하버드 대학 정신의학부 다니엘 샤피로 교수의 저서 《원하는 것이 있다면 감정을 흔들어라》에 나오는 '착한 경찰관 나쁜 경찰관' 전략이다.

아래 내용은 《원하는 것이 있다면 감정을 흔들어라》에서 발췌한 것이다.

강도 사건 용의자인 젊은 남자가 취조실로 잡혀 왔다고 가정하자. 용의자는 경찰관 두 명에게 취조를 받으면서 계속 자신의 결백을 주장한다. 여기서 경찰관 두 명 중 한 명이 나쁜 경찰관 역할을 맡는다.

나쁜 경찰관은 용의자가 자리에 앉기도 전에 어떤 'XX새끼'가 강도짓을 저질렀냐며 윽박지른다. 그리고 취조 내내 으르렁거리며 용의자의 의자를 걷어차기도 하고 혐오스러운 눈빛을 보내기도 한다. 계속 미친 듯이 화를 내고 고함을 친다. 검사 친구한테 부탁해서 용의자에게 무거운 형을 구형하도록 하겠다고 위협도 한다.

나쁜 경찰관이 난폭한 연기를 하는 동안 착한 경찰관은 뒤에서 조용히 앉아 기다린다. 그러다 천천히 끼어들기 시작한다.

"이봐 프랭크, 좀 진정해, 아직 어린애잖아."

별로 도움이 되는 말은 아니지만 나쁜 경찰관의 계속되는 폭언에 비하면 용의자의 귀에는 달콤한 음악처럼 들릴 것이다. 이윽고 착한 경찰관이 나쁜 경찰관에게 "그만해 프랭크, 다 같이 커피나 한 잔씩 하자고, 나가서 커피 석 잔만 사다 줄래?"라고 말한다.

나쁜 경찰관이 자리를 뜨고 나면 착한 경찰관은 본격적으로 작전에 돌입한다.

"이유는 모르겠지만 자네, 프랭크한테 아주 밉보인 것 같아. 자네를 감방에 처넣으려고 혈안이 되어 있어. 확보한 증거가 많으니까 아마 충분히 가능하겠지. 최소 5년형은 구형할걸? 나는 자네가 그렇게 되는 것을 보고 싶지 않아. 그러니 프랭크가 돌아오기 전에 혐의를 인정하면 내가 알아서 검사한테 잘 말해줄게. 우리에게 협조만 잘하면 형량을 2년, 아니 1년까지 줄일 수 있을지도 몰라."

이 정도면 대부분 술술 자백이 이어진다.

이 전략이 효과를 발휘한 이유는 몇 가지를 꼽을 수 있다. 먼저 나쁜 경찰관이 무거운 형량을 언급하며 공포 분위기를 조성했다. 그에 비해 착한 경찰관은 '유난히' 합리적이고 친절한 사람으로 보였다. 또한 자기 돈으로 커피까지 대접하는 등 착한 경찰관이 거듭 용의자 편을 들어주자 상호성의 원칙에 따라 용의자는 보답하려는 마음을 갖게 되었다.

하지만 이 전략이 효과를 발휘한 가장 큰 이유는 착한 경찰관이 용의자의 편이 되어주었고, 용의자의 행복에 마음을 써주었으며, 용의자를 위해 노력하는 사람이라는 인상을 심어준 것이다.

착한 경찰관은 의도적으로 용의자의 편을 들어줌으로써 그의 '보답하려는 마음'을 이끌어냈다. 이 순간만큼은 용의자도 적대감이 사라지고, 같은 편인 착한 경찰관에게 최대한 협조하려는 마음이 생긴 것이다.

반대로 나쁜 경찰관이 윽박지르기 전에 용의자가 자신의 죄를 먼저 인정하고 "제가 잘못했습니다. 변명의 여지가 없습니다. 심문에 최대한 솔직하게 대답하겠습니다."라고 말했다면 경찰관들은 용의자의 형량을 줄이는 데 최대한 협조적으로 임했을 것이다.

이처럼 자신의 실수가 명백할 때는 죄를 빨리 인정하고 상대방의 편을 드는 것이 실수를 만회하기 위한 유일한 방법이다. 상대방이 당신에게 해야 할 말을 먼저 말하라. 실수에 대한 변명은 두 번째 실수를 저지르는 것임을 반드시 명심하길 바란다.

카네기는 저서 《카네기의 인간관계론》에서 말했다.

"**만일** 우리가 비난받을 일이 있으면 먼저 스스로를 비난하는 편이 낫지 않을까? 다른 사람으로부터 비난을 듣느니 스스로 내면의 자기비판 소리에 귀를 기울이는 편이 훨씬 쉽지 않을까? 자기에게 잘못이 있다는 것을 알게 되면 상대가 할 말을 먼저 해버리는 것이다. 그렇게 하면 상대는 할 말이 없어진다. 십중팔구 상대는 관대해지고 이쪽의 잘못을 용서하는 태도로 나올 것이다. 나와 렉스를 용서한 경찰관처럼."

고객을
같은 팀으로 만들어라

어느 날, 모스버거 나리마스 지점에 비상이 걸렸다. 가까운 거리에 맥도날드가 생긴다는 소식 때문이었다. 물론 당시 모스버거도 나름 선전하고 있었지만 맥도날드에 비하면 상대가 되지 않았다. 브랜드 파워를 논외로 치더라도 매장의 크기에서부터 밀렸다. 나리마스 지점이 고작 8명 정도 앉을 수 있는 좌석 수에 10평도 안 되는 크기였던 데 비해 새로 지어지는 맥도날드는 80평의 2층 건물이었던 것이다.

결국 맥도날드의 개장일 전날, 모스버거 본사에서는 점장들을 모아놓고 회의를 열었다.

모스버거의 사쿠라다 사장은 나리마스 지점의 점장인 아츠시에게 물었다.

"맥도날드가 문을 열면 나리마스의 매출이 어떻게 될까요?"

아츠시의 대답은 간결했지만 결의에 차 있었다.

"지금의 매출은 유지할 수 있을 거라 생각합니다."

애써 담담한 척은 했지만 그도 사실은 불안한 마음을 억누를 수 없었다.

맥도날드 나리마스 매장의 개장 날, 예상했던 대로 엄청나게 많은 사람들이 맥도날드로 몰리기 시작했다. 오픈 행사였던 감자튀김 무료 쿠폰뿐만 아니라 '맥도날드'라는 이름이 가진 위력은 생각대로 엄청났다. 사람들의 행렬은 꼬리에 꼬리를 물었고, 특히 점심시간에는 더 많은 사람들이 맥도날드로 몰려들었다.

그렇다면 모스버거의 매출은 맥도날드가 생긴 후로 급격히 감소했을까? 다행히도 모스버거의 모든 고객들이 맥도날드로 간 것은 아니었다. 모스버거의 단골손님들은 맥도날드가 생겼어도 모스버거를 배신하지 않았다. 정확히 말하면 배신하지 않았을 뿐만 아니라 모스버거를 돕기 위해 지인들을 데리고 오고 하루에 두 번을 방문하기까지 했다. 맥도날드가 생긴 그날 모스버거에는 대체 무슨 일이 있었던 것일까?

맥도날드가 개장한 날에도 점심시간마다 찾아오던 직장인들은 여전히 모스버거로 와주었다. 아츠시 점장은 일단 안심했지만 아직 완전히 안심하기에는 일렀다. 학생들에게는 맥도날드 무료 쿠폰이 굉장히 매력적으로 느껴질 수 있기 때문이었다.

하지만 그는 얼마 지나지 않아 자신이 얼마나 쓸데없는 걱정을 했는지 알 수 있었다. 단골이었던 학생들이 자신의 친구들까지 데리고

와서 오히려 그를 응원해주었던 것이다.

"점장님! 힘내세요! 저희는 맥도날드에 절대로 가지 않을 테니까 걱정 마세요! 모스버거가 지면 안 돼요!"

그뿐만이 아니었다. 단골손님들은 맥도날드에 가려는 사람들을 붙잡으며 "어디 가시는 거예요? 햄버거는 모스버거가 최고예요!"라고 외쳤다. 심지어 일주일에 한 번 정도 오던 직장인들은 맥도날드가 생겨서 모스버거가 위험에 처하자 점심시간에 왔다가 퇴근 후에 또 오기도 했다. 그날 하루에만 두 번을 찾아온 것이다. 아이들은 부모님과 같이 오기도 했다.

결국 모스버거 나리마스 지점은 맥도날드가 개장한 날, 평소보다 훨씬 더 높은 매출을 올리며 신기록을 세웠다. 이날의 일이 얼마나 감동적이었으면 아츠시 점장은 아직도 이날을 '맥도날드 기념일'이라고 부른다.

맥도날드에 비하면 극히 작은 햄버거 가게에 불과했던 모스버거는 어떻게 이런 결과를 가져올 수 있었을까? 소상공인들이라면 대형 업체와의 경쟁에 대비하기 위해 분명 배울 점이 있을 것이다.

모스버거 나리마스 지점이 맥도날드에 밀리지 않고 살아남을 수 있었던 이유는 단골손님들 덕분이었다. 나리마스 지점이 처음 생겼을 때 사쿠라다 사장은 아이들이 찾아오면 햄버거만 파는 것이 아니라 숙제도 도와주고 학교 이야기를 나누며 친해지기 위해 노력했다.

그는 당시 직원이었던 아츠시 점장과 다른 직원들에게도 자신과 똑같이 할 것을 지시했는데, 그러다 보니 아이들이 집에 오지 않아 걱정하던 부모들은 아이를 찾아 모스버거로 오기도 했다. 환한 웃음으로 그들을 맞는 직원들을 보며 부모들의 걱정은 눈 녹듯이 사라졌을 것이다.

모스버거의 친절 마케팅은 이뿐만이 아니었다. 손님들이 찾아올 때마다 상대의 관심사에 맞춰 이야기를 건네기도 하고, 심지어 손님들 개개인의 취향에 맞는 메뉴를 개발해 이름을 붙이기까지 했다. '토마토를 뺀 스즈키 씨의 모스버거'라든지 '마요네즈를 듬뿍 넣은 다나카 씨의 데리야키' 같은 식으로 말이다.

이런 방식으로 매장을 운영하다 보니 단골손님들은 모스버거에 대해 '남의 가게'가 아닌 '우리의 가게'로 동질감을 느끼기 시작했다. 그러니 맥도날드 때문에 모스버거가 위기에 처하는 모습을 보고만 있을 수는 없었던 것이다.

소상공인이라면 여기서 꼭 배워야 할 것이 있다. 자신이 하는 사업을 '나의 사업'이 아니라 고객들로 하여금 '우리의 사업'으로 느끼게 해야 한다는 것이다. 그러기 위해서는 소상공인부터 '고객의 거절을 이겨내고 판매한다.'는 개념이 아니라, '진심으로 고객에게 도움이 되고 싶다.'는 마음가짐을 가져야 한다.

세계 최고의 자동차 세일즈맨인 조 지라드는 이렇게 말했다.

"고객들이 언변 좋고 사기꾼 같은 자동차 세일즈맨에게 넘어가지 않기 위해 '감시자'를 대동해서 자동차 전시장으로 들어올 때 나는 그들의 예상과는 전혀 다른 이미지, 즉 고객의 구매를 도와주고 좋은 물건을 소개하는 사람으로 그들을 맞이한다. 나의 신실함과 확신을 대하고 나면 그들은 경계심을 풀고 세일즈맨에 대한 거부반응을 거둬들인다. 그들은 나를 어딘가 다른 사람으로 바라본다. '당신은 다른 자동차 세일즈맨과는 다르군요. 난 당신처럼 일하는 사람이 좋습니다.'라고 말하면서 말이다."

최고의 세일즈맨들은 모두 '고객에게 도움을 주어야 한다.'를 세일즈에서 가장 중요한 철칙으로 꼽는다.

전 골드만삭스의 대표이사이자 전설의 원톱이라 불렸던 도키 다이스케 또한 이렇게 말했다.

"고객의 마음을 사로잡기 위해서는 항상 머릿속에 '고객에게 도움이 되고 싶다.'는 생각이 있어야 한다. 나는 골드만삭스에서 일하는 동안 나보다 뛰어난 능력을 가진 사람들을 수도 없이 많이 보았다. 하지만 내가 그들을 제치고 영업왕이 될 수 있었던 건 '고객에게 도움이 되고 싶다.'는 신념을 철저하게 지키며 일한 결과였다."

성공한 세일즈맨들에게 어떻게 성공했느냐를 물었을 때 뛰어난 언변이나 세일즈 스킬을 말하는 사람들은 거의 없다. 이것은 부수적인 것이지 가장 중요한 것은 고객을 대하는 마음가짐이기 때문이다.

그들은 판매에 대해 굉장히 현실적이고 객관적인 태도를 취하지만, 세일즈에서 가장 중요한 요소를 꼽으라고 하면 공통적으로 '고객과의 관계', '도움을 준다', '신뢰와 진심' 등을 가장 많이 말한다. 내로라하는 협상 전문가들 또한 협상이 원만히 진행되지 않는 이유가 '상대를 적이라고 생각하는 고정관념' 때문이라고 입을 모은다. 이 고정관념을 깨지 않으면 협상에 난항을 겪을 수 있다는 것이다.

실제로 하버드 대학교 협상 연구소에서는 이런 고정관념을 깨기 위해 협상가 교육 과정의 가장 첫 부분에 팔씨름 교육을 넣기도 한다. 그들의 사례를 보자.

어느 날 하버드 협상 연구소의 연구팀은 30명으로 구성된 협상가들을 교육하고 있었다. 연구팀은 그들이 두 명씩 짝을 지어서 서로 마주보고 앉게 했다. 이어 각자 오른손으로 '파트너'의 오른손을 꼭 잡고 놓지 말라고 말했다. 파트너의 오른쪽 손등을 책상에 닿게 할 때마다 1점씩 받는 규칙이었다.

연구팀은 참석자들에게 파트너가 얼마나 많은 점수를 따는지에 대해 완전히 무시하라고 말했다. 그러고는 눈을 감게 한 뒤 "준비, 시작!"을 외쳤다.

결과는 어떻게 됐을까? 2분 동안 그들은 안간힘을 썼다. 하지만 파트너의 저항 때문에 1, 2점을 얻는 데 그친 사람이 대부분이었다. 하지만 예외 커플이 있었다. 한 참가자가 이 훈련의 규칙을 정확하게 꿰뚫고 있었던 것이다.

그는 자신의 목적이 많은 점수를 따는 것이며, 연구팀이 말한 대로 파트너가 얼마나 많은 점수를 얻든 무시하는 전략을 택했다.

그는 파트너의 손을 밀지 않고 오히려 잡아 당겨서 파트너가 쉽게 점수를 따도록 해주었다. 그러고는 자신도 재빨리 1점을 따내고, 다시 파트너에게 1점을 주었다. 두 사람은 눈부신 팀워크를 발휘하며 큰 힘을 쓰지 않고도 가장 많은 점수를 얻을 수 있었다. 3점 이상 따낸 참가자가 없었던 데 비해 그들은 20점 이상을 따냈다.

이처럼 모스버거의 사례와 세계적인 세일즈맨들의 성공 전략, 하버드 대학교 협상 연구소의 교육을 통해 소상공인은 무엇을 배울 수 있을까? 고객들만 세일즈에 대한 고정관념을 가지고 있는 것은 아니라는 점이다.

소상공인부터 세일즈에 대한 고정관념에서 벗어나야 한다. 상품을 팔기 전에 진심으로 고객을 돕겠다는 마음가짐부터 가져야 한다. 고객은 뚫어야 할 벽이 아니고, 이겨야 할 적도 아니다. 고객을 같은 팀으로 만들어라.

악성 고객은
어느 정도까지 수용해야 하는가?

　　세계적인 동기부여가이자 성공한 기업가인 크리스 길아보의 이야
기다.

　　신상품을 출시하는 날, 그는 고객 수백 명의 장바구니가 가득 차
는 것을 확인하며 고객 질문 게시판을 주시하고 있었다. 출시는 다행
히 성공적이었다. 오후가 되자 천여 명 이상의 고객들이 상품을 구매
하기 시작했다. 메일함을 확인해보니 받은 편지함에는 신상품에 만
족하는 고객들의 수많은 메시지가 도착해 있었고, "비밀번호를 잊어
버렸다.", "사이트가 다운됐다."와 같은 문의 메일들도 와 있었다.

　　그리고 댄이라는 고객의 메시지도 있었다. 그의 메시지는 다짜고
짜 본론부터 적혀 있었다. "환불해주세요." 길아보는 "환불은 가능합
니다. 그런데 무엇이 만족스럽지 않으십니까?"라고 친절하게 답변을
보냈다. 하지만 댄의 답장은 누가 봐도 빈정대는 말투였다.

"충고 좀 할까요? 나한테 전화를 주면 왜 내가 당신 상품을 안 사려고 하는지 알려드리죠."

길아보는 다시 장바구니와 고객평가 게시판을 확인했다. 몇 개의 신규 주문과 고객들의 호평이 1분 단위로 계속 올라오고 있었다. 그는 댄에게 재차 답장을 보냈다.

"죄송하지만 전화를 드릴 수가 없군요. 바로 환불 처리해드리겠습니다. 고객님이 하시는 일이 잘되기를 바랍니다. 하지만 당장은 고객님의 충고를 들을 수 없겠군요."

길아보는 우리가 일반적으로 알고 있는 고객 응대 방식을 적용하지 않았다. 대부분의 경우 댄에게 전화를 해서 친절히 응대를 해주었을 것이다. 하지만 그는 일부 불만 고객들보다는 대다수의 고객들을 상대하는 것이 더 나은 선택이라고 생각했다. 그는 저서 《100달러로 세상에 뛰어들어라》에서 이렇게 말했다.

"신상품 출시 당일, 나는 댄에게 전화를 할 시간이 없었다. 어쩌면 좋은 조언을 들을 기회를 놓쳐버렸는지도 모르겠다. 하지만 환불을 받을 한 명의 불평을 듣느라 귀중한 시간을 허비하기보다는 구매 고객을 위해 그 시간을 들여 일하는 게 현명하다."

당신은 길아보의 선택이 옳았다고 생각하는가? 그것은 누구도 확답을 줄 수 없다. 만약 댄이 악의적인 의도로 길아보와의 메일을 캡처해서 SNS에 올리기라도 했다면 어떤 일이 벌어졌을까?

사람들은 SNS에 올라와 있는 악의적으로 편집된 고객의 후기만을 보고 기업의 이미지를 쉽게 판단해버리는 경우가 많다. 요즘 사장들이 가장 두려워하는 것이 온라인을 통한 악성 루머인 것을 고려했을 때, 길아보의 행동은 굉장히 위험하다고 볼 수 있다.

그래서일까? 실제로 대한상공회의소의 조사에 따르면 국내 중소기업 대다수는 악성 고객들의 태도에 제대로 된 대응을 하지 못하는 것으로 밝혀졌다. 소비자의 악성 클레임에 대해 8.37%가 "그대로 수용한다."라고 답했으며, 2.0%가 "무시한다."라고 말했다. "법적 대응을 통해 적극적으로 대처한다."는 답변은 고작 14.3%에 불과했다.

부당한 요구를 들어줄 수밖에 없는 이유로는 90%의 기업들이 이미지 훼손 방지를 꼽았다. 그렇다면 다시 길아보의 행동은 정말 기업의 이미지에 악영향을 끼친다고 확신할 수 있을까? 이 물음에 대한 답변을 듣기 전에 다음 사례를 보자.

"우리 직원이 고객에게 무례한 행동을 했다면 직원을 내보내겠습니다. 그러나 우리 직원에게 무례한 행동을 하시면 고객을 내보내겠습니다. 상품과 대가는 동등한 교환입니다. 우리 직원들은 훌륭한 고객들에게 진심 어린 감사를 담아 서비스를 제공하겠지만 무례한 고객에게까지 그렇게 응대하도록 교육하지는 않았습니다. 우리 직원들은 언제 어디서 무슨 일을 하든지 항상 존중받아야 할 훌륭한 젊은 이들이며 누군가에게는 금쪽같은 자식이기 때문입니다. 직원에게 인격적 모욕을 느낄 언어나 행동, 큰 소리로 떠들거나 아이들을 방치하여 다른 고객들을 불편하게 하는 행동을 하실 경우에는 저희가 정중하게 서비스를 거부할 수 있음을 알려드립니다."

약 2년여 전, 세계 1위 도시락 회사 스노우폭스의 김승호 회장은 국내 매장에 '공정서비스 권리 안내문'을 붙였다. 직원들을 위해 소위 '갑질 고객'들에게는 서비스를 제공하지 않겠다고 선포한 것이다.

이 안내문은 최근 고객들의 도를 넘은 갑질이 이슈화되면서 언론의 뜨거운 관심을 받고 있다. "저렇게 해서 장사가 되겠어?"라는 비판적인 반응부터 "저런 회사라면 일할 맛 나겠다."라는 긍정적인 반응까지 대중들의 시선은 다양하다. 이와 관련된 김승호 회장의 인터뷰 내용을 보자.

"불량 고객과 무례한 고객을 좋은 고객으로부터 분리해야 합니다. 경영자는 직원을 상대로 한 고객의 부당한 갑질을 회피하거나 방치해선 안 돼요. 우리 회사의 경우 본사 직원이 제몫을 하려면 2년은 걸리고 비용 또한 5만 달러가 듭니다. 이렇게 키운 직원이 그만두면 막대한 손실이죠. 존중받는 직원이 더 친절하고 자기 사업처럼 열심히 일합니다."

일부 악성 고객들로 인해 일을 그만두는 직원이 많아져서 고민인 사장들이 많다. 또한 1인 기업이나 영업사원들은 자기 자신이 그 스트레스를 온전히 감내해야 하는 상황이다. 그렇다 보니 최근에는 크리스 길아보와 김승호 회장의 사례와 마찬가지로 과감히 악성 고객들을 거부하겠다는 사례가 늘어나고 있다.

하지만 고객 한 명 한 명이 소중한 소상공인들에게는 고객을 거부한다는 것이 현실적이지 않을지도 모른다. 고객 한두 명쯤 내보내도 매출에 전혀 지장이 없을 정도로 손님이 넘친다면 크게 걱정할 것이 없겠지만, 대부분의 경우 그렇지 않기 때문이다.

그렇기에 사장들은 흔히 직원들에게 서비스 교육을 시키게 마련이다.

"최대한 친절하고 상냥하게 대하라."

"진정성을 가지고 고객을 대하라."

이런 구체성이 없는 지침을 내리면서 말이다.

하지만 직원들이 아무리 친절하게 대한다고 해도 도저히 수용이 안 되는 고객들이 있다. 작정하고 오는 악성 고객들을 어떻게 친절만으로 막을 수 있단 말인가.

이런 상황에서는 무작정 서비스 정신만 강조한다고 해서 될 게 아니다. 억지스러운 서비스 교육은 오히려 직원들의 반발만 살 뿐이다. 그렇다면 대체 어떻게 해야 악성 고객들에 대한 정확한 응대를 할 수 있을까? 적정선은 어딜까?

해답은 간단하다. 만약 당신이나 직원이 정말 잘못했을 때는 확실한 사과와 책임으로 초기 대응을 하는 것이 좋다. 제대로 된 사과는 기업의 이미지를 더 좋게 만드는 기회가 될 수 있기 때문이다.

대표적인 예로 존슨 앤 존슨의 제임스 버크 회장이 있다. 1982년,

당시 존슨 앤 존슨의 제품인 타이레놀에 누군가가 독극물을 주입해 사망사고가 발생하자 버크 회장은 "사태에 책임을 지겠다."고 사과한 뒤 미국 전역에 공급된 타이레놀의 회수를 결정했다. 그 비용만 1억 달러에 달했지만, 막대한 손해를 감수하면서도 과감한 결정을 내린 것이다.

이후 그 사건은 《하버드 비즈니스 리뷰》에서 가장 완벽한 사과로 평가받았으며, 두고두고 사람들 사이에 회자되었다. 실수에 대한 제대로 된 사과를 통해 오히려 기업의 이미지가 좋아지게 된 것이다. 그 결과 존슨 앤 존슨은 절체절명의 위기를 극복하고 다시 재기에 성공할 수 있었다.

반면 회사에는 큰 잘못이 없는데도 부당한 요구를 하는 고객들이 있다. 그들에게는 확고한 태도를 취할 필요가 있다. 직원이든 사장이든 어쩔 줄 모르고 쩔쩔매며 비굴한 태도를 보이는 것은 금물이다. 악성 고객들은 당신이 우유부단한 태도를 보일수록 더 기고만장해져서 소란을 피울 것이기 때문이다.

여기서 확고한 태도의 의미는 고객의 부당한 행동에 맞서 똑같이 소리를 지르며 싸우라는 뜻이 아니다. 악성 고객에게는 '소비자 분쟁 해결 기준'과 회사 내의 '보상 처리 규정'에 따라 기준대로 처리해야 한다는 사실을 명확하게 인지시켜야 한다.

그럼 여기서 기본적인 악성 고객 대응 절차에 대해 알아보자.

Step 1 고객의 불만에 대해 먼저 사과하고 열심히 경청한다.

Step 2 고객의 입장에서 문제를 충분히 공감하고, 그 문제를 해결하기 위해 노력하고 있음을 인지시킨다.

Step 3 고객과 합의가 된다면 그 합의 사항을 성실히 이행한다.

Step 4 만약 터무니없는 요구가 계속되거나 고객이 계속 폭언을 일삼을 때는, 대화 내용을 녹취한다는 사실을 알리고(증거 자료 확보) 정확한 보상 기준과 절차에 대해 설명한다.

Step 5 최악의 경우, 경찰에 신고한다.

손님은 왕이지만 진상 고객은 진상일 뿐이다. 일본의 불만 고객 대응 전문가인 엔카와 사토루는 저서 《고객님, 여기서 이러시면 안 됩니다》에서 진상 고객들에게 제대로 대처하기 위해서는 '고객 만족'이 아닌 '위기관리'로 태도를 전환해야 한다고 말한다.

그가 제안하는 위기관리는 '수용하기', '타협점 찾기', '단호히 대처하기'다. '수용하기' 단계를 통해 고객의 이야기를 귀담아 들으면서 1차적으로 고객의 화를 누그러뜨릴 수 있다. 최악의 경우가 아닌 이상 대부분의 진상 고객들은 이 단계에서 수습된다.

'타협점 찾기'는 고객의 불만에 대한 원인을 찾는 단계다. 수용 가능한 불만이라면 진심으로 사과하고 타협점을 찾으면 해결된다.

마지막 '단호히 대처하기' 단계는 아무리 사과해도 악의적인 의도를 가지고 특별한 대우를 받기를 원하는 경우다. 이때는 더 이상 손님 대우를 하지 말고 경찰에 신고하는 등 단호하게 '위기관리'의 태도로 임해야 한다.

고객 만족만 생각하다 보면 도를 지나치는 진상 고객에게도 일반 고객과 동일한 태도로 대응하게 되는데, 이런 대응 방식으로는 진상 고객 문제를 해결할 수 없다.

최근에는 악성 고객이 대기업에서 소상공인들로 그 표적을 옮기는 추세에 있다. 대기업이 악성 민원의 유형과 방식을 분석해서 직원들을 교육하고, 악성 고객 전담 인력을 배치하는 등 철저히 대응하고 있기 때문이다.

그러나 소상공인들은 SNS에 올라온 글 하나에도 타격을 입을 수 있다 보니 악의적 민원을 가급적 조용히 처리하려는 경향이 강하다. 이런 이유로 악성 고객들에 의해 피해를 입는 소상공인들이 날로 늘어나고 있다.

하지만 다행히도 최근 경찰은 소상공인과 자영업자들을 상대로 하는 갑질 행위의 뿌리 뽑기에 나서기 시작했다. 소상공인들도 악성 고객에 대한 대응법을 정확히 숙지하고, 명백한 증거만 확보할 수 있다면 충분한 대응이 가능하다는 의미다.

솔직하게, 정말 솔직히 말해보려고 한다. 소상공인들이 대기업, 프랜차이즈에 밀리는 이유는 절대 자본과 인력 때문만이 아니다. 대기업들은 이미 시장에서 우위를 점하고 있음에도 불구하고 끊임없이 공부하고 연구하고 분석하고 성장해나가는 반면, 많은 소상공인들이 여전히 불평불만을 토로하며 앉아만 있는 것이 현실이기 때문이다.

"요즘 경기가 나빠서 손님이 없어"

과연 우리나라에서 시장 상황이 좋았던 때가 있기는 한가.

IMF는 수많은 사업 성공 신화들을 한순간에 나락으로 떨어뜨렸지만, IMF가 지나간 지는 한참 됐다. 현재의 시장 상황에서 "경기가 나빠서 손님이 없다."라는 말은 장사가 안 되는 이유에 자신의 탓은 하나도 없다는 무책임한 말로 들릴 뿐이다.

직장으로 치면 부하직원이 자신이 일을 못하는 것은 생각 안 하고 잔소리하는 상사만 욕하는 꼴이다. 이런 식으로는 변화도, 성장도 없다. 무엇보다 나는 "요즘 경기가 좋아서 장사가 잘돼."라는 말을 들어본 적이 없다. 장사가 잘되고 손님이 많으면 사장인 본인이 열심히, 잘 운영해서 잘되는 것으로 생각하고, 장사가 안 되면 "경기가 안 좋아서, 정부 정책이 소상공인들에게 너무 불리하게 만들어져서……." 라고 탓하는 경우가 많다.

물론 장사가 안 되는 이유를 모두 소상공인의 탓으로만 돌리는 것은 아니다. 최저임금이 급상승하면 인건비가 말도 안 되게 높아질 수도 있다. 젠트리피케이션Gentrification의 영향으로 임대료가 천정부지로 올라가 더 이상 사업을 지속하기 힘든 상황이 생길지도 모른다. 취급하는 상품이 수출입과 연관된 것이라면 유가나 환율 같은 국제적인 상황에 많은 영향을 받는다. 이 외에도 소상공인들을 힘들게 만드는 상황은 수도 없이 많을 것이다.

하지만 사장들은 이런 '상황'들을 탓하며 앉아만 있어서는 곤란하다. 직장에서는 상사를 욕하면서 가만히 앉아만 있어도 회사에서 해고당할 때까지는 월급이 들어온다.

그에 반해 소상공인들의 입장은 (다들 뼈저리게 알다시피) 완전히 다르다. 그 어떤 것보다도 기본 중의 기본인 생계를 이어가기 위해서는 상황 탓만 하고 있어서는 안 된다. 그게 심지어 백퍼센트 어쩔 수 없는 상황이었더라도, 미리 그 상황을 예상하지 못한, 극복해내지 못한 자신의 탓으로 돌리고 다음을 기약해야 한다. 사업에 대한 리스크

관리, 위기 상황에 대한 임기응변 능력까지 철저히 사장의 영역이기 때문이다.

사업이 잘되고 있을 때는 열심히 한 이유도 있지만, 운이 따랐다는 것을 인지해야 한다. 언제든 운이 떠날 수 있다는 것을 감안하고, 보다 탄탄하게 사업을 운영해나가기 위해 노력해야 한다.

반대로 사업이 잘 안 되고 있을 때는 운이 안 좋은 탓도 있겠지만, 자신에게 부족한 점이 무엇인지 찾아내서 극복하려는 노력이 필요하다. 이 사실은 당신이 아무리 인정하기 싫다고 해도 결국 사장의 숙명이 아닐까 생각한다.

이 책의 제목은 '소상공인 생존 수업'이다. 나는 책을 쓴 저자로서 당연히 책을 읽은 독자들이 최대한 많이 성장했으면 좋겠다. 그리고 좀 더 솔직히 말하자면 당연히 책이 많이 팔렸으면 좋겠다. 그러나 출판 시장 또한 철저히 비즈니스의 영역임을 안다. 내 노력과는 별개로 운까지 따라주어야 하는 것은 두말할 필요도 없다. 그래서 나는 이 책이 많이 팔리고 안 팔리고의 여부를 떠나 지금보다 더 성장해나갈 것이다. 모든 소상공인들이 그래야 하는 것처럼 말이다.

중소기업연구원의 자료에 따르면 창업한 소상공인의 폐업률은 창업 1년 이내에 무려 40.2%, 2년째에 53.7%, 3년째에 62.0%, 4년째 66.6%, 5년째 69.1%에 달한다. 600만 명이 넘는 소상공인 종사자들을 생각하면 엄청난 비율이 아닐 수 없다.

또한 이렇게 폐업한 소상공인들은 평균적으로 1,600만 원 가량의 빚을 지게 된다. 자신의 전 재산을 투자해 사업을 하는 사람들이 있다는 것을 고려하고, 공적인 통계자료가 현실을 정확하게 반영하기 힘들 수도 있다는 사실을 감안한다면, 얼마나 많은 소상공인들이 극심한 고통을 받고 있을지 감히 상상조차 할 수 없다.

그럼에도 불구하고 나는 모든 소상공인들이 다 살아남기를 바라지는 않는다. 그럴 수도 없겠지만 그래서는 곤란하다. 프랜차이즈나 대기업의 상품보다 개성도 없고, 품질도 낮고, 아무 매력 없는 소상공인들이 전부 다 살아남는다면, 소비자들은 무언가를 살 때마다 큰 리스크를 감수해야 할 것이다.

'맛없으면 어떻게 하지?', '품질이 떨어지면 어떻게 하지?', '서비스가 안 좋으면?' 따위의 고민을 항상 달고 살아야 한다. 이런 상황이 지속되면 결국 소비자들은 안정된 품질과 서비스를 제공하는 프랜차이즈와 대기업을 선택할 수밖에 없다. 성장할 의지가 있고, 좋은 품질과 서비스를 제공하는 소상공인들은 기회조차 잃게 되는 것이다. 악순환도 이런 악순환이 없다.

그런 의미에서 이 책을 읽은 당신에게 진심으로 고마운 마음을 전한다. 당신은 성장하기 위해 이 책을 읽었고, 분명 고객들에게 더 좋은 품질과 서비스를 제공하기 위해 노력하는 사람일 것이기 때문이다. 그런 당신에게는 "요즘 경기가 나빠서 손님이 없어."라고 말만 하는 무책임한 사장들에 비해 훨씬 더 많은 성공의 기회가 주어질 것이다.

만약 당신이 어느 정도 성공의 궤도에 올랐다면, 주변의 친한 소상공인들에게도 좋은 영향력을 주길 바란다.

세상에 멋진 소상공인들이 많아진다는 것은 사회적으로 굉장히 큰 의미가 있다. 멋진 소상공인들이 많아질수록 소비자들은 좋은 품질과 서비스를 누릴 수 있는 혜택이 늘어나고, 예비 창업자들은 꿈과 성공에 대한 기대를 품을 수 있으며, 힘든 상황에 놓여 있는 소상공인들은 그들을 보고 배우면서 새로운 기회를 엿볼 수 있기 때문이다.

마지막으로, 끊임없이 발전하는 당신에게 행운이 따르길 소망한다.

반드시 성장과 행운이 함께해서 당신의 멋진 상품과 서비스를 보다 많은 사람들이 누릴 수 있기를.

글쓴이 **조현우**

소생
상존
공수
인업

ⓒ 조현우 2018

1판 1쇄 인쇄 2018년 6월 22일
1판 1쇄 발행 2018년 6월 27일

지은이 조현우
펴낸이 김대환
펴낸곳 도서출판 잇북

편집 김랑
디자인 한나영
인쇄 대덕문화사

주소 (10893) 경기도 파주시 와석순환로 347, 212-1003
전화 031)948-4284
팩스 031)947-4285
이메일 itbook1@gmail.com
블로그 http://blog.naver.com/ousama99
등록 2008. 2. 26 제406-2008-000012호

ISBN 979-11-85370-11-8 03320

이 도서의 국립중앙도서관 출판예정도서목록(CIP)은 서지정보유통지원시스템 홈페이지
(http://seoji.nl.go.kr)와 국가자료공동목록시스템(http://www.nl.go.kr/kolisnet)에서 이용
하실 수 있습니다.(CIP제어번호: CIP2018018358)

※ 값은 뒤표지에 있습니다. 잘못 만든 책은 교환해드립니다.